致润

古诗词教学的另一种模样

王红霞◎著

南京师范大学出版社

图书在版编目(CIP)数据

致润:古诗词教学的另一种模样 / 王红霞著. —
南京:南京师范大学出版社,2024.12
ISBN 978-7-5651-6190-2

Ⅰ.①致… Ⅱ.①王… Ⅲ.①古典诗歌—中国—教学研究—小学 Ⅳ.①G623.202

中国国家版本馆 CIP 数据核字(2024)第 032049 号

书　　名	致润:古诗词教学的另一种模样
作　　者	王红霞
责任编辑	应璐燕
出版发行	南京师范大学出版社
地　　址	江苏省南京市玄武区后宰门西村 9 号(邮编:210016)
电　　话	(025)83598919(总编办)　83598412(营销部)　83598009(邮购部)
网　　址	http://press.njnu.edu.cn
电子信箱	nspzbb@njnu.edu.cn
照　　排	南京开卷文化传媒有限公司
印　　刷	盐城志坤印刷有限公司
开　　本	787 毫米×1000 毫米　1/16
印　　张	20.5
字　　数	314 千
版　　次	2024 年 12 月第 1 版
印　　次	2024 年 12 月第 1 次印刷
书　　号	ISBN 978-7-5651-6190-2
定　　价	68.00 元

出版人　张　鹏

南京师大版图书若有印装问题请与销售商调换

版权所有　侵犯必究

序言：古诗词的另一种教法

古诗词是中华民族的文化瑰宝，是中国人重要的精神家园。学习优秀古诗词不仅能汲取汉语言的精华，培育高雅的审美情趣，提高文学修养，还能养成健全的人格，增强民族自豪感和文化自信。因此统编小学语文教材增加了古诗词的比重，体现了对传承、弘扬优秀传统文化和民族精神的高度重视。

统编小学语文教材中古诗词编排的主要方式有两种。一是根据单元人文主题，选入2—3首古诗词作为课文，成为单元阅读教学的载体。二是在"语文园地"中编选1—2首古诗词，作为语言积累的素材。小学古诗词教学的要求并不高，基本目标是让学生大体把握诗意，想象诗歌描述的情境，体会作品的情感。

古诗词毕竟不是现代人常用的文体，对古诗词阅读深度与广度的准确把握，历来是语文教学的难点。目前流行的古诗词教学以"讲读法"为主，有的教师按照"诵读全诗—解词释句—串讲全诗—背诵默写"模式，指导学生读诗、译诗、背诗。在一些功利性竞赛的影响下，有的教师往往只是单纯地督促学生背诵古诗，从课内背到课外，以为背诵得越多，文化修养越高。其实，学生如果缺少对古诗词这一特殊文体的语言审美和文化体认，很少有自主解读与探究的语言实践机会，也就不能很好地领悟古诗词包含的丰富情感、审美意趣和文化意蕴。

如何更好地发挥古诗词的育人价值？王红霞老师及其教研团队立足儿童立场，在"致润"理念的指引下，探索了基于话题建构的古诗词教学模式。他们

致润：古诗词教学的另一种模样

通过对古诗词内容、形式及意义的适度解析，创设话题情境，以"触发式""索引式""论证式""贯通式"等建构技术，引导学生深度体验和自主探究，使古诗词课堂集思维训练、审美体验、语用学习于一体，成为多元开放的综合性学习的重要平台。

  此书是王老师多年研究成果的总结，有理念，有实践，有案例。书中提出的儿童立场、适度解读、融通生活、建构意义、知人论世等古诗词教学基本原则，意在让学生在古诗词阅读中学会共情、欣赏、思考和表达，提高自身的思想情操和生活品质。要实现"以文化人"的诗教理想，不仅要让学生走近古诗词，还要让古诗词走近学生，走进学生的心灵世界，提高学生的人文素养。教师是这个"双向走近"过程的帮助者和引路人，通过创设情境、搭建支架等，帮助学生感受古诗词语言、形象、情感等方面的独特魅力，理解和体验古诗词的声韵之美、情意之深、境界之高。以上是我阅读此书后的一点读后感，不知当否。相信读者阅读此书后，定会有所收获！

柯孔标
2024 年甲辰春日于千寻苑

目 录

序　言　古诗词的另一种教法 …………………………………… 001

第一章　古诗词教学理念"致润"的孕育 ……………………… 001
　　第一节　"致润"理念的发端 ………………………………… 001
　　第二节　"致润"理念的价值内涵 …………………………… 004
　　第三节　"致润"理念的立论基石 …………………………… 009

第二章　"致润"理念下的古诗词教学架构原则 ……………… 012
　　第一节　韵以声"润"：诵读层次的指导推进 ……………… 012
　　第二节　言以形"润"：领会大意的支架搭建 ……………… 016
　　第三节　情以境"润"：情感体悟的时空创生 ……………… 020

第三章　"致润"理念下的古诗词教学操作切面 ……………… 024
　　第一节　以话题建构"致润"：指向深度学习的古诗词教学 ………… 024
　　第二节　以诗境营造"致润"：指向审美素养发展的小学古诗词
　　　　　　教学 ………………………………………………… 041
　　第三节　以意象体悟"致润"："相"得益彰，"象"入人心 ……… 052
　　第四节　以理性思考"致润"：思辨能力在小学古诗词教学中的培养 …… 060
　　第五节　以跨学科学习"致润"：素养导向下小学古诗词教学的
　　　　　　变革 ………………………………………………… 070

第四章 "致润"理念下的古诗词赏读与教学实例 ········· 080
  第 1 例《江南》：于田田莲叶间，唱一曲江南的歌谣 ········· 080
  第 2 例《池上》：池上有"趣"事，小娃不自知 ········· 091
  第 3 例《登鹳雀楼》：一次漫游留下千古传诵的登楼名篇 ········· 101
  第 4 例《晓出净慈寺送林子方》：好一幅活色生香的西湖荷景图 ········· 112
  第 5 例《望天门山》：意气风发的人生起航 ········· 123
  第 6 例《饮湖上初晴后雨》：晴雨皆美　丽质天成 ········· 133
  第 7 例《元日》：在"瞳瞳日"里登场，于"月明照"中回归 ········· 142
  第 8 例《清明》：雨中分魂断，酒里兮寻魄 ········· 152
  第 9 例《出塞》：听懂来自边塞的感叹与呼唤 ········· 163
  第 10 例《凉州词》：盛唐下，一曲悲壮豪迈的沙场战歌 ········· 175
  第 11 例《夏日绝句》：问世间，谁是英雄 ········· 186
  第 12 例《芙蓉楼送辛渐》：体会万分深情，理解一颗冰心 ········· 197
  第 13 例《墨梅》："清"致不凡　"气"韵高华 ········· 206
  第 14 例《示儿》：一生的悲与痛都系"中原"故土 ········· 221
  第 15 例《山居秋暝》："空"山一座，自可"留"下 ········· 232
  第 16 例《长相思·山一程》：千帐灯下万千相思 ········· 247
  第 17 例《闻官军收河南河北》：从一首最快乐的诗，读懂你夙愿
    难成的一生 ········· 258
  第 18 例《浪淘沙（其一）》《江南春》：于"风"中见风格 ········· 271
  第 19 例《迢迢牵牛星》：一水盈盈，照见彼此的脉脉含情 ········· 281
  第 20 例《宿建德江》：清逸出尘与苦求入仕的冲突与和解 ········· 291
  第 21 例《马诗》：千里马的踌躇满志终消匿在命运的沉浮中 ········· 304

后　记　涵养一颗冰心，泽润万分诗意
  ——我的诗教之路 ········· 315

第一章 古诗词教学理念"致润"的孕育

"致润"意为"至于润泽","致"是一种行为方式,一种从容行进的状态,"润"则是一个方向,一种努力要去达到的境界。润,滋润、润泽也。《周易·说卦》云:"润万物者,莫润乎水。"《礼记·聘义》云:"温润而泽。"杜甫在《春夜喜雨》中也说"随风潜入夜,润物细无声"。可见,"润"是一种生命的涵养和培育,这也是我们一直以来追求的基于儿童立场的古诗词教学的终极目标和高层次境界。基于儿童立场的古诗词教学不是生硬、机械、刻板的,而是灵动、活泼、舒展的。我们致力于通过古诗词教学,培植、润泽、滋养学生玉洁冰清的诗心。

第一节 "致润"理念的发端

为什么我们在古诗词教学上追求"润"的境界?首先要从古诗词的文体特征来进行审思。古诗词作为中华民族特有的文化形式,具有极高的文学性、思想性、审美性,是中华文明源远流长的具体表征之一。古诗词能拥有经久不衰的生命力,正是因为它本身所具有的润泽生命的强大能量。

人的生命历程充满欢喜、幸福,也包含痛苦与忧伤。种种情绪在生命的长河中起伏奔腾,不断地酝酿、发酵,终至喷薄而出,古诗词便成为中国人的情感承载之舟。两千多年前,从战场上归来的士兵以"昔我往矣,杨柳依依。今我来思,雨雪霏霏"来感慨时光流逝,物是人非;宋玉的"悲哉!秋之为气也。萧瑟兮草木摇落而变衰"使人的心境与自然的变化有了哲学层面的相通;爱人之间借着"河汉清且浅,相去复几许。盈盈一水间,脉脉不得语"传递绵绵的相思；不堪吏职的陶渊明"采菊东篱下，悠然见南山"便满心欢喜，用"此中有真意，欲辨已忘言"表达那份怡然自得；宋之问的"近乡情更怯，不敢问来人"道出多少回乡人的踌躇与忐忑；得意时潇洒豪言"仰天大笑出门去，我辈岂是蓬蒿人"，落魄时还道"长风破浪会有时，直挂云帆济沧海"的李白羡煞多少世人；一向老成持重的杜甫一度"漫卷诗书喜欲狂""白日放歌须纵酒"，这份恣情纵意令人哂然一笑；游历西北边塞的王昌龄望那冷月边关，不禁喟叹"秦时明月汉时关，万里长征人未还"；苏东坡的"人有悲欢离合，月有阴晴圆缺"道尽多少人生悲喜；赋闲乡村的辛弃疾既感怀"醉里吴音相媚好"，又"最喜小儿亡赖，溪头卧剥莲蓬"……一个个诗人、词人及其诗篇词作，留下一段段为后人称道的佳话。诗人、词人与他们的诗作、词作，早已你中有我，我中有你，融为一体。而如今，这些充满人生力量与智慧的古诗词依旧影响着我们。古诗词中那些或婉转或柔美或激昂或慷慨或豪壮的语句让我们克服沮丧，抛却烦忧，远离愤懑，滋养出一颗美好、从容的心。

  古诗词不仅是汉语言的典范和精华，更是中华民族精神得以厚植的土壤，在学生精神品格的培育和形成中发挥着重要作用。早在 2014 年，习近平总书记在北京师范大学看望一线教师时就明确表示不赞成把古代经典的诗词和散文从课本中去掉，他指出："'去中国化'是很悲哀的。应该把这些经典嵌在学生的脑子里，成为中华民族的文化基因。""古诗文经典已融入中华民族的血脉，成了我们的基因。我们现在一说话就蹦出来的那些东西，都是小时候记下的。语文课应该学古诗文经典，把中华民族优秀传统文化不断传承下去。"中华优秀传统文化蕴含着丰富的道德理念和规范，如天下兴亡、匹夫有责的担当意识，精忠报国、振兴中华的爱国情怀，崇德向善、见贤思齐的社会风尚，孝悌忠信、礼义廉耻的荣辱观念，体现着评判是非曲直的价值标准，潜移默化地影响着中国人的行为方式。传承发展中华优秀传统文化，就要大力弘扬自强不息、敬业乐群、扶危济困、见义勇为、孝老爱亲等中华传统美德。中华优秀传统文化积淀着多样、珍贵的精神财富，如求同存异、和而不同的处世方法，文以载道、以文化人的教化思想，形神兼备、情景交融的美学追求，俭约自守、中和泰和的生活理念等，是中国人民思想观念、风俗习惯、生活方式、情感样式的集中表达,滋养了独特丰富的文学艺术、科学技术、人文学术,至今仍然具有深刻影响。这就要求我们从民族文化基因的高度来看待古代经典诗词的独特价值,对古代经典诗词要加强传承与传播,以展现中华优秀传统文化的风范。此外,《中国诗词大会》《经典咏流传》等节目也得到民众喜爱,在社会上引起极大反响,全国范围内掀起了亲近经典、热爱诗词,传播中华优秀传统文化的热潮。

2022年4月,《义务教育语文课程标准(2022年版)》正式颁布实施。其中,关于课程性质,有这样一段话:"语文课程应引导学生热爱国家通用语言文字,在真实的语言运用情境中,通过积极的语言实践,积累语言经验,体会语言文字的特点和运用规律,培养语言文字运用能力;同时,发展思维能力,提升思维品质,形成自觉的审美意识,培养高雅的审美情趣,积淀丰厚的文化底蕴,继承和弘扬中华优秀传统文化、革命文化、社会主义先进文化,增强对习近平新时代中国特色社会主义思想的理解和认识,全面提升核心素养。"这段话将语文课程对学生核心素养的培养和发展应具有的要求和作用进行了阐述。作为中华优秀传统文化代表的经典古诗词,亦应责无旁贷地担负起"积累和运用语言""发展和提升思维""培养和形成审美""继承和弘扬文化"的重任。

要实现古诗词蕴含的精华、精神"融入血脉""成为基因",其方式、途径一定是以"润"的形式,使学生逐步得到熏陶、感染。

但现实的小学古诗词课堂依然存在着淤塞、停滞、机械的教学理念与教学方法。许多教师因循守旧、故步自封,以为只要让学生会读、会默,能说出古诗词的意思就完成了全部教学。这样的教学理念与方法,反映出古诗词教学存在若干问题。首先,对于古诗词的教学解读缺乏儿童视角。在资源众多的当今社会,教师虽可以通过多种渠道全面了解古诗词的创作背景、作者的生平事迹、专家学者的多方评鉴等资料,从而在短时间内深入解读古诗词的写作特色、情感表达、意义指向等,同时设计出充满文化意味、具备专业水准的教学设计,但对学情的解读尚有缺失:学生具有怎样的学习古诗词的起点?学生掌握了哪些古诗词学习的方法?学生了解并收集了多少关于所学古诗词的背景资料?他们对哪些知识、情感的理解是有困难的?……其次,有些古诗词的教学方式也显而易见地忽视了儿童的接受水平、理解水平。读、背、抄,是古诗词学习的重要方法,但这并不意味着古诗词学习的方法只有读读背背、抄抄写写。在实际教学中,大部分教师还是按照固定僵化的"诵读全诗—解词释句—串讲全诗—背诵默写"流程开展教学。这种按部就班、墨守成规的教学方式无视儿童年龄特点,无视学段要求,无视时代的发展需求,极大地消耗了学生学习古诗词的兴趣,也严重抑制了学生在古诗词学习过程中的主动性和能动性。再者,古诗词言简意丰,胜在境界,但不少教师将古诗词处理得深奥艰涩,让学生难以理解。这些教师在深入解读文本后却不能做到"浅出",在课堂上大谈意象、意境、诗风、诗品,未能从诗词中精准锁定关键点来细化、具象化。在貌似有深度、有品位的讲解中,学生听得云里雾里,不知何谓。有的教师脱离学生的生活体验、认知水平及教材的编排意图,在不适宜的时机揭示诗词中某些意象的文化意义或某种体裁的特定用途,造成本末倒置的局面,真是弄巧成拙,令人感慨惋惜。

古诗词固有的特质、国家层面对中华优秀传统文化的重视与教学现实产生重重矛盾之下,我们期待并呼唤深入浅出、以生为本的古诗词课堂。这样的课堂是春雨、是清泉、是土壤,涵养学生天真的诗性,滋润学生纯洁的心灵,培植学生高尚的人格。由此,"致润"理念孕育而生。"润"是一种境界、一种情怀、一种向往,我们要做的就是尽最大的可能致力于达到这样的古诗词教学境界。

第二节 "致润"理念的价值内涵

要理解"致润"理念的价值内涵,需要回答三个问题,即古诗词教学中"为什么要追求'致润'境界""如何实现'致润'境界""要达到怎样的'致润'境界"。

第一,为什么要追求"致润"境界?因为我们需要以文化自信的培育为基点,促进学生语文核心素养的协同发展。

《义务教育语文课程标准(2022年版)》把语文学科的核心素养分为文化自信、语言运用、思维能力、审美创造四个方面。"文化自信"被界定为:"学生认同中华文化,对中华文化的生命力有坚定信心。通过语文学习,热爱国家通用语言文字,热爱中华文化,继承和弘扬中华优秀传统文化、革命文化、社会主义先进文化,关注和参与当代文化生活,初步了解和借鉴人类文明优秀成果,具有比较开阔的文化视野和一定的文化底蕴。"古诗词作为中华优秀传统文化的经典代表,必将在树立文化自信,乃至立德树人、培根铸魂方面发挥重要的作用,彰显其在教学中不可取代的地位。

一直以来,语文课程对古诗文在传承和弘扬中华文化方面所独具的作用都投以了高度重视。先看《义务教育语文课程标准(2011年版)》中与中华优秀传统文化有关的表述。此版本课程标准的前言明确指出"语文课程对继承和弘扬中华民族优秀文化传统和革命传统,增强民族文化认同感,增强民族凝聚力和创造力,具有不可替代的优势"。在课程基本理念的第一条中要求"语文课程还应通过优秀文化的熏陶感染,促进学生和谐发展,使他们提高思想道德修养和审美情趣,逐步形成良好的个性和健全的人格"。在课程的"总目标与内容"中提到"认识中华文化的丰厚博大,汲取民族文化智慧……吸收人类优秀文化的营养,提高文化品位"。可见,中华优秀传统文化对于培养学生民族审美、民族思维、民族精神、民族品格等方面有着毋庸置疑又无可替代的重要价值和作用。再看《义务教育语文课程标准(2022年版)》中的相关表述。新的课程标准在课程性质中提到"语文课程在推广普及国家通用语言文字、增强凝聚力、铸牢中华民族共同体意识,建立文化自信、培育时代新人,实现中华民族伟大复兴等方面具有不可替代的优势"。在课程理念第一条中明确指出语文课程要使学生"吸收古今中外优秀文化成果,提升思想文化修养,建立文化自信,德智体美劳得到全面发展"。课程总目标中的相关要求是"认识中华文化的丰厚博大,汲取智慧,弘扬……中华优秀传统文化,建立文化自信"。

通过比较可以发现,两版课程标准既有传承又有突破。2022年版的课程标准中与中华优秀传统文化有关的表述虽然有所调整和变化,但总体的思想内核是一以贯之的——"继承和弘扬中华优秀传统文化",同时提出更高位的素养达成要求——树立"文化自信"。

文化自信是通过以文化人由内生发的一种强大而持久的力量,它以中华民族的经典之作润泽整个民族的灵魂,凸显具有独特魅力的民族特征。在文化自信的树立过程中,学生的语言运用、思维能力、审美创造等素养协同发展,逐步形成稳定的学科素养。可以说,具备文化自信的民族,人们的生命必是审美、智慧的,是丰盈、饱满、灵动的。这样丰盈、饱满又不失灵动的境界,以"润"冠之,堪当其任。这正是"致润"理念下的古诗词教学致力于达到的目标。

第二,如何实现"致润"境界?以经历学习为路径,推动古诗词教学方式的迭代更新。

山东师范大学文学院潘庆玉教授在《把经典上成经典——语文课堂培育"文化自信"的思考》一文中提出,文化自信目标最终能否达成,很大程度上取决于经典文本课堂教学的质量、水准和方向。把经典上成经典,课堂就必须充满感性的氛围、理性的思辨、审美的体验和哲学的洞察,如此经典文本才能焕发思想与美学的光辉,在学生头脑中形成刻骨铭心的体验和记忆。那么,作为经典文本的古诗词,教学该以怎样的形态和路径"在学生头脑中形成刻骨铭心的体验和记忆"呢?这就是前文提到的第二个问题——如何实现"致润"境界?

古诗词课堂如何"致润",是一个涉及课程理念、教学要求、学情把握等多个方面的综合性问题。实现"致润"境界的过程就是学生在教师引领下,通过自主、合作、探究等方式,参与、经历古诗词学习,真正理解作品并能灵活运用的过程。"致润"境界的实现,必将使古诗词课堂的教学方式发生改变,形成有互动、有促进、有提升的美好样态。教师可从以下方面加以关注——

致力于"情感的体验与生发"。在教学古诗词前,教师可以指导学生较为详细地了解诗人的生平和创作背景以及当时的社会环境,帮助学生理解诗人的情感世界和创作动机,进而与诗词作品建立起情感共鸣。课堂上,教师或运用充满感染力的语言触动学生的心灵,或通过饱含情感的朗读传达古诗词的情感色彩,引导学生在模仿、感受、体会和交流的过程中,体验并欣赏古诗词的语言表达之美和情感表达之美,自然而然地激发出与作品相呼应的情感体验。

致力于"作品的理解与品鉴"。教师鼓励学生以积极和投入的态度去感知并亲近古诗词中的意象,捕捉其深层的象征意义。通过细致品读、启发式提问、深入讨论以及开放交流,激发学生的主动思考和诗意表达,从而加深对作品的理解与感悟。同时,教师还可以巧妙运用多媒体等现代教学技术,如生动的图片、悠扬的音乐、富有感染力的视频等,创造与古诗词作品风格相契合的教学情境,使学生仿佛身临其境,更加直观地感受到作品语言的魅力,提升审美鉴赏力。在这种沉浸式的学习体验中,学生不仅能够领略古诗词的美学价值,更能培养出对传统文化的深刻认识和热爱。

致力于"指导的精准与深入"。"致润"理念下的古诗词课堂,教师眼里有学生、心里有学生,让学生立于古诗词学习的中央。教师能够洞察学生的个体差异,包括他们的学习水平和个性特征,提供个性化的教学方案,实施差异化教学,确保学生在适合自己的学习节奏和方式下获得最佳的学习效果。为了保证学习的深入,教师应积极倡导自主学习、合作学习,组织学生开展探究性学习,鼓励其大胆讨论、分享观点,共同解决问题,由此进一步培养学生的团队协作能力和人际沟通能力。

致力于"学法的开放与创新"。古诗词教学中,教师可以巧妙地引入文学、历史、哲学、地理等其他学科的知识,通过跨学科的融合,丰富学生的学习体验。这样的教学不仅让学生更全面、更深刻地理解中华文化的广博与精深,而且帮助他们初步构建起更大的学科视野。教师还可以将古诗词教学与学生的真实生活紧密联系起来,鼓励并支持学生对古诗词进行创新性的再创作或改编,将现代元素巧妙地融入其中。这样的实践不仅培养了学生的创新意识,也锻炼了他们的实践能力。此外,通过组织古诗词朗诵比赛、诗词文创作品展览等丰富多彩的活动,为学生提供展示学习成果的舞台,这些实践性学习活动能让古诗词学习变得更加生动和有意义。

第三,要达到怎样的"致润"境界?我们的教学愿景是教学相长,美美与共。

追求"随风潜入夜,润物细无声"的境界。"致润"理念强调古诗词教学应如春雨一般,悄然无声地滋润学生的心田,循序渐进地滋养他们的精神世界。借助经典的古诗词作品,教师用真情实感感召学生,激荡学生的情绪、情感,在生情动意间,使教学不只是知识的传授,更是情感的交流和心灵的对话。"致润"理念拒绝急功近利的浮躁做法,追求从容以达的平和心态,让学生在不知不觉中受到诗词作品的熏陶和感染,自然而然地得到成长和进步。它符合并尊重教育"慢长"的规律,虽然"慢",但长得有力量、有质量,这种"慢长"正来自教师对童心的呵护。

追求"留连戏蝶时时舞,自在娇莺恰恰啼"的境界。"致润"理念下的古诗词课堂有着春天般和煦的诗意氛围,学生在这样的诗意氛围里就如同翩飞的蝴蝶、自在的娇莺,勃发出无限的潜能和灵气。"致润"理念下的古诗词教学致力于激发学生的内在潜能,培养他们的创新思维、实践能力。课堂上,教师设计具有挑战性和启发性的古诗词学习任务和活动,引导学生积极思考和探索未知,激发对诗词作品的好奇心和求知欲。通过具有实践性的学习活动,教师引导学生深入挖掘诗词作品的内涵,培养起良好的审美鉴赏能力、批判性思维能力以及创造性表达能力,为学生未来的学习和生活注入源源不断的动力,增强他们的适应力、竞争力。

追求"明月松间照,清泉石上流"的境界。"致润"理念下的古诗词教学深刻认识到古诗词在文化传承和学生价值观塑造中的重要作用。通过丰富多样的学习活动和实践方式,教师致力于引导学生深入挖掘古诗词中蕴含的中华民族精神的精髓,感悟其中不凡的思想内涵和独特的审美情操,从而养成明月般高洁、青松般刚毅、清泉般澄澈、山石般顽强的高尚品格,树立自强、自信、自立的君子品性,逐步建立正确的人生观、世界观和价值观。孔子云"君子和而不同",因此,"致润"理念下的古诗词教学鼓励学生在具备君子品性的同时,学会欣赏和包容不同的文化观念,认识到在多元文化背景下,尊重差异、和谐共处的重要性。在此过程中,学生不仅能够成为有理想、有本领、有担当的时代新人,更能够在全球化背景下,以开放的心态和包容的胸怀,积极参与文化交流,推动文化创新,为构建人类命运共同体贡献自己的力量。

一言以蔽之,"致润"理念下的古诗词教学,应是富有意趣、富有成效的,学生在感受、体验古诗词文化之美、语言之美、思维之美的同时,学习能力、交往能力、实践能力等都将得到综合性发展和提升。

第三节 "致润"理念的立论基石

统编小学语文教材编排的古诗词多达110多首,其中,作为精读课文的古诗词有60多首,语文园地"日积月累"板块中的古诗词有近40首,其他作为课后拓展及专项背诵的有10多首。这从数据上便印证了统编小学语文教材的编排特色之一"注重中华优秀传统文化的弘扬与传承"。这既是对国家层面"全面树立国民文化自信"政策的响应,也是对课程标准提出的"继承和弘扬中华优秀传统文化"理念的具化。

要真正理解小学阶段古诗词教学的育人功能,需要从课程标准的目标要求、教材编排的设计意图以及古诗词独具的文体特征等角度来进行意义上的辨析。

如表1-1所示,通过多角度的整理和提炼,我们可以厘清小学阶段的古诗词教学所具有的重要功能。

表1-1 小学阶段的古诗词教学

课程标准专项要求	第一学段:诵读浅近的古诗,展开想象,获得初步的情感体验,感受语言的优美;背诵优秀诗文50篇(段)										
	第二学段:诵读优秀诗文,注意在诵读过程中体验情感,展开想象,领悟诗文大意;背诵优秀诗文50篇(段)										
	第三学段:阅读诗歌,大体把握诗意,想象诗歌描述的情境,体会作品的情感;背诵优秀诗文60篇(段),注意通过语调、韵律、节奏等体味作品的内容和情感										
教材对应人文主题	一上	一下	二上	二下	三上	三下	四上	四下	五上	五下	六上	六下
	自然	家人	家乡	春天	金秋	生灵	观察	乡村	爱国	童年	自然	风俗
	识字	夏天	想象	自然	山河	传统	家国	品质	自然	责任	环境	理想
文体特征	体裁:五言绝句、七言绝句、五言律诗、七言律诗、词、古体诗										
	题材:写景、咏物、送别、边塞、咏史、言志、说理、叙事、节令等										

一是让学生初步了解基本的文学样式。虽然小学阶段没有进行系统的古诗词相关知识的教授,但随着古诗词学习篇目的增加,借助对诗词作者的认识及作品风格类别的感知,学生能在一定程度上了解古诗词的基本样式及特点。比如什么是绝句,什么是律诗,哪些是送别诗词,哪些属于山水田园诗词,还有诗词中的押韵,不同节奏的诵读方式,等等。通过一首又一首古诗词的教学,学生慢慢地加以掌握,为后续古诗词的深入学习打下良好的基础。

二是使学生逐渐形成良好的审美意识。古诗词最突出的特点就是"美",统编小学语文教材选编的古诗词更是以"美"为要。季节之美、山河之美、环境之美、节气之美、风俗之美……从江南到塞北,从自然到人文,古诗词之美或明媚可人,或苍茫阔大,或硬朗刚强,或恬静悠远。学生在品读、比较、感受中,体验着古诗词所传达的各种各样的美,积累并丰富自身的审美经验,逐渐形成自身的审美意识和健康的审美情趣。

三是使学生持续获得正向的情怀激励。统编小学语文教材以爱国情怀、责任担当、人物品质、理想信念等人文主题选编的古诗词很多。通过此类古诗词的学习,学生得以充分感受守边将士的英勇气概、仁人志士的高洁操守、诗坛先锋的坚定信心,逐步形成积极正向的价值观,潜移默化地铸造起美好品格和高远志向。

无论是了解古诗词的文体特征,还是通过古诗词学习形成一定的审美能力,抑或培养积极正确的人生观、价值观,小学阶段古诗词教学的功能在于"为了儿童的成长"。只有将目光聚焦儿童,古诗词教学才具有意义和价值。

只有基于儿童立场,才能让古诗词教学充满情趣。古诗词的言语方式、行文规范与学生的当下生活相去甚远。教学中套用"读、背、讲、抄"的机械模式,不符合学生的年龄特点,更不符合教育教学改革精神。基于儿童立场的古诗词教学倡导教师在深入研究学情的基础上,创设有童趣、有情趣的学习情境,找寻并探索学生喜闻乐见的方式方法,通过对教学策略的优化组合,在充满趣味的学习活动中提高学生对于古诗词学习的积极性和投入度。

只有基于儿童立场,才能让古诗词教学富有意味。古诗词通常短小却意蕴悠长。哲思的阐述,情感的喷涌,胸怀的抒发,全凝结在字词的锤炼、意象的运用之中。从儿童立场出发,教师便会自然地关注这些字词、意象背后隐含的哲思、情感和胸怀,采取合适的、妥帖的方式,引导学生在与文本对话的过程中去感受、品味、体悟其中的意蕴,并将这些深刻的思想和高尚的品性融入生命,滋养心灵。

只有基于儿童立场,才能让古诗词教学融通生活。古诗词的学习早已摒弃功利,更多地指向内在心灵的温润和滋养。基于儿童立场的古诗词教学将古代与当下的时空进行对接,让古代的诗词带着依然清新的芬芳进入学生的生活。在时空更迭的场景中,在墨香四溢的纸笺上,在旋律谐和的吟唱间,学生真正感受到古诗词强大的生命力量,领略古诗词的生活之用、实际之用。

唯有牢牢地立足于儿童立场,古诗词教学才有真正的意义,才是可持续的,才能被更多的儿童理解、接纳、喜爱,并积极地融入生活。这正是"致润"理念的立论基石——致力于儿童成长的诗教。

第二章 "致润"理念下的古诗词教学架构原则

基于儿童立场的古诗词教学不是生硬、机械、刻板的,而是灵动、活泼、舒展的。这样的灵动、活泼、舒展源自我们大力提倡的古诗词教学主张——"致润"。我们来重温课程标准中的相关要求——第一学段:诵读浅近的古诗,展开想象,获得初步的情感体验,感受语言的优美;背诵优秀诗文50篇(段)。第二学段:诵读优秀诗文,注意在诵读过程中体验情感,展开想象,领悟诗文大意;背诵优秀诗文50篇(段)。第三学段:阅读诗歌,大体把握诗意,想象诗歌描述的情境,体会作品的情感;背诵优秀诗文60篇(段),注意通过语调、韵律、节奏等体味作品的内容和情感。不难发现,古诗词教学中的三个重要维度,就是诵读作品、理解大意及体验情感。由此,我们提炼出"韵以声'润'""言以形'润'""情以境'润'"这三条古诗词教学的原则。

第一节 韵以声"润":诵读层次的指导推进

古诗词讲究平仄、用韵、对仗的创作特点,使得诵读成为古诗词最基本,也是最主要的学习方式。课程标准对于三个学段的古诗词学习明确提出以诵读为先的要求。语文课堂上,有些教师往往直接以分隔号、着重号等标记来划分古诗词的节奏,突出古诗词的韵脚等来指导学生诵读。这虽在短时间内有一定的效果,但忽视了学生原有的古诗词诵读基础,过于僵化与教条。

第二章 "致润"理念下的古诗词教学架构原则

一、点拨式：分明连与顿，读出节奏

对于古诗词的节奏，学生早在幼童时期通过诵读儿歌、古诗就已逐步积累，并形成一定的语感。因此，即使是在小学阶段第一次的古诗教学中，也不可无视这样的诵读基础，应顺势而导，相机而引。如一年级上册古诗《江南》的诵读教学中，教师可以通过三个小步骤自然地促使学生把握节奏，读好节奏。第一步，学生听教师读诗句"江南/可采莲，莲叶/何田田"体会停顿点；第二步，出示一朵小莲花的图片，让学生把莲花"种"到诗句中停顿明显的地方；第三步，学生试着诵读诗句，体会停顿是否恰当。通过这样生动的点拨，学生在"听一听、种一种、读一读"的过程中完全体会并掌握了五言诗的节奏。具体的教学过程如下：

师：古诗要读出一定的节奏。听老师读，你觉得这朵小莲花应该"种"在哪个字后面？江南/可采莲。

生：把它种到"江南"的后面。

师：（将"莲花"插到"江南"二字后面）是这样吗？你能试着读读看吗？

（学生读：江南/可采莲。）

师：是呀，有了一定的停顿就有了一定的节奏，谁还想读？

（教师指名读。）

师：你也把诗的节奏读出来了，很好听。

在这里，诗歌的节奏不是教师告知的，而是学生在以往诵读经验的支持下，通过教师的示范唤醒的，从而自发进行有节奏的朗读。

中、高年级的古诗词诵读更可以从学生的原始诵读水平出发，提供针对性指导：可以是明确提出节奏要求的，如"谁能节奏分明地来读这首诗（词）"；可以是基于学生诵读特点的，如"这位同学在诵读这首七言绝句时读出了'4/3'节奏，听起来很味道"；也可以是指向更多停连形式的，如"这首诗除了用'4/3'节奏读，还可以怎样读（指导按'2/2/3'的节奏读）"。

如《墨梅》一诗的朗读指导——

(1) 教师指名读,评价:这位同学不但字的读音读准确了,而且读出了这首七言绝句的节奏——"我家洗砚/池头树",强调了梅花的生长地点。

(2) 教师指名读,评价:这位同学的朗读节奏自然,还带着些许的自豪——"我家/洗砚/池头树",我们也这样读一读。(男生、女生配合读,师生配合读。)

(3) 小结:我们已经能按一定的节奏来读古诗,但要读得入情入境,还要走进这首诗,走进诗人的心里。

学生在反复地诵读中、吟咏中、沉浸中,带着自我的理解,一次次感受古诗词独有的节奏美。没有刻意的分隔线、重读号,基于儿童的诵读指导,教师始终关注学情。学生对于诗句、词句的诵读要领"声断气连"的掌握是以自己的诵读经验为前提的,字词发声的连续与停顿便显得自然而真实,毫无强行技巧训练之下的做作痕迹。

二、导引式:饱满气与声,读出韵律

押韵是古诗词读起来朗朗上口,富有韵味的主要原因之一。不同的韵脚隐含着不同的情绪和态度,如开口呼等往往表达昂扬、豪迈的情绪,而齐齿呼、撮口呼等常常代表忧郁、低沉的心情。因此,韵脚的发音到位非常重要,一方面到位的朗读能加强诵读时字正腔圆的表现程度,另一方面又能通过声韵来感受作者创作时的情绪情感。

如李白《望天门山》一诗中的韵字为"开""回""来",以开口呼"ai"为韵脚,此韵发音时气流畅快地从喉口向外流出,发出的声音响亮、明朗,表面上展现的是天门山的壮丽奇观,内层又传达出直抒胸臆的豪壮气概和豁达胸怀。对于这一点,学生尚未能自行发现,需要教师有意识地引导才会加以关注。因此,教师可以在指导学生读出一定节奏的基础上,在课件上标红并放大韵字,让学生再读一读、品一品,发现其用韵的特点,在后续诵读中注意口腔的开合度、唇齿的配合度,以更饱满的声气来诵读,从韵律上先行体会诗作所描绘的天门山磅礴浩大的气象。以下用符号标注的形式表现此诗可达到的诵读程度——

第二章 "致润"理念下的古诗词教学架构原则

天门中断/楚江开～

碧水东流～/至此回

两岸青山/相对出～

孤帆一片/日～边～来～～

(注:"/"表停而不断,"～"表适当延长,"·"表加重语气。)

随着情感体验的深入,学生对诗意诗境有了一定的体会,即使没有符号的提示,也能读得声情并茂。从停顿到轻重,从缓急到高低,渐入佳境,这何尝不是一种美的体验?

再如《浪淘沙》的诵读指导过程,也体现了从字音到节奏,再到音韵的步步引导——

(1) 准确地读:谁愿意准确地读诗句?(指名读。)

师:字字正确、有板有眼,尤其读好了"九曲"的"曲"的读音。知道它为什么读第一声吗?(引导:"曲"表示弯曲的意思。)

(2) 有节奏地读:指名读诗句。

师:你不但读得字正腔圆,而且注意到了诗歌的节奏,很悦耳动听。

(3) 到位地读:读好字尾调。(师生配合读:教师读前四字,学生读后三字。)

师:这位同学把最后一个字读得特别好——"九曲黄河万里沙(shā),浪淘风簸自天涯(yá)"。"沙""涯"的发音很饱满,将黄河的气势通过声音传递出来。请与同桌一起读一读。

(4) 齐读并小结:古诗吟诵之美在每一个字音、每一个节奏、每一个字调,读之诵之,涵之泳之。

在这一过程中,多层次的进阶式诵读,将学生带入学习情境中。琅琅书声回响课堂,切切韵律叩动心灵,而这一切都是因为教师真正关注到了学生,真正倾听学生的诵读。有了学生对读诗的自我投入、自我调适、自我展现,节奏、韵脚等的表达力便自然而生。

三、生发式:丰富态与式,读出意趣

古诗词的创作讲究"情动而辞发",故其诵读也应是"情动而声发"。在引领学生理解古诗词的过程中,教师可采取丰富多样的方式激发、促进学生相应的情绪、情感喷涌点的生成。击掌跺脚式的集体踏歌、平长仄短式的古法吟诵、清越婉转的笛子伴奏、鲜活多姿的图像展示等等,都是古诗词诵读教学的新样态与新形式,能在很大程度上激发学生的诵读兴趣和热情。

如,用踏歌的方式诵读李白的《赠汪伦》,读出的是汪伦的热情好客;读王维的《送元二使安西》时伴以《阳关三叠》,学生就读懂了诗人殷殷叮嘱中的深深情谊;配以西湖的四季风光、朝晚景致,学生便读明白了以"西子"喻"西湖"的高妙所在……诵读的样态与形式越丰富、越生动,越能助力学生读出古诗词的意味和情趣,使课堂呈现出一派盎然的勃勃生机。

第二节 言以形"润":领会大意的支架搭建

小学阶段选编的古诗词少则二十来字,多则六十多字。诗人、词人要在如此短小的篇幅内写清、写好要表达的内容和情感,全凭遣词造句上的千锤百炼、匠心独运。这样的艺术创造与学生的理解便产生了较大的差异。为了达成真正领会古诗词大意的教学目标,教师需要为学生搭设相应的学习支架。

一、描绘式:想象画面,修饰言辞

据统计,小学阶段的写景诗达 40 多首,占比在 37% 以上,这样的编排与小学生的认知特点和接受能力高度吻合。细读此类诗词的课后练习,"想象画面,用自己的话说一说""想象诗句中描绘的景色""说说你眼前浮现出怎样的画面"频频出现。想象画面,既是课堂教学的要求,也是古诗词教学的重要策

略。当学生能通过想象将古诗词的文字转化成形象直观的画面,并用自己的语言进行表达时,就实现了古诗词"意"的丰富、丰满。"致润"理念下的古诗词教学遵循先丰富语言再丰富诗意的原则。如《江南春》一诗前两句的教学:

师:江南的春风是如此柔和、如此温暖,如果你就是诗人,在这样的春风中登高远眺,会看到什么、听到什么、闻到什么呢?请展开想象,写一写。

(学生在悠远的古琴声中闭目畅想,尽情书写,然后交流汇报。)

生:我登高远眺,只见一座青山连绵起伏,鲜艳的映山红这里一簇,那里一丛,把山林点缀得生机勃勃的。

生:我登高远眺,温暖的春风拂面而来,耳畔传来清脆的鸟鸣,叽叽喳、叽叽喳,好像在说春天多美、春天多美!

生:我登高远眺,看到蒙蒙的细雨中,酒家的酒招子随风飘动,像在邀请客人的到来,淡淡的花香似乎还带着淡淡的酒香。

师:是啊,入目的是绿树红花、亭台楼阁,入耳的是黄莺歌唱、微风低吟,烟雨蒙蒙中,江南的春景美得令人沉醉!

以上教学基于学生对诗句大意的把握,以角色代入为手段,引导学生在多角度的画面想象中,进一步体悟诗境。学生先结合生活经验想象春天的美好图景,再在教师的引导和提示下自主描绘图景,最后交流汇报春天的美景,其景物想象更为细致,语言表达更为精彩。在整个过程中,学生充分调动多种感官,唤醒曾经的观赏感受,并通过比喻、拟人等修辞手法的运用,把春天的风光景致描绘得引人入胜。这既建构起对江南春景之美的全方位感知,也为体会诗人赞美、喜爱江南春景的情感做好了铺垫。

二、表演式:情境对话,活化场景

古诗词的创作对象除了景物,还有非常重要的一类,那就是人事。友人间的送别、战场上的宴饮、清溪畔的浣纱、春雨中的问路、菜花丛里的追蝶,都是一幅幅活泼泼的生活场景,展示着人世间的喜乐忧怨。如何使这样的生活场景丰润起来呢?情境对话无疑是上佳的教学策略。在一定的情境之中,师生化身为古诗词中的人物,通过几个回合的对话,将古诗词要描述的场景栩栩如生地加以再现,学生对于古诗词的大意便自然领会了。如教学《池上》一诗,教师便采用情境对话的方式领着学生穿越时空。

(1) 对话一。

师:小娃,小娃,你撑着小艇去干什么呀?

生:我去采白莲呀。

师:(探过头一瞧)哇,你采了这么多莲花、莲蓬,心情怎么样啊?

生:我当然很高兴啊!

师:来,把这份高兴读出来。

(学生读前两句诗。)

(2) 对话二。

师:小娃,这水灵灵的莲子好吃吗?

生:可好吃了,我刚才就尝过了。

师:可以让我也尝尝吗?(伸手取出莲子)这莲子吃起来清新爽口,又带着一丝丝甜味,怪不得你忍不住要"偷采白莲回"呢!

生:是啊,我就是挡不住莲子美味的诱惑,才一个人撑着小艇来采摘的呀!

(3) 对话三。

师:小娃,你出来采白莲,你爸爸妈妈知道吗?你怕不怕他们知道啊?

生:怕的呢!要是被他们知道了,肯定得挨顿骂了。

师:为了不让他们知道,所以你是"偷偷地"来采摘的。那你就悄悄地、小心翼翼地读一读这两句诗。

生:小娃撑小艇,偷采白莲回。

在对话互动中,教师成了当地的一个村民,学生成了撑小艇采白莲的小娃,他们一起聊天,一起品尝莲子,一起说着心里话,将只有十个字的两句诗演绎得活灵活现。在富有情趣的交际对话中,一个天真可爱、烂漫纯真的小娃娃跃然而出,任谁能不喜欢?类似写人叙事的诗词,均可运用情境对话的方式立体展现当时的场景,这样便避免了枯燥单调的诗词大意的讲解、说教。

三、探究式:聚焦关键,探寻意义

古诗词理解的关键点往往是学生在学习中感到困惑之处。这些困惑有的是学生能自主提出的,有些则需要教师抛出探讨的话题才得以显露。教师要有意识地将这些困惑之处设计为学习任务,组织学生进行小组合作,发表观点,在认知碰撞中逐步接近文本、读懂文本。如《凉州词》一诗的后两句诗的意思,教师不教学生也能明白,但诗人为什么要这样表达?诗人是在什么情况下这样表达的?这到底是谁的内心表达?对此,学生是不明确的。教师可围绕"君莫笑"这一关键词,抛出话题,引导学生展开合作研究,探寻其中的含义。相关教学设计如下:

(1)抛出话题:醉卧沙场可笑吗?为什么?(板书:君莫笑。)

(2)学习任务:借助资料卡(见图2-1),探究"莫笑"之因。

① 默读相关资料。

② 在体会较深的地方简单批注。

③ 与同学交流你的感受,表达你的观点。

【资料1】从秦朝至唐朝,西北边境遭受外族侵扰,战事不断。边境百姓生活动荡,苦不堪言。唐朝的边境问题突出,战争频发。

【资料2】据统计,唐朝中期,参战人数10万人以上的战争约有36次,参战人数1万人以下的战争约有110次。

【资料3】中国古代,兵役制度几乎都带有强制性质,青壮年、老年人都有可能被征召入伍。士兵的服役年龄大致20岁至60岁,选中者轮番服役。服役期间如遇征战,将直接被编为作战部队,参加战斗。

图2-1

(3)集体交流,小结:将士们离开故土,奔赴战场,一次次无畏出征,一次次浴血奋战,早已将生死置之度外。"君莫笑"既是将士们的心声,也是诗人的感叹!

战场上军纪严明,怎可醉酒?"醉卧沙场"竟还说"君莫笑",这是何等的狂放不羁？这样的表达与学生原有的认知产生了强烈冲突。教师切不可急于讲解，可以提供资料，让学生自己去读、去悟、去讨论、去辩论，学生对于诗人为何发出"醉卧沙场君莫笑"的喟叹越来越明晰，这是他们一点点靠近那段征战的历史，触摸那样的生存状态的过程中，自行体验、感受到的。

第三节 情以境"润"：情感体悟的时空创生

《毛诗序》云："诗者，志之所之也。在心为志，发言为诗，情动于中而形于言。"袁枚《随园诗话》中说："诗者，持也，持其情性，使不暴去也。"所言均指诗为抒发情感的载体，强调诗的抒情功能。但感情不是实物，很难从指标上定量地检测学生对于诗情词情达到了怎样的体悟程度。课堂中，教师可以通过诗境的营造和创生来实现学生对诗词情感的有效体悟。

一、追溯式：知人论世，体会独特情感

古诗词的学习绕不开对作者生平的了解，因为诗词创作的背后往往与作者的处境、际遇有着千丝万缕的联系。王昌龄叮嘱好友"洛阳亲友如相问，一片冰心在玉壶"是屡遭谤议下的内心诉求，苏轼的"不识庐山真面目，只缘身在此山中"是历经挫折后的人生感悟，陆游病榻示儿"王师北定中原日，家祭无忘告乃翁"与他一生致力于失地收复息息相关。但知人论世的背后依然离不开儿童视角、儿童立场，教师必须将收集、汇总的各种有关作者及其创作的资料，从文句的修改上、信息的凸显上加以儿童化，转化为儿童能理解的言语方式。如教学《闻官军收河南河北》，为了让学生体会杜甫的"喜欲狂"，笔者通过大量阅读，选取并整理了"安史之乱"中杜甫的相关材料（见图2-2、图2-3）。

相关资料经过筛选、整合，以文字、图示的方式，直观还原杜甫及其家人逃难的艰难经历。学生在人物情感的体悟上有了逻辑的起点——正因为切身遭

受过逃亡的艰难困苦、颠沛流离,杜甫才会在听闻官兵收复蓟北后表现出不一般的狂喜。这样的生平追溯为学生走近诗人,理解诗人的独特情感提供了坚实的支点,体悟诗情这一教学目标就落到了实处。具体的资料运用方法在后续的章节中会有详细阐述,这里不做赘述。

> 未满周岁的幼子饿死。
> 随着难民四处流亡,颠沛流离。
> 被叛军所擒,押送长安,妻离子散。
> 即使为官,俸禄也难以维持家人温饱,只得辞官逃难。
> 一家人常常衣不蔽体,食不果腹。寒冷的冬天,手脚冻裂,皮肉坏死,还要到山里采野果、铲山芋,却常常空手而归。

图 2-2

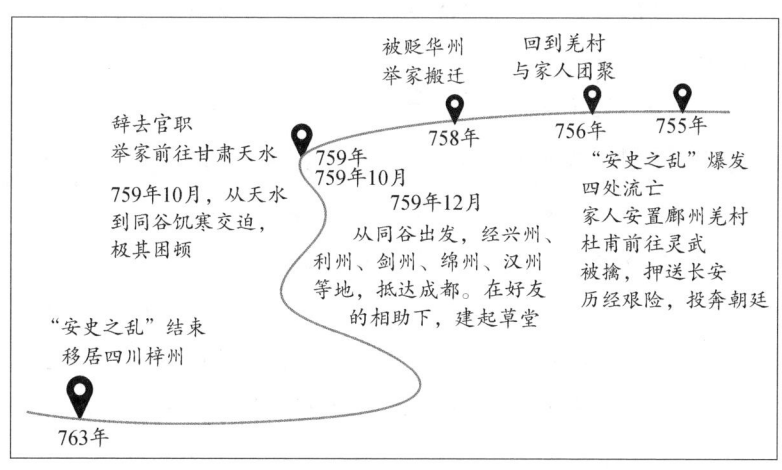

图 2-3

二、联缀式:以诗(词)带诗(词),感怀共同情感

对于小学生而言,仅凭一首古诗词就想全面认识一个作者或体悟一种感情,是非常困难的。结合古诗词情真意远的特点,教师可以在一首古诗词的学习中拓展、增加作者的相关作品或不同作者表达同一情感的作品。如此,在横

向或纵向的作品联缀中,构筑多元多维的认知视角和品析视角,以达到更有厚度和温度的情感体验。

如陆游《示儿》的教学中,为了让学生深切感受陆游博大深厚的爱国情怀,教师可以将贯穿其一生的爱国诗作、词作进行联缀,通过诵读来传扬和歌颂。选取的相关内容如下:

上马击狂胡,下马草军书。(《观大散关图有感》)

位卑未敢忘忧国。(《病起书怀》)

遗民泪尽胡尘里,南望王师又一年。(《秋夜将晓出篱门迎凉有感》)

胡未灭,鬓先秋,泪空流。(《诉衷情·当年万里觅封侯》)

在纳兰性德《长相思》的词情体悟中,可以抓住"灯"这一意象,联缀众多诗词大家关于"灯"的作品,让学生理解这一意象所隐含着的浓郁的孤寂、忧郁之情。由此,学生便能了然作品描写"千帐灯"背后的绵绵不绝的相思与忧情。选取的相关内容如下:

孤灯不明思欲绝,卷帷望月空长叹。——李白《长相思·其一》

旅馆寒灯独不眠,客心何事转凄然。——高适《除夜作》

万里经年别,孤灯此夜情。——白居易《除夜寄弟妹》

落叶他乡树,寒灯独夜人。——马戴《灞上秋居》

看蓬门秋草,年年破巷,疏窗细雨,夜夜孤灯。——郑板桥《沁园春·恨》

在以诗(词)带诗(词)的联结、拓展中,诗词所表达的情感不再是扁平状、虚无态的,它变得厚重而浓郁,可感可触,烙印在学生的心灵之中。

三、化用式:融通生活,抒发个人情感

古诗词的学习远不止了解一位诗人的生平事迹、一件作品的创作背景以及要表达的情感。古诗词应与当下的生活融通,其生命力才能得以进一步激发。找到今人与古人情感的共通点,创设真实的生活场景,借古人的佳句来抒发今人的感慨,这才是古诗词流传至今的魅力所在。如以下语境的创设:

(1) 爷爷年轻时离开家乡到省城教书,再回故乡时已是须发斑白的老人

第二章 "致润"理念下的古诗词教学架构原则

了。望着曾经生活过的地方,他不由得借贺知章的诗句发出自己的感慨:"＿＿＿＿＿＿,＿＿＿＿＿＿。"

(2) 王叔叔已登上回重庆的轮船,爸爸却站在码头,望着越来越小的船只不肯离去,这不禁让我想起李白的诗句:"＿＿＿＿＿＿,＿＿＿＿＿＿。"

(3) 我向小梅请教如何才能让自己的作文在选材上有新鲜感,小梅笑眯眯地说答案就在朱熹写的这两句诗里:"＿＿＿＿＿＿,＿＿＿＿＿＿。"

再如这样的语境运用:

"西湖美"展馆中展出了不同时节的西湖风景照,请为照片配上合适的诗词。

(1) 照片内容:冬天,灵峰景区的山岩上结起冰霜,红梅在枝头朵朵绽放。

可配诗词:＿＿＿＿＿＿＿＿＿＿,＿＿＿＿＿＿＿＿＿＿。

(2) 照片内容:初春,太子湾公园的树木刚刚发芽,栅栏外的小道伸向远方。

可配诗词:＿＿＿＿＿＿＿＿＿＿,＿＿＿＿＿＿＿＿＿＿。

(3) 照片内容:北高峰上,一群鸟儿掠过高空,一朵白云悠然地飘向天际。

可配诗词:＿＿＿＿＿＿＿＿＿＿,＿＿＿＿＿＿＿＿＿＿。

以上语境的创设源自学生的真实生活。当古人所处的场景与学生的生活重叠交织后,诗词所承载的意境便流光溢彩、明艳照人:早春的西湖白堤,花红柳绿、莺歌燕舞,踏青的学生能脱口而出"草长莺飞二月天,拂堤杨柳醉春烟";感动于医护人员在疫情中的无私忘我,他们夸赞"不要人夸好颜色,只留清气满乾坤";毕业留言,他们为同学送上期许"欲穷千里目,更上一层楼"……用古诗词抒我们自己的情,这就是中华文化因子的扎根和萌芽。

综上所述,小学阶段的古诗词教学应牢牢地立足儿童立场,结合古诗词的文体特点,以"润"为主策略,遵循韵以声"润"、言以形"润"、情以境"润"的教学原则,引领学生在有层次的诵读、有深度的领会、有内涵的体悟中,富有意趣地感受、体验古诗词的声韵之美、情意之深、境界之阔。这正是"致润"理念指引下的古诗词教学的真义和旨归。

第三章 "致润"理念下的古诗词教学操作切面

上一章以"韵以声'润'""言以形'润'""情以'境'润"的三"润"原则谈了古诗词诵读把握、大意领会和情感体悟的整体教学架构。本章将从不同的操作切面，即不同的教学研究维度，对"致润"古诗词教学的实践策略进行详细的论述。

第一节 以话题建构"致润"：指向深度学习的古诗词教学

学习古诗词对于认识中华文化的丰厚博大，感受民族文化的魅力，提高文化品位和审美情趣，受到高尚的情操与趣味的熏陶，丰富精神世界有着举足轻重的意义。统编小学语文教材的特色之一即注重中华优秀传统文化的传承与弘扬，整套教材共编排129篇古诗文，其中古诗词112首，文言文14篇，古典名著选文3篇。可见，新时代的古诗词教学已引起高度关注，教学要求也相应提高。但综观课堂，问题不少。

一、古诗词教学中浅学死教的弊病剖析

第一，文化传承的时代重任与浮光掠影式学习的冲突。

虽然顶层设计层面已明确指出，要深化对中华优秀传统文化重要性的认识，要深入挖掘中华优秀传统文化价值内涵，进一步激发中华优秀传统文化的生机

与活力。但现实中能够激发深度学习的教学极为少见,大部分停留在读、译、背、抄(默)的浅层教学阶段,未能抵达意境感悟、主旨领会等较高层次的教学境界。

第二,深厚的文化内涵与惰性消极式学习的背离。

古诗词丰厚博大,得言得意方得义。但有些教师在教学中多以固定僵化流程完成任务,没有创设条件和路径给学生充分解读与探索的机会,未能灵活地创设支点来引导学生与诗人、词人、文本进行对话,学生主动学习的情感没有被唤醒和激发,更谈不上进行文化和审美层面的体悟。

第三,日益提高的教学要求与盲从功利式学习的矛盾。

部分教师抱着学古诗文无用的观念,为应对课本中忽然增加的古诗词而让学生盲目背诵,各种打卡也应运而生。有些教师甚至对经典诗句、词句进行"精挑细选""东拼西凑",让学生机械记忆,把背过、考过等同于"学过"。功利式的教学方式严重打击了学生学习古诗词的兴趣,限制了其感受力、品鉴力的发展。

二、基于话题建构的古诗词深度学习

(一)话题的确认与建构

古诗词教学中的话题建构即对古诗词的内容、形式及意义进行深度解析,创设以学为中心的积极主动的话题探究的过程。如图3-1所示,话题建构以"点""线""面""体"四个领域为主,以"触发式""索引式""论证式""贯通式"为建构技术,构筑古诗词深度学习的路径。

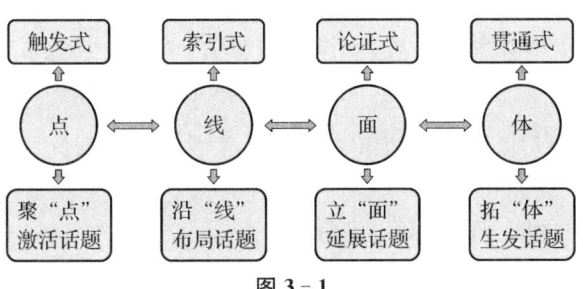

图3-1

(二)基于话题的古诗词深度学习

教师在话题的建构与深入中,使古诗词学习成为一种积极主动、多元开放的探究性、思辨性、综合性学习,培养学生高品质的感受、思维、鉴赏能力,消解学生的古诗词学习障碍。

(三)基于话题的古诗词研究目标

教师在充分把握学情的基础上,从古诗词的不同领域、不同层面、不同角度出发,建构话题内容,探寻、提炼话题建构策略,有效改变教学中机械式、功利化的浅层教与学,培养学生高品质的感受、思维、鉴赏能力,实现古诗词的深度学习。

三、指向深度学习的古诗词话题建构操作实施

(一)聚"点",触发式激活话题

触动并激发的这个"点"即诗词之眼,是诗词中最为凝练、最为传神,最具意旨传达力和表现力的字词或诗句。

1. 聚焦炼字,紧扣"字"眼夯筑话题

某些字词经诗人、词人苦心孤诣地雕琢,成为诗词中极具光彩的亮点。此种局部诗眼的锤炼,就是炼字。炼字一般有实字、虚字、响字、拗字等说法[①],而能为小学生所接受并理解的主要是实字和虚字。

实字一般为动词、形容词。比如"竹喧归浣女,莲动下渔舟"中的"归""下"两个动词展现了山林生活恬淡、安详的动态美。"水光潋滟晴方好,山色空蒙雨亦奇"中的"潋滟""空蒙"两个双音节词描绘了西湖的晴雨之美,而一"好"一"奇"更抒发了诗人晴雨皆爱的审美观念。虚字一般为副词,表示强调,如"接

---

① 刘平梅.诗歌鉴赏之"诗眼"解析[J].语文世界,2017(9).

天莲叶无穷碧,映日荷花别样红"中的"无穷""别样"彰显了夏日西湖风光之浓烈、鲜艳。教学中,此类话题可采取环节递进、核心纵深的形式展开。

如教学统编小学语文一年级上册的古诗《江南》,教师可以依托如图3-2所示的模式来建构话题。教学中设计的相关话题见表3-1。

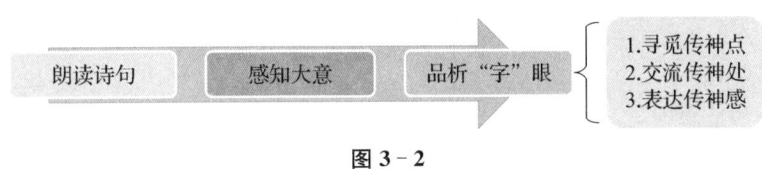

图 3-2

表 3-1　一年级上册《江南》相关话题建构

寻觅传神点	再读"鱼戏"诗句,哪个字让你感受到鱼儿的快乐?
交流传神处	聚焦"戏"字:"戏"在这里的意思就是戏耍、游玩
	感悟"戏"字:可换什么词?与"游""跳""穿"相比,哪个字更有快乐的感觉?
表达传神感	展开想象,生动描述景象 观赏"鱼戏"视频,领略荷美鱼乐,有情感地诵读

如此,紧扣"戏"字,通过传神点的寻觅、交流和表达建构话题,借助描述、换词、比较、观景等方式,充分体会"戏"的妙用:一群可爱伶俐的鱼儿在碧绿的荷叶间自在畅快地游动。

2. 聚焦佳句,锁定"句"眼触发话题

诗眼或词眼亦可以是一个佳句,它与古诗词的情感表达、意境营造息息相关。句眼光彩照人则诗词通体生光,一如明窗之于屋室。正因如此,这样的句子往往成为千古名句,是教学中建构话题的重要抓手。如"不识庐山真面目,只缘身在此山中"乃全诗点睛之句,将"旁观者清,当局者迷"的人生哲理加以揭示。再如"不要人夸好颜色,只留清气满乾坤",将王冕淡泊名利、洁身自好的品格从容表明。教师可采取逐层调焦、不断聚合的方式(如图3-3所示),让学生进行话题的探讨,以深入体悟诗(词)情、诗(词)境。相关例子见表3-2。

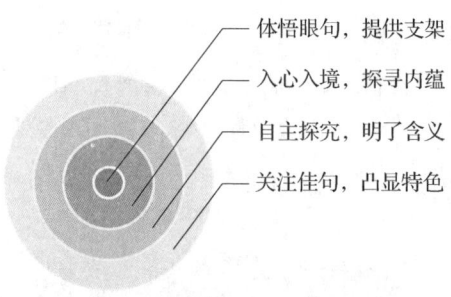

图 3-3

表 3-2　四年级下册《芙蓉楼送辛渐》相关话题建构

关注佳句	送别诗的后两句一般会写什么？（出示《黄鹤楼送孟浩然之广陵》《送元二使安西》《赠汪伦》这三首送别诗）可以是目送朋友，可是喝酒饯别，可以直接赞美深厚友情
自主探究	这首却写"洛阳亲友如相问，一片冰心在玉壶"，这是何意？请探究： (1) 好好读几遍，借助注释解释这两句诗的意思； (2) 按照提示完成学习任务，小组讨论、集体交流、点评； (3) 观看微课，进一步了解"冰心玉壶"
借助支架	送别之时，诗人为何要有这样一番郑重的托付？ 先来看他的做官经历： 29 岁时在朝廷做官，遭同僚诽谤，多次被贬； 45 岁在江宁做官时，依然遭受诽谤与议论
深刻体悟	你读懂了什么？（仕途不顺、不被理解、不受重用） 小结：这首诗的与众不同之处就在于最后两句没有再抒惜别之情，而是借"冰心玉壶"巧妙地表达情志

教学《芙蓉楼送辛渐》时，教师以"送别"为话题建构的触发器，让学生展开合作探究，在充分的对话中引导学生自主发现"这一首"与"这一组"的不同。随着对"冰心玉壶"的深入理解，学生走进诗人，感悟其清廉品质。

3. 聚焦意旨，凝聚"篇"眼触发话题

诗文之眼不只有某句中的亮点之笔，或为某一传神佳句，更有以一字（词）统摄全篇，成为全篇的发力核心，我们称其为"篇"眼。如《枫桥夜泊》中以一个"愁"字贯穿所有意象，月是愁的，乌啼是愁的，江枫、渔火、钟声，无不被愁情愁思所笼罩。又如《秋夜将晓出篱门迎凉有感》诗题中的"有感"一词将诗人满腔的复杂情感尽数表达。《闻官军收河南河北》中的一个"喜欲狂"将诗人遭逢国难颠沛流离之后，得知朝廷平定叛乱返家有望时的情绪,淋漓尽致地加以抒发。"篇"眼牵一发而动全身,可采取瞄准主旨、众星拱月的话题探究形式(如图3-4所示),来不断丰满对诗文之眼的理解。通过这种方式,学生可以更全面、深入地理解诗文的内涵和精髓。

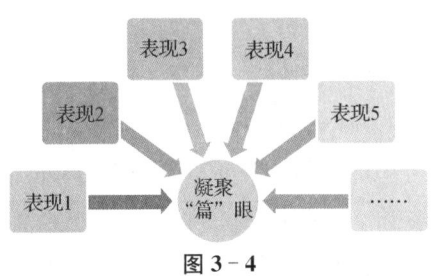

图 3-4

如教学统编小学语文五年级下册《秋夜将晓出篱门迎凉有感》,教师可以将"有感"作为话题,凸显诗文之眼,关注诗人生发的种种情感,通过"为什么而感""感的是什么"等意义的逐层揭示,引领学生一步步走近那段悲怆痛苦的历史,感怀诗人内心深处的牵挂与伤痛,理解其深沉而浓郁的爱国情怀,于润物无声中进行爱国主义教育。相关的话题建构见表3-3。

表3-3 五年级下册《秋夜将晓出篱门迎凉有感》相关话题建构

凝聚篇眼	迎凉"有感",诗人究竟有着怎么样的感慨呢?
关注表现	借助注释、背景资料等读懂诗歌,交流并汇报诗人"感"从何来: 1. 为祖国的大好河山而自豪; 2. 为壮美河山落于金兵之手而痛心; 3. 为北方百姓的苦难生活而悲愤; 4. 为王师不能北定中原而遗憾、无奈。
深入关键	聚焦关键词"泪尽",深入品读: 1. 你仿佛看到千千万万遗民怎样的悲惨遭遇? 2. 民不聊生、哀鸿遍野,小孩在流泪,老人在流泪,妇女在流泪,北宋的遗民在流泪。这滴滴流淌的,是怎样的泪呢?(痛失亲人的泪、家破人亡的泪、流离失所的泪、充满仇恨的泪……) 3. 诗句中的"泪尽",可以换成"泪洒、泪落、泪流"吗? 4. 泪尽的,又何止遗民!(出示陆游四首带"泪"字的诗)在陆游的许多诗中都出现了"泪"这个字,泪尽、泪溅、泪空流、泪数行,泪、泪、泪、泪……从一个又一个的"泪"字中,你读出了什么? 5. 该怎样读后两句诗?
回扣篇眼	迎凉有感,有感而发,陆游将满腔的悲、恨、怜、忧、无奈、不满……写成诗篇,化入诗句。而这种种感慨都源自陆游忧国忧民的伟大情怀啊!

(二)沿"线",索引式布局话题

以"线"为引的话题式教学,主要从景(事)物、情感、人物三条线路出发,助力学生深度学习古诗词。

1. 透事析物,解读意象索引话题

意象即寓"意"之"象",是投射、寄托作者主观情思的客观物象、事件。对意象的深度解读和体悟是古诗词教学的重要内容,也是学生积淀古诗词文化,得到审美熏陶的重要途径。小学阶段的意象教学不宜过早和过深,要抓取典型意象,在适宜的时间点引导学生感知并理解。最为经典的意象如"明月",在小学阶段的古诗词中出现多达十几次,直至学到六年级下册《十五夜望月》的"今夜月明人尽望,不知秋思落谁家","明月"的意义才得以真正建立。其他诸如"孤舟""寒雨""杨柳"等意象的理解也需要通过持续关注、由实入虚的话题建构方式加以落实(如图3-5所示),即从现实中的物象到历史长河中人们对此物象的情感投注,到最后成为一种文化象征。

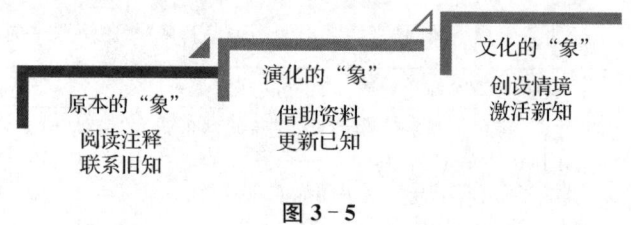

图3-5

例如,教学统编小学语文四年级上册《出塞》一诗,教师可以从三个层级展开"飞将"意象的话题建构(如表3-4所示)。先以故事入手,让学生感知立体具体的李广,再以诗证实诗人借曾经的"飞将"来呼唤当代的良将,最后当守疆护土的良将一一出现,促使学生爱国情怀的积淀和激发真正达到新的高度。

表3-4 四年级上册《出塞》相关话题建构

原本的"象"	"飞将"是谁? 请自主阅读李广的故事,交流:李广是个怎样的人?从哪里看出这些特点?诗中何处给你同样的感受?品悟"但使""不教"的意义及其中蕴含的情感 (1)从"但使"一词可读出李广的厉害,即只要他在边关就安全; (2)从"不教"这个词可以看出李广的神勇威武

续　表

演化的"象"	"飞将"何在？ (1) 观看阴山地域图，思考：胡人经常翻过阴山骚扰百姓的生活，抢夺百姓的财物。可是，李广已经不在了，诗人多么希望有这样的"飞将"出现啊！ (2) 出示《出塞》（其二），思考：从哪里看出将军的厉害？（匣里金刀血未干） (3) 有感情地朗读，读出"飞将"的威风凛凛、神勇无敌
文化的"象"	"飞将"可有？ 出示唐朝守关名将图，进一步感知"飞将"的文化意义

2. 情动辞发，借助细节索引话题

"夫缀文者情动而辞发，观文者披文以入情，沿波讨源，虽幽必显。"文章的思想感情是作者在客观现实的触动下，通过生动、具体的细节表达出来的。古诗词短小精悍，在以细节推动情绪波澜的表现力上丝毫不亚于其他体裁的作品。如杜甫在听闻官军收复蓟北时的喜悦就是通过"泪满衣裳""愁何在""漫卷诗书""放歌须纵酒"等一系列动作、神态等细节描写加以表现的。而"擢素手""弄机杼""日不成章""泣涕零如雨"等细节又入木三分地刻画出织女的相思之苦。"何当金络脑，快走踏清秋"则借骏马装备、动作的细节表达作者的凌云壮志。我们需要借助诗词中的细节来布局话题（如图3-6所示），游弋于作者情感、情绪的波峰浪谷。教学统编小学语文六年级下册《迢迢牵牛星》时，教师建构了如表3-5所示的话题。

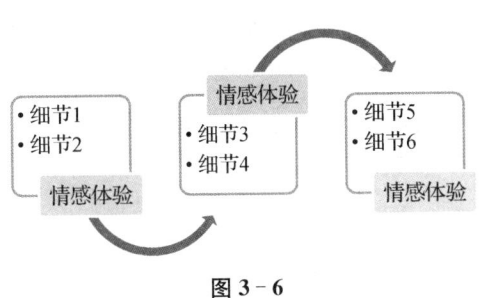

图3-6

表 3-5 六年级下册《迢迢牵牛星》相关话题建构

情感初体验	这首诗传递出一份怎样的情感？（思念、忧伤）
情感深体验	为何诗中无一字"思"、无一句"念"，却能让人感受到浓浓的思念之情？ 交流：抓关键字词，尤其关注织女的动作、神态等细节 (1)"迢迢"揭示距离遥远，说明只能相望不能相见 (2) 由"终日""如雨"等词体会织女的思念很强烈。织女终日忙碌却"不成章"，因为她心里想着——牛郎干活累不累？孩子们听话吗？老牛还能下地耕田吗？……哪个字最能表现织女的心不在焉？为什么？（"弄"是摆弄、把玩的意思，她虽不停地摆弄织机，却无心织布） (3) 银河"清"又"浅"，可"盈盈一水"却"不得语"，这样的反差更衬托织女思念之情的强烈
情感再体验	这首诗不直写相思，却通过各种细节表达相思！

上述例子以"织女的细节"为抓手，通过心理外显、口语交际、关键字词品析等环节，让学生完成关于"如何表现思念"这一话题的探讨，在了解七夕传说的过程中突破人物理解的关键，达成情感体验的目标。

3. 知人论世，追寻生平索引话题

要读懂、读深古诗词，必须正确解读诗词所承载的感情，需要了解诗词的创作时代或者诗人、词人的具体经历。王昌龄壮年之时游历西北边塞创作出边塞诗中的佳作《出塞》《从军行》等。苏轼被贬杭州，游西湖赏西湖也治理西湖，才留下赞美西湖各时美景的《饮湖上初晴后雨》《六月二十七日望湖楼醉书》等诗作。辛弃疾长期未得任用，北上抗金理想破灭，才将目光投向了农村生活，写下了《清平乐·村居》《西江月·夜行黄沙道中》。以诗人、词人生平为线的话题建构可采取"信息筛选—了解过往—识人解语"的模式展开（如图 3-7 所示）。

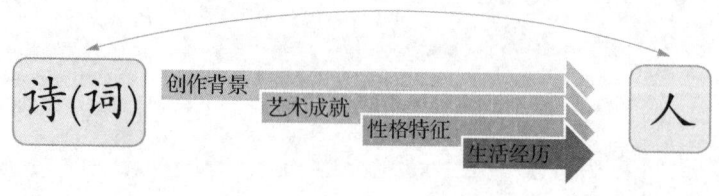

图 3-7

例如教学统编小学语文六年级上册《宿建德江》一诗,教师可以将"愁"作为话题的核心,引导学生找"愁"的寄托景物,知"愁"的原因,抒"愁"的心情。由此,学习任务明朗,学习节奏紧凑。尤其对诗人生平的亲近、触摸,更促进学生对人物和诗歌的深度理解。相关话题建构见表3-6。

表3-6 六年级上册《宿建德江》相关话题建构

整体感知	借景抒情是诗人表达情感的重要方式。孟浩然的"愁"有多浓重,请到诗句中细细找寻
自主探究	小组合作完成学习任务:选择并圈画1—2处景物,交流感想,并用自己的话描述诗人内心的所思所想
索引背景 了解生平	(1)为什么见到这样的寻常之景,诗人会愁上加愁?(阅读相关文字资料后回答) 资料:孟浩然出生于书香世家,在少年时期,就立下报效朝廷的远大志向。年近四十岁的孟浩然到长安参加科举考试,但临场发挥失利,未能及第。可是他不甘心,继续留在长安苦苦寻找入仕为官的机会。希望落空后,他只能怀着满腔的失落离开长安,漫游吴越(今江苏、浙江一带) (2)你觉得孟浩然看不清的,除了烟渚,还有什么?(人生道路、生活选择)
激情表达	怎么读才能读出诗人的心情?(点评重点:延长"愁"字音韵,强调愁绪的无尽;重读"愁"字,凸显心情的沉重)

(三)立"面",论证式延展话题

古诗词的话题还可以"面"为基石加以建构,即从语言、思维、文化层面展开探讨。

1.含英咀华,赏析形式论证话题

古诗词是高度浓缩的语言艺术的精华,值得我们细细咀嚼、细细品味。尤其是其中的修辞手法的运用,更值得我们反复推敲,方可得其精妙。《江南》中"鱼戏"一句的反复使鱼儿的自在、畅快跃然纸上;《咏柳》中"不知细叶谁裁出,二月春风似剪刀"的比喻与拟人的双重运用,将春风的柔和、神奇无限彰显;《江南春》中"千里莺啼绿映红"一句,借夸张的手法把江南春色的辽阔远大巨幅呈现。类似这样的锦言妙语也是话题建构的绝佳内容,教师不妨循着"知晓手法—探究手法—证实手法"的顺序来推进(如图3-8所示)。

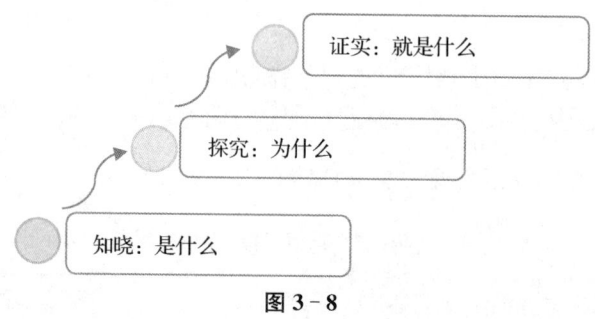

图 3-8

如表3-7所示,教师可以通过"比喻"话题的建构,使学生对西子和西湖"淡妆浓抹"的美形成自己的认知和见解。他们通过积极地想象、补白丰盈诗的意境,运用比较、思辨等方式深入体会比喻手法的内涵,更深入地理解诗人独取"西子"喻"西湖"之神妙,审美体验也由此得到很好地积累与发展。

表3-7 三年级上册《饮湖上初晴后雨》相关话题建构

知晓:是什么	后两句诗中把什么比作什么?
探究:为什么	美丽的女子有很多,为什么只选西施来比喻西湖? (1)小组交流,结合资料探寻相同点 (2)学生代表汇报两者的相同点 (3)随机理解"淡妆浓抹",交流感受:看图片,感受西施的"淡妆浓抹";观美景,领略西湖的"淡妆浓抹" (4)读出西湖特有的美
证实:就是什么	这一比喻被誉为"千古第一名喻",除了都有个"西"字,都与水有关,都属江南地区,还因为"淡妆浓抹总相宜"的美是相同的

2. 推导思维,释惑解疑论证话题

古诗词也往往蕴含着丰富的思维培养元素,若仅是读读背背、知道大意,便浪费了对学生进行思维训练的大好机会。《题西林壁》中以对庐山的多角度观赏引发诗人对人生哲理的领悟,是培养学生整体、客观思维的好材料;《雪梅》中的批判性思维是何等鲜明;《山行》中"霜叶红于二月花"的比较思维、《九月九日忆山东兄弟》中"遍插茱萸少一人"的逆向思维、《画》一诗中具备的分析与推理思维……无不令人惊叹。此类内容的教学话题建构当以五步引发学生之间、师生之间思维的涌动与碰撞(如图3-9所示)。

第三章 "致润"理念下的古诗词教学操作切面

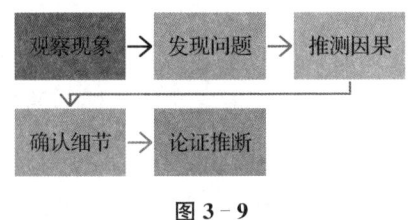

图 3-9

如教学统编小学语文四年级上册《题西林壁》一诗,教师可以诗人的观察所见为话题,先明确观察的角度,让学生理解"峰""岭"的不同形态,再以"已多方观察为何还说'不识庐山真面目'"为问题,驱动学生从诗句中找寻看得见的答案,推导出诗中没有写出来的观察角度与思维过程,从外到内,从语言到思维,一步步培养学生的辨析、推导等思辨能力。相关话题建构见表 3-8。

表 3-8 四年级上册《题西林壁》相关话题建构

观察现象	诗人眼中的庐山是怎样的:横看成岭侧成峰,远近高低各不同 1. 用自己的话说说诗句的意思 2. 诗人的观察角度是什么?(横看、侧看)以教师为观察对象,现场演示怎样是"横看",怎样是"侧看" 3. 从不同的角度分别看到了怎样的景色? 通过语言描述、图片呈现辨析"岭""峰" 分别积累与"岭""峰"有关的四字成语:崇山峻岭、峰峦叠嶂、奇峰罗列、孤峰突起等
提出问题	诗人对庐山多角度进行观察,为什么还说自己"不识庐山真面目"?
推测确认	(1) 第一层推断:横看庐山与侧看庐山风景各不相同,说明庐山千姿百态 (2) 第二层推断:除了横看、侧看,还可以远看、近看、仰望、俯视……看到的庐山更不相同 (3) 第三层推断:在不同的时间、不同的季节观赏庐山,也会看到不一样的景观
论证推断	诗人得出的结论是什么?(只缘身在此山中)

3. 理解传承,文而化之延展话题

学语文就是学文化,学习古诗词就是传承和理解中华优秀传统文化。入选教材的古诗词无论是语言还是立意均上佳,其中承载的中华优秀文化更应发扬光大,使它融入时代,合于当下。王昌龄所写诗句"一片冰心在玉壶"中的"玉壶冰心"直至今日还为人们所青睐,或取为笔名或取为书名;王维的"每逢佳节倍思亲"早已从重阳节的个人感叹转化为中国人的集体节日情绪;王之涣《登鹳雀楼》中的"欲穷千里目,更上一层楼"也将登高望远的即兴抒怀固化成鼓舞人心的励志标签。触摸文化的脉搏从话题建构开始,我们可以从还原情境、探寻深意、文化积淀、生活渗透等方面入手,层层递进地铺设话题建构路径(如图3-10所示)。

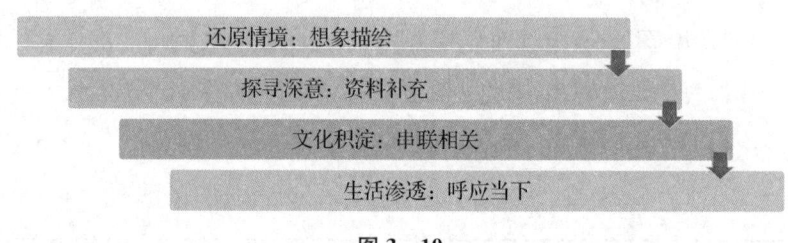

图 3-10

如表3-9所示,教学统编小学语文六年级下册《十五夜望月》,教师可以围绕"望月",以"在怎样的月夜望""何人望月""为何望月""'我'也望月"的路径延展话题,让学生于深入浅出间探寻"明月"所具有的象征意义,既感情真意切,又品意韵悠长。

表3-9 六年级下册《十五夜望月》相关话题建构

还原情境	这是一个怎样的月夜? 聚焦:中庭地白树栖鸦,冷露无声湿桂花 (1) 想象并描绘诗句表现的景致 (2) 读出月亮的皎洁、明亮,院落的清冷、静谧
探寻思念	今夜月明人尽望,会有哪些人在望? 诗人望月又是为什么? (1) 出示《十五夜望月》,简介杜郎中其人,知晓诗人望月是表达对友人的思念 (2) 品析:可否把"不知秋思落谁家"改成"不知秋思到谁家"或"不知秋思在谁家"? 为什么?(体会"落"字饱含沉甸甸的思念之情) (3) 有感情地诵读诗句

	续 表
证实思念	除了王建,还有许多大诗人也写过这天上的明月 (1) 出示并诵读与"月"有关的诗句: 床前明月光,疑是地上霜。(李白) 露从今夜白,月是故乡明。(杜甫) 秦时明月汉时关,万里长征人未还。(王昌龄) 海上生明月,天涯共此时。(张九龄) (2) 从以上诗句中你发现了什么?(月亮寄托了思念之情)
观照当下	出示生活情境:又到了一年一度的中秋佳节,天上的月亮又大又圆,仿佛一个饱满的玉盘,想起远在异国他乡的亲人,我不禁深情吟诵……

(四) 拓"体",贯通式生发话题

话题建构进入"体"领域,就要采用同一作家的作品阅读、同类别作品的比较、同主题下不同文体的互补等方式实现话题的生发和延续,从而助力真正的深度学习。

1. 同一诗(词)人,以一带多贯通话题

统编教材中选入的古诗词名家俯拾皆是。李白、杜甫、王维是唐代最具盛名的大诗人;王昌龄、高适、王之涣的边塞诗响彻古今;苏轼、王安石、辛弃疾无一不是诗词文坛的翘楚……他们每个人的身上都有无尽的宝藏可以挖掘、值得挖掘。但仅从一首古诗词就想要获得更多的智慧,汲取更多润泽心灵的甘露,是很难实现的。面对同一诗(词)人,教师要精选其经典代表作,引导学生从多篇阅读中感受其诗(词)风、文风,由文入心,实现深度学习。相关教学模式如图 3-11 所示。

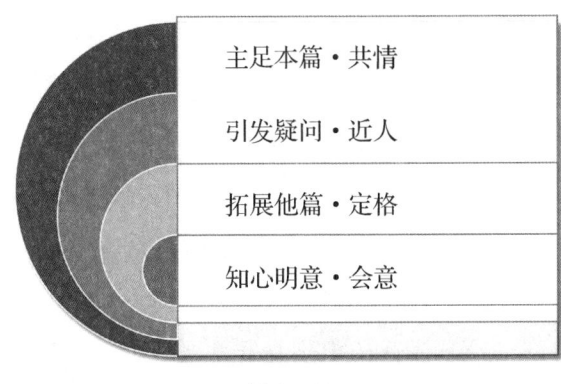

图 3-11

如统编小学语文五年级上册《山居秋暝》一诗,"留"字是诗歌情感喷涌的发力点,教师可以此建构话题"为何留"。在学生感受山林美景的基础上,切入相反观点,拓展相关有"空"字的诗句举象造境,使学生更为立体深刻地理解诗人,自然体悟"自可留"。详见表3-10。

表3-10 五年级上册《山居秋暝》相关话题建构

立足本篇	面对如此美好的山林景色,王维只想留在这里
引发疑问	王维只是因为山中的景美而不肯归去吗?《楚辞·招隐士》中说:"王孙兮归来,山中兮不可久留。"他为什么要反其道而行,留在山中呢? (1) 合作学习:在组长的带领下阅读资料,认真讨论 (2) 汇报交流:王维经历了太多的痛苦,不想再做官,所以寄情山水;官场太过险恶,王维不想与小人同流合污;王维把山水当作了自己的朋友、亲人,只想与它们在一起
拓展他篇	(1) 王维以青山绿水对抗人生苦难,开始过上半官半隐的生活。读一读他此时创作的诗歌,你会发现有一个字频频出现,那就是——"空" 人闲桂花落,夜静春山空。　　空山不见人,但闻人语响。 月出惊山鸟,时鸣春涧中。　　返景入深林,复照青苔上。 　　　　——《鸟鸣涧》　　　　　　　　——《鹿柴》 中岁颇好道,晚家南山陲。　　晚年唯好静,万事不关心。 兴来每独往,胜事空自知。　　自顾无长策,空知返旧林。 　　　　——《终南别业》　　　　　　——《酬张少府》 (2) 还有今天学的——空山新雨后,天气晚来秋 (3) 从这一个又一个的"空"字中,你读出了什么?(孤独、凄清、孤寂、哀伤、难过)这样孤独、凄清、痛苦诗人,只有在山水之间才得到慰藉,怪不得王维感叹道——随意春芳歇,王孙自可留
知心明意	这就是王维,当他看透世事、放下名利,也就成了人们心中的"诗佛" 空山抚慰心灵,怪不得王维感叹——随意春芳歇,王孙自可留

2. 同一类别,求同见异贯通话题

古诗词类别鲜明,写景、叙事、抒情、议论等等不一而足。不同的类别指向的情感、主旨是不同的,如大部分的山水田园诗都表达作者对景色的赞美或对闲逸生活的向往,送别诗则往往借景抒情,表达对友人、亲人、故乡的依依不舍。对于某一诗词,类别、体裁的识别是非常必要的。教学中可以采取如图3-12所示的方法,它能帮助学生通过甄别形式把握古诗词立意或感怀的大体

方向,从而获得一定的阅读及品析某类诗词的方法和策略。

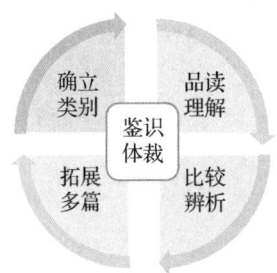

图 3-12

教学统编小学语文五年级下册《从军行》一诗,教师抓住了边塞诗的体裁特点,建构相关话题(如表 3-11 所示)。教师以"边塞"为话题生发点,通过抓取典型意象、想象画面等途径引导学生体会诗歌意境,感受戍边将士豪迈的爱国情怀;再通过组诗教学以及拓展阅读,进一步夯实学生对边塞诗的认知和理解。

表 3-11 五年级下册《从军行》相关话题建构

确立类别	(1) 你对王昌龄、《从军行》了解多少? 聚焦:边塞诗人、边塞诗歌
品读理解	(1) 品读前两句:圈画、想象、描绘边塞景象,抓住"暗""孤"体会情感 (2) 品读后两句:想象并描述将士的戍边生活,抓住"穿"字感受战争之激烈、漫长
比较辨析	(1) 出示边塞名篇——王之涣的《凉州词》 (2) 自主探究,发现异同: 同:景——山、孤城、玉门关 异:内容上——《从军行》全写所见,《凉州词》特写所闻;情绪上——前者表达报国壮志,后者传递征战哀怨
拓展多篇	(1) 边塞诗常以"孤城""关""山"等来表现边塞辽阔苍茫的景色,反映将士戍边之艰辛或表达思乡、报国之情 (2) 课外阅读王昌龄《从军行》组诗

3. 同一主题,古今对照贯通话题

古诗词博大精深,面对相似的场景,我们总是情不自禁地以诗词名句这一中华民族特有的表现形式加以传达和抒发。望见明月,我们便吟诵"海上生明月,天涯共此时";清明祭扫,我们不由想起"清明时节雨纷纷,路上行人欲断魂";夏季,谁不喜欢"绿阴不减来时路,添得黄鹂四五声"的闲情逸致……面对同样的主题,现当代也涌现出众多优秀的文章,教师不妨把这些文章引入古诗词教学,通过古今文体的比照产生一些意外的惊喜,由另一种思路完成话题的建构(见图3-13)。

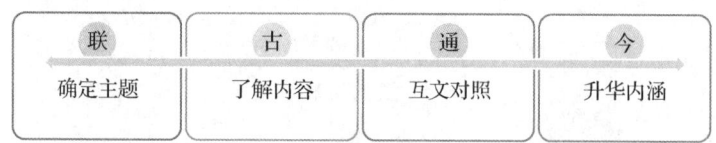

图 3-13

如教学统编小学语文三年级下册《元日》,教师以民族传统节日"春节"为话题进行整体建构(如表3-12所示)。学生从古诗中找习俗,在现当代散文中探习俗,于口语交际中经历习俗,充分感知并理解节日习俗的演化与传承。

表 3-12　三年级下册《元日》相关话题建构

明确主题	这首诗描写的是春节,你仿佛看到怎样欢快、热闹的画面? (1) 孩子们开心地放爆竹;家人团聚,开怀畅饮 (2) 旭日东升,照亮千家万户;人们更换桃符,辞旧迎新
了解内容	从诗中找到哪些过年习俗? (1) 放爆竹,喝屠苏酒,换桃符(演化成贴春联) (2) 你是怎样过年的?
互文对照	看看大作家老舍是怎么描写春节的 (1) 阅读《北京的春节》片段 (2) 哪些习俗与诗中是一样的? (3) 口语交际:除夕之夜,家人团聚,喝酒守岁,你会跟长辈说些什么?长辈又会跟你说些什么呢? (4) 千言万语化在诗中,朗读古诗
升华内涵	无论是古诗还是现代散文,都表现了春节喜庆热闹的景象与人们安居乐业的生活

《义务教育语文课程标准(2011年版)》指出,"应让学生在主动积极的思维

和情感活动中加深理解和体验,有所感悟和思考,受到情感熏陶,获得思想启迪,享受审美乐趣"。《义务教育语文课程标准(2022年版)》进一步要求,"重视古代诗文的诵读积累,感受文学作品语言、形象、情感等方面的独特魅力和思想内涵,提升审美能力和审美品位"。话题的精准建构正为这些课程理念的有效落地提供了保障,化繁为简、举重若轻,避免了支离破碎的提问和繁冗拉杂的环节[1],最大限度地调动学生的学习动机,促使其主动积极地实践,深化与教师、文本之间的对话过程,在高投入、高挑战的对话中,实现有深度的高品质学习。

第二节 以诗境营造"致润":指向审美素养发展的小学古诗词教学

古诗词的特质是什么?是美!

不同的艺术创作常常不约而同地以"诗"喻其美:散文追求"诗意美",绘画着力"画中有诗",舞蹈造型美名"凝固的诗",园林盆景艺术号称"立体的诗",音乐演奏中则有"交响诗"……诗几乎成为"美"的代名词。

再看,自然界中的一切美景都可入诗。诗中有"山随平野尽,江入大荒流"的雄浑之美,有"西塞山前白鹭飞,桃花流水鳜鱼肥"的烂漫之美,有"大漠孤烟直,长河落日圆"的宏大之美,有"千里黄云白日曛,北风吹雁雪纷纷"的悲壮之美……还有啄新泥之春燕、碧玉妆成之绿柳、远有近无之草色、时鸣春涧之山鸟、孤舟独钓之老翁等等,无不令人产生一种美的体验。

南京师范大学教授、著名学者郦波认为:"诗词只给人以修养,给心灵以港湾,给灵魂以芬芳。所以诗词是且只是一种抚慰心灵的力量、塑造精神的力量、滋养灵魂的力量!"这种抚慰、塑造和滋养从哪里开始?审美。他说:"审美是一种能力,是一种出发,也是一种归宿。读出诗歌背后的美,读出文字背后

---

[1] 王漫.致广大而尽精微——"诗眼"教学法的妙用[J].中学语文教学,2017(4).

的灵魂和人生，或豪放，或婉约，或精致，或壮阔，让我们的心随之律动，与之交融，享受这样一段有关诗词的美的历程。"可见，诗词是反映世界的一种形式，是审美的对象，具有丰富的审美要素，也是培养学生审美情趣和审美品质，最终形成审美素养的重要载体。

一、小学古诗词教学的审美价值和意义

"审美创造"是语文学科核心素养的重要组成部分，重在引导学生在言语学习和实践中发现美、表现美、创造美，从而掌握一定的审美方法，积累审美经验，提高审美情趣，最终形成审美素养。作为优质的审美对象，统编小学语文教材选编的古诗词，为培养学生的审美素养提供了重要的载体。因此，我们提出应从审美素养养成的高度来审视古诗词教学。

1. 落实课程标准的审美要求

《义务教育语文课程标准（2022年版）》（简称"新课标"）在"课程性质"中明确提出："语文课程应引导学生……形成自觉的审美意识，培养高雅的审美情趣，积淀丰厚的文化底蕴，继承和弘扬中华优秀传统文化……"其在提及"核心素养内涵"时又强调："审美创造是指学生通过感受、理解、欣赏、评价语言文字及作品，获得较为丰富的审美经验，具有初步的感受美、发现美和运用语言文字表现美、创造美的能力；涵养高雅情趣，具备健康的审美意识和正确的审美观念。"新课标从课程建设的角度对审美能力的发展、审美素养的提升进行了高位指引。

2. 彰显诗词文学的审美特质

综观统编小学语文教材中选编的古诗词，从题材上主要分为咏物言志、写景抒情、叙事抒怀、咏史怀古、边塞军旅以及羁旅思乡等，审美领域包括自然风光、民俗风情、生活日常、人物情感等，从多方面、多维度引领学生感知美、体验美、发现美，在古诗词之美的涵养、浸润中，提高表现美、创造美的能力。

3. 满足生命发展的审美需求

审美需求与人的其他需求一样，是人自身的一种主观欲求，是人的精神发

展中表现出来的意识涌动。小学阶段的学生处于审美意识、审美需求的萌发和形成期。经典的古诗词对学生的审美趣味、格调的引导,具有重要意义和价值。古诗词教学中的审美活动提供了实现和达成此种精神发展的条件,学生通过体验多样的美,感受有情趣、有意味的诗意人生,激发对生活、对生命的热爱之情,从而升华精神境界,发展完满的人格。

二、小学古诗词的审美特征

古诗词具有无可比拟的多重美感,统编小学语文教材选编的古诗词在美的表现上最为突出的是以下几点。

1. 丰富的形式美

这里的形式指古诗词外在美的直接表现。古诗词字数相等或句式对称、词性相应,有着建筑形式般的结构美;平仄相对、节奏井然、用韵精到,有着诵读形式上的音乐美;意象之间主次观照、彼呼此应,又有着景观布局般的修饰之美。

2. 相宜的意境美

"意境"属于我国古典美学的范畴,是带有诗人强烈个体意识的思想感情与诗中所描绘的图景自然交融,而营造出的一种耐人寻味的艺术境界。意境的营造往往离不开两个要素,即景与情。统编小学语文教材中的古诗词虽然题材、类别不同,但基本都具有景中含情、情景交融的特点,呈现出别样的美好境界和情致。

3. 饱满的情志美

古诗词常常缘情而作,通过语音、文字、意象等细节来表达作者特定际遇下的特定情感与心声。经典的古诗词跨越历史时空传递至今,最打动人的核心力量就在于其饱满浓厚的情志之美。统编小学语文教材中古诗词的情志之美与单元人文主题相依相辅,表达作者忧国伤时的悲痛、建功报国的渴望、直面磨难的勇气、清正廉明的操守等,给学生以正向积极的审美情感的熏陶和价值引领。

三、古诗词教学中的审美缺失问题

古诗词的审美特质毋庸置疑,但审视古诗词教学的课堂表现,审美素养的教学是非常欠缺的,其主要表现在以下几个方面。

1. 教师审美素养不高

教师缺乏一定的审美理论基础,不了解审美能力培养和发展的原则、规律,缺少有效的古诗词审美教学的策略与方法,教学中常有"我感觉美"但"我不能传递美"的尴尬境地,使得审美素养的培养力度松懈迟滞。

2. 学生审美意识淡薄

在走场式、应付式的以"读—讲—背—默"为基本模式的古诗词学习中,学生对古诗词的印象只有"解释意思""抄抄背背"。学生得不到深入学习古诗词的支架,对古诗词美的感受极为寡淡,谈不上形成一定的审美意识。

3. 教学审美评价单一

受考评机制影响,古诗词学习成果的检测形式较为单一,一般为默写或语境运用,考查比例也较低。审美素养是一种较为隐性的素养,很难用纸笔作答进行检测,这势必造成一定程度的忽视,导致审美评价整体环境的不理想。

四、"感美—立美—创美":培养古诗词审美的教学路径

基于对小学阶段古诗词的审美价值和特征的体认及面临的教学问题,我们立足文本与学情,打造"感美—立美—创美"的教学范式,探索古诗词教学的审美路径,选择适切的方法、策略,引领学生认识美、表现美、创造美。

(一)多形式感美,在感知中丰厚审美经验

感美,即感知美、感受美,是古诗词审美教学的初始阶段。在这一阶段,学生可从古诗词本有的组织关系、结构秩序中,感受其形式上的美。

第三章 "致润"理念下的古诗词教学操作切面

1. 密咏恬吟,感受音韵美

清代学者沈德潜《说诗晬语》中道"诗以声为用者,其微妙在抑扬抗坠之间。读者静气按节,密咏恬吟,觉前人声中难写、响外别传之妙,一齐俱出",强调了诗词音律的重要性。古诗词的音韵包括诵读时的节奏、平仄、用韵等。课堂中,大多数教师最为关注的往往是古诗词的诵读节奏,在诗句中机械划分停顿号,指导学生进行诵读。其实节奏并非只指停顿,它有高低、长短、疾徐、轻重之分,再配以平长仄短、突出韵脚的诵读规律,古诗词的诵读便呈现出一种错落有致、复沓回环的听觉审美之境。如王维的《山居秋暝》,它是一首平起式的五律,诵读时可做如下标记——

— — — | | | — | | —
空山新雨后,天气晚来秋。

— ！— — | — — ！ | |
明月松间照,清泉石上流。

！— | — | | — | | —
竹喧归浣女,莲动下渔舟。

— | — — ！ — — | | —
随意春芳歇,王孙自可留。

"—"表示平声,发音流畅、语调拉长;"|"表示仄声,发音有力干脆;"！"表示入声,发音短促轻快。这样的诵读犹如给诗歌标上了乐谱,学生根据相关的诵读方法和要求,在反复吟咏诵读中感受古诗词音韵中蕴含的声调、节奏、韵律的独特之处,于唇齿之间体会音韵的和谐之美、适恰之美。

古诗词的音乐美还体现在调质,在字音本身的和谐及音与义的协调。[①] 音义协调是古诗词调质的理想境界。双声叠韵是调质最常见的运用,既为声音的和谐,更为意义的协调,这在诵读指导中也要关注。如《饮湖上初晴后雨》的前两句中的"潋滟""空蒙"即叠韵,从音、义两个方面传达出西湖特有的美,也是诗人审美感受"晴方好""雨亦奇"的发端。相关教学过程如下:

师:请结合注释读懂"水光潋滟晴方好,山色空蒙雨亦奇"。

[①] 朱光潜.诗论[M].上海:华东师范大学出版社,2017:166.

（学生自学。）

师：（出示"水光潋滟""山色空蒙"）读这两个词，你想到了怎样的画面？

生：我仿佛看到阳光照耀下的西湖波光粼粼，十分迷人。

生：烟雨之中，西湖好像披上薄纱，一切都是朦朦胧胧的。

师：通过读注释和想象画面，便能理解这两个词。再读读"潋滟""空蒙"，从读音上有什么发现，又有什么感觉？

生："潋滟"的韵母都是"an"，"空蒙"的韵母虽不一样但与之很相近。

生：这两个词的发音给人不同的感觉，"潋滟"是明朗的，"空蒙"是神秘的。

师：这就是叠韵。诗人还将西湖晴天时的明艳美、雨天时的朦胧美通过声音来传达，真是高妙！让我们一起有感情地朗读诗句。

（学生齐读。）

"潋滟""空蒙"的意思并不难懂，但诗人通过声音传达美感的妙处是学生难以发现的。在适恰的点拨下，学生体会古诗音韵美与意义美的结合，审美意识得以培养。小学阶段古诗词中的双声叠韵多以叠词形式出现，如"田田""纷纷""苍苍""萧萧"等，既从义上状写事物的形态，又从音上进行象征性的情绪暗示。学生有了对调质的理解，便能从意义上关注发音，从发音中表现感受，诵读就真切而不做作、自然而不刻意。

2. 探所以然，感受修辞美

修辞是文学创作的重要方式之一，它的运用能让作品文辞斐然，言语生辉。古诗词中的修辞运用亦比比皆是。贺知章在《咏柳》中用绿丝绦比喻新芽萌发的万千柳枝，勾勒出如少女般婀娜多姿的杨柳形态；李白在《夜宿山寺》中运用"手可摘星辰"的夸张，凸显了寺楼之高峻；卢钺则巧用拟人将梅与雪的各自特点一笔点明；王安石的"一水护田将绿绕，两山排闼送青来"则对仗工稳地把湖阴先生住所的清幽静美尽情展现……教师需要引领学生知其然且再知其所以然，以"为何这样写"为话题带领学生探寻深意，感受古诗词修辞之美。

如《饮湖上初晴后雨》后两句诗的教学，在学生初步了解诗句运用了比喻的修辞手法之后，教师可以继续追问"为什么把西湖比西子"，使学生进行深入思考。在小组合作学习中，学生借助与西子有关的资料，得出自己的研究结论:因为西湖、西子都很美;因为都有"西"字,读起来好听;因为西湖、西子都属于同一地区……在此基础上,教师自然引出"正因如此,这一比喻被誉为赞美西湖的第一名喻,西湖也多了一个美丽的名字——西子湖"。通过对修辞的关注和思考,学生披文入理、入情,从作者为什么这样写的角度出发,进一步感受诗词的言语之美以及作者的匠心独运,积淀丰富的审美经验。

3. 整体观照,感受结构美

古诗词的结构亦称章法,是古诗词的骨架和筋脉所在。按照起、承、转、合的结构规则,结合表情达意的需要,古诗词的架构方式主要有首尾照应、情景结合、卒章显志等。

综观统编小学语文教材中的古诗词,其在内部结构关系上大多属于情景结合的结构。因此,要让学生体会古诗词的结构美,可以从景和情的关系入手,便于学生理解和接受,以促成有深度的审美体验。如《送元二使安西》中的前两句,既点明送别的时间和地点,又通过"朝雨""轻尘""客舍""柳色"等景物的描绘将送别的环境渲染得清新柔美、淡雅和润。后两句诗人有感而发,动情劝酒,又表现出强烈的惜别之情。整首诗情景相依,体现出一种无奈中有豪爽,豪爽中现不舍的动人之情。先情后景的结构则突破常规,别具特色。如《晓出净慈寺送林子方》中首句就是"毕竟西湖六月中",一个"毕竟"将诗人满心的喜欢和惊叹直接抒发出来,表现一种难以按捺的情感勃发。

卒章显志也是一种重要的架构方式,即在文章结尾时,用一两句话点明中心、主题,如:王昌龄《芙蓉楼送辛渐》中的"洛阳亲友如相问,一片冰心在玉壶",于谦《石灰吟》中的"粉骨碎身浑不怕,要留清白在人间",郑燮《竹石》中的后两句"千磨万击还坚劲,任尔东西南北风"……恰当的教学架构方式,可以帮助学生进一步体验诗歌的深刻性、感染力和结构美,从整体上实现提纲挈领的教学效果。

(二)多维度立美,在体验中培养审美情趣

立美是感美的深化和升级,是从单一的感官静观走向全身心的投入参与。古诗词的教学立美,是在融洽和谐的教学情境中,达成这样的教学境界:教师智慧引领、巧妙点拨;学生主动建构、开放言思,在想象、对话、探究中进入角色,进入场景,进入情感。

1. 借助想象,体验画面美

想象是学习古诗词的重要方法。通过想象,古诗词凝练简约的语言变得具体而生动,呈现一幅幅生机盎然的灵动画面。古诗词的课后练习常常提示"想象诗(词)中描绘的景色""说说你眼前浮现了怎样的情景",这既是学习的要求,更是达成深度学习的途径。在指导学生展开想象、描述想象画面的过程中,教师需要提供一定支架助力学生想得具体、说得生动。如刘禹锡的《望洞庭》一诗中的前两句描绘了一幅风平浪静、湖月交融的秋夜图景。为了让学生想得丰富,教师可先引导他们联系生活中的相似场景,如中秋湖边赏月,激发回忆而共情;然后在学生描述的过程中出示"月光宝盒"(里面装着"词语宝石",如词语"皎洁""玉盘""微波粼粼""交相辉映"等),帮助学生在想象的基础上说出美感;最后,再呈现怡人静谧的洞庭月夜图,进一步引导学生体验山水相映的和谐与美好,体会其中蕴含的情致与意趣。

2. 情境对话,体验形象美

场景描写是古诗词创作的一大领域。教材中的古诗词涉及的场景有田园生活、边塞征战、亲友送别等,场景中的人物就是作者笔下的主角。不同于小说、散文,古诗词受篇幅限制,不可能进行细节的描摹,那么如何让古诗词中的人物也能立体、丰满起来呢?在对诗词大意理解的基础上,进行情境对话颇为有效。古诗词教学中的情境对话是指师生或生生在一定的诗词场景中进入角色,通过口语交际、互动应答,还原再现人物的状态,从而塑造有血有肉的人物形象。其目的是将文字符号与生活感受联结起来,让儿童在感受"真"、领悟"美"中成长。如"竹喧归浣女,莲动下渔舟",其通过人物的活动写出了山林中恬淡从容的生活气息。为了让学生感受这样的美好境界,教师不妨采用情境对话的方法。教学片段如下:

(创设情境:洗衣服的少女们一边走一边说笑,听,她们在说什么——)

师:小七,小七,你今天洗了几件衣服呀?

生:我洗了五件。

师:真是勤快的小七!那你明天打算穿什么颜色的衣服?

生:我想穿粉色的。

师:穿这件衣服,阿生哥看了肯定喜欢。

(众学生笑。)

师:快瞧,渔船缓缓驶来了——阿生哥,今天打了多少鱼呀?

生:今天运气不错,打了不少鱼呢!

师:这些鱼,你打算怎么处理啊?

生:好好喝上一碗鱼汤,多余的挑到集市上去卖。

师:山里的生活多么安宁美好,令人向往啊,读——

生:竹喧归浣女,莲动下渔舟。

上述充满情趣的情境对话指向生活,指向人情,从而更具亲和力,可以更好地助力学生展开对诗歌所绘情景的想象和感知,使学生对山间质朴和美的生活有了进一步的审美理解和体验。

3. 探究意象,体验情志美

古诗词以含蓄委婉为上。为了既含蓄又充分地表达内心的情感和心志,诗(词)人往往会创造性地使用意象来敲击人们心灵。对于小学生而言,意象背后深藏的情感、哲思很难完全领会、理解,而这恰恰是古诗词审美过程中必不可少的,直接影响着学生审美鉴赏能力的培养和发展。教学中,教师直接抛出"意象"这一美学概念没有必要,而要精准选择并提供理解意象的资料,为学生的深入理解架设攀越的阶梯。如王冕的《墨梅》一诗以"清气"作为高洁品性的象征,表达坚守气节、清白处世的精神境界。读不懂"清气"就读不懂整首诗,读不懂王冕的胸襟和骨气。教师以"王冕的清气是什么?"为话题,组织学生进行小组合作,通过研读《写梅花诗》《隐居山林》《拒绝做官》三则小故事,了解王冕的为人处事。从具体的事件中归纳概括人物的高尚品质,学生便能水到渠成地理解"清气"的深义。其他诸如"明月""冰心""孤城"等典型意象都应加以关注,在相关资料、诗文的勾连中立象、立情、立志,无声却有形迹地帮助学生触摸古诗词审美鉴赏的门道。

(三) 多样态创美,在实践中提升审美能力

审美教育的终极目标是创造美,在创造美的过程中,学生的思想更纯净、心灵更丰盈。从审美素养形成的阶段看,感美是基础,立美是深化,创美是升华。在教学中,教师要善于开发创造美的作业任务,激发学生的灵性、诗性,创生属于学生自己的审美作品。

1. 寄情励志,创生静态美

古诗词的教学往往以学生抄(默)写、背诵等作业的完成作为结束。这样的做法无可厚非,也确实必要。但在体会古诗词美好的意境之下,机械的抄、默、背着实是过于简陋、粗糙了。教师在作业设计时可以结合古诗词的意境,让学生设计书签、纸笺、明信片、题画诗,也可以是改编、续写诗词所述事件、故事等,以美的作业承载美的诗句,让美长久留驻于学生的心间。如图3-14所示,《饮湖上初晴后》一课的作业设计就是结合杭州召开2023年亚运会的时事,让学生在自己绘制的西湖风景明信片上书写自己最喜欢的两句诗,送给亲人、朋友,传扬杭州西湖独一无二的美。

图3-14

这样的作业设计,融绘画、书写于一体,通过绘画的色彩、造型、线条和书写的笔画、结构之间的配合,为诗句的内涵做了更为直观的注释,学生的审美能力由此得到综合表现和提升。

2. 心神俱合,创生动态美

古诗词的传承方式还可以是动态的。动态美的创造形式也是多样的,如吟唱、跳舞等表演,其优点是学生对于诗境词境的感同身受程度更深,从而达到一种心神俱合的境界。古诗词本可入歌,可以配以相应的曲谱进行吟唱,如王维的《送元二使安西》是送友人去西北边疆时作的诗,后有乐人谱曲,名为《阳关三叠》,又名《渭城曲》。就以《阳关三叠》的曲调吟唱此诗,古韵悠悠,情意绵绵,一唱三叹间情之深远、意之绵长早已化作杯中酒,令人心照不宣。尤其是与儿童有关的古诗词,更可以作为表演的原始剧本,让学生通过自己的改编形成完整的剧本,邀上几个小伙伴扮一扮、演一演,与千百年前的同龄人进行心与心的交流、情与情的共振。如五年级下册的《古诗三首》,分别写了童孙、稚子、牧童的生活日常,教师可以设计三组场景,通过剧本《童孙种瓜》《稚子敲冰》《牧童吹笛》的创编,让学生自由组合,分配角色,准备道具,塑造人物,打磨台词,以声情并茂的演绎,活泼泼地展现并体味古代儿童淳朴烂漫的生活之美。与此同时,学生得以充分感受文本转换的美妙与合作的快乐。

3. 联结媒体,创生综合美

当下,人们通过各种媒体平台接收、传播海量资讯。古诗词的生命力正可以通过这些平台得到更为强劲的能量支持。因此,当学生通过静态、动态的作品创作,对古诗词的情感、意境有了进一步的体验和领会后,师生还可以将这些作品通过微信朋友圈、班级微信公众号和视频号等媒体平台进行展示。在编辑的过程中,文字与图片的匹配,静态作业与动态作业的互补以及音乐的选择,动画的设置,讲述描绘的语音语调等都考验着教师与学生的审美品位和审美水平。学生、教师的审美素养在这一过程中得到极大的涵养和提升。

综上,教师可以遵循统编小学语文教材古诗词形式美、意境美、情志美的审美特征,以"感美—立美—创美"为范式,铺设多形式、多维度、多样态的审美路径,致力于培养学生对古诗词之美的感受力、品味力和创造力,最终积淀并形成良好的审美素养,润泽其生命,滋养其心灵,提升其美好的人生境界。

第三节　以意象体悟"致润"："相"得益彰，"象"入人心

古诗词中"象"，可以是某种景物或事件，如"杨柳""孤舟""登高"等。它们往往寄托着诗人的某种情思，因而被赋予了特殊的意义，成为"意象"，对意象的深度解读和体悟是古诗词教学的重要内容，也是学生积淀诗词文化，得到审美熏陶，树立文化自信的重要途径。要深入地读懂古诗、理解古诗，举"象"造"境"是上佳策略。

一、"古今相通"造文化之境

古诗词中的某些意象因能引起世人的情感共鸣而成为一种集体的情感投射，成为一种文化现象，这些意象属于象喻性意象。比如意寓高洁品格的"梅花"，象征漂泊游子的"浮云"，意指时间飞逝的"流水"……其中，"明月"意象当是中国古典文学中最为经典的。有关明月的意象最早出现在《诗经·陈风·月出》中："月出皎兮，佼人僚兮。舒窈纠兮，劳心悄兮。"而李白无疑在"明月"成为文化符号的过程中发挥了举足轻重的作用，"小时不识月，呼作白玉盘""床前明月光，疑是地上霜""我寄愁心与明月，随君直到夜郎西"……当然，还包括张若虚、张九龄、杜甫、苏轼等众多诗人、词人对于明月的倾情咏诵。从此，借着一首首诗词，明月的印记牢牢地刻在中国人的心上。从此，这天上的明月已不是单纯的明月，它是人间的相思、愁绪、孤情，是生命之叹，是永恒之美……

王崧舟老师说古诗教学就是教文化。文化在哪里？在意象中。因此，古诗词教学中的意象体悟要有一定的深度，不以"象"论"象"，要注意经典意象的文化渗透。意象教学要成为一种文化渗透，离不开古今贯通，以一首带多首（句）的组合拓展，如此才能将某种意象符号化、象征化。但要注意的是，这种

渗透是需要时机的。李白的《静夜思》出现在一年级下册,此时要串联李白的其他明月诗或其他诗人、词人借月思乡的作品吗?没有必要。一则一年级学生的认知能力、理解能力尚未达到此种程度,二则低年级的古诗更多是作为识字、写字教学的一个载体,此时在诗歌学习上只需要展开想象,获得初步的情感体验,感受语言的优美。那什么时候可以揭示明月的象征意义?我们可以先梳理教材中与"月"有关的古诗词(见表3-13)。

表3-13 统编小学语文教材中与"月"有关的古诗词

年级	作品	含"月"诗句、词句	意义侧重
一年级下册	《静夜思》	床前明月光,疑是地上霜	望月思乡,寄托情感
三年级上册	《望洞庭》	湖光秋月两相和,潭面无风镜未磨	月象之美,点明环境
四年级上册	《暮江吟》	可怜九月初三夜,露似真珠月似弓	月象之美,点明环境
四年级上册	《出塞》	秦时明月汉时关,万里长征人未还	望月思乡,寄托情感
四年级下册	《塞下曲》	月黑雁飞高,单于夜遁逃	月象之色,点明环境
五年级上册	《山居秋暝》	明月松间照,清泉石上流	月象之美,点明环境
五年级上册	《枫桥夜泊》	月落乌啼霜满天,江枫渔火对愁眠	月象之迹,点明环境
六年级上册	《宿建德江》	野旷天低树,江清月近人	月象之美,点明环境
六年级上册	《西江月·夜行黄沙道中》	明月别枝惊鹊,清风半夜鸣蝉	月象之美,点明环境
六年级下册	《十五夜望月》	今夜月明人尽望,不知秋思落谁家	望月思人,寄托情感
六年级下册	《马诗》	大漠沙如雪,燕山月似钩	月象之美,点明环境

从学生的认知水平、教材的编排意图、作品的价值定位等角度综合考虑,我们可以发现,"明月"这一意象的文化渗透的适宜时机应在教学《十五夜望月》时。"明月"意象寄托的情感大多是相思,包括对亲人的思念、对爱人的思念、对家乡的思念,《十五夜望月》正是借望月来抒发思念之情。四年级上册的

致润:古诗词教学的另一种模样

《出塞》中也有望月思乡的情感,但对于戍边将士所处环境下的思乡之情,学生是毫无生活体验的,而且此诗更重在表现将士们要像历代良将一样保家卫国的豪壮情怀,所以不宜在该意义上做过多的拓展。王建的《十五夜望月》在诗题中已点明写作的时间是月半之时。此时的月亮大而圆,中秋望月显而易见是托月寄情。诗的前两句"中庭地白树栖鸦,冷露无声湿桂花"营造出一派清冷、孤寂的氛围。一个"地白"已将月光的明亮、皎洁写得透彻、极致。应境生情,多少人会在这样的月色里生出相思之情?"今夜月明人尽望,不知秋思落谁家"便自然流泻。通过这首诗,学生对于明月寄托思念的意义开始建构。教师再出示同类主题下的明月诗词,如李白的"举头望明月,低头思故乡",张九龄的"海上生明月,天涯共此时",苏轼的"明月几时有,把酒问青天"……这些精妙绝伦的明月诗词一次又一次在学生的唇齿间响亮,诗情诗境也在其眉目间照亮。教师再创设情境,让学生在一定的生活背景之下,运用明月诗词,如:"中秋节的夜晚,一轮明月高挂云天,沾了露水的桂花散发着芬芳,我是多么思念远方的亲友啊,不由得深情吟诵:'＿＿＿＿＿＿,＿＿＿＿＿＿。'"在贯通古今的诗词浸润中,学生可以清晰地感受到诗人对月亮所怀有的独特情感以及明月所寄托着的只属于中国人的深情。此时,明月才化作思念的文化基因融入学生的血脉。

再如"冰心"这一典型意象的感知和理解,也需要从诗境引向生活,进一步加强学生对"冰心"人格的喜爱和赞美。以下是《芙蓉楼送辛渐》一课的积累环节——

1. 歌咏古诗:播放《阳关三叠》的乐曲,师生吟唱。

2. 欣赏书法作品:古诗是中华民族的文化瑰宝,有许多书法家为这首诗留下墨宝,让我们好好欣赏一下。

3. 流传程度介绍:这首诗流传至今不仅书法家钟情于它,一些著名的作家、文学作品也青睐于它,(出示照片)这位老人叫谢婉莹,她的笔名"冰心"就是取自"一片冰心在玉壶"。(出示图片)一些小说、散文也以"一片冰心在玉壶"为名。

4. 书写名句:让我们也把这两句诗永久地记在心里!(出示作品)老师也写了一幅书法作品,请同学们也在花笺上认真抄写千古名句"洛阳亲友如相问,一片冰心在玉壶"。

5. 展示学生书写作品,整体点评,并加盖"玉壶冰心"章。

从诵读到吟唱,从名诗名句的书法展示到文学作品、著名作家对"冰心"一词的引用,从教师书法呈现到学生认真誊抄并加盖"玉壶冰心"章,"冰心"这一象征清正廉洁之品性的意象在古与今的融会贯通中,从文字到图片再到生活,渐近渐明,以"润泽"的方式化作学生自己的一颗小小的"冰心"。

二、"虚实相生"造历史之境

俗语云:虚则实之,实则虚之。意思是说,虚无之处自然会充实,而充满之处自然会虚无。这句话对于古诗词意象教学是很有启迪的。许多古诗词往往有着横亘千载的历史视域,比如边塞诗、咏史诗。在这样阔大无边的背景之下,许多意象的解释是不能踩得过实的,一旦过实、过满,古诗词本有的解读空间、审美空间便轰然倒塌,从而造成对意境的极大破坏。

四年级上册第七单元《古诗三首》中的第一首为王昌龄的《出塞》。王昌龄是盛唐著名诗人,七言绝句写得尤为出色,被世人称为"七绝圣手"。而他最负盛名的还是做官前游历西北边地创作的边塞诗。这些作品使他成为盛唐边塞诗的代表人物。《出塞》更被誉为全唐七绝的压卷之作。

"秦时明月汉时关"开篇一句便体现出诗人极高的艺术才华,通过"秦""汉"的时间维度和"明月""关"的空间维度构筑起一派苍茫、凄清、萧瑟的边塞景象,让历史的沧桑感透过短短七个字扑面而来。对于学生而言,他们会就字论字地把诗句理解为:秦时的明月、汉时的边关。这样的理解毋庸置疑是不恰当的,因为把意象"明月"和"关"解得太"实"了。"实"到这轮明月就只能是秦时的明月,这座关城只能是汉时的边城,时间感、空间感在这样的浅表解读下消失殆尽。诗人在此处运用了互文的手法,理解时应该将"秦"与"汉"联系起来,即"秦汉时"。于是"秦时明月汉时关"便转化成"秦汉明月秦汉关",这轮明月在秦汉时便照耀着边关,这样的情景一直持续到了唐代,还将继续……如此,化实为虚,整首古诗的理解就开阔、深远了。同时,"明月"与"关"这一组经典意象

便深深地刻入学生的心里,成为边塞的标志性符号。相关教学过程如下:

1. (出示诗句"秦时明月汉时关,万里长征人未还")这两句诗读起来容易,想要读懂可不简单。请同学们在学习单的帮助下自己先学学看。

2. 学生自主学习:读一读这两句诗,圈一圈诗中写到了哪些景物;看一看学习单中的注释,试着说说这两句诗讲了什么。

3. 学生汇报,板贴"明月""关城"。

4. 同学们基本明白了这两句诗,但要注意的是第一句诗中的"秦""汉""月""关"在理解时要组合起来——(课件演示)秦汉明月秦汉关,意思是从秦汉时起,这一轮明月一直照耀着边塞,这一座关城一直矗立在边塞,这样的情景历经近千年延续到了唐代。

5. 播放微课,引导学生感知朝代更替。

从刚才的微课中你看到了什么?(战车、士兵、战马、战旗……)

6. 感情引读。

一年又一年,边塞上秦时的战车、汉时的战车、魏晋时的战车隆隆驶过,但它们还存在吗?剩下的只有——那一轮明月和一座关城。齐读"秦时明月汉时关"。

一朝又一朝,边塞上秦时的战马奔腾过,汉时的战马嘶吼过,南北朝的战马浴血过,但它们还存在吗?剩下的只有——那一轮明月和一座关城。齐读"秦时明月汉时关"。

一代又一代,边塞上一个朝代一个朝代的战旗飘扬过、染红过,可如今剩下的只有——那一轮明月和一座边城。齐读"秦时明月汉时关"。

7. 拓展强化:天上这一轮明月和人间这一座关城成了边塞永远的象征,许多诗人写到边塞时会把它们写进诗中,出示——

关山夜月明,秋色照孤城。(王褒)

明月出天山,苍茫云海间。长风几万里,吹度玉门关。(李白)

8. 小结:一轮淡淡的明月,一座孤独的关城,引发人的万千思绪。诗人不禁感慨:"秦时明月汉时关,万里长征人未还。"请大家齐读。

同是这首诗,第三句"但使龙城飞将在"的"龙城飞将"指谁,历来众说纷纭,有的说从"龙城"看,应该是卫青,有的认为从"飞将"看,应指李广。其实,李广一生从未到过龙城,到过龙城的是卫青。因此,这里的教学也需要由实入虚,从具象到群象:先借助注释,让学生认识"飞将军"李广,了解李广的生平、事迹;再抛出不同观点,引出卫青的相关资料;最后从具体人物(李广、卫青)推及一类人物(征战沙场、保家卫国的将士),从而让古诗所表达的情感一波又一波地在学生的心里奔涌,激荡出喷薄的爱国热情。

古诗词中常涉及地理知识,典型的如阳关、玉门关、江南、中原、吴、楚等。这些地理名词既点明创作环境及背景,也是当地自然风貌、风俗习惯的缩影,对深入理解古诗词有着重要意义。教师要运用适恰的技术手段构筑该地的自然、人文知识,引领学生渐入胜境。一年级上册《江南》一诗中,"江南"既是诗题,又是一个地域意象,包含丰富的人文风情,教学中可运用多媒体引导学生深入理解,接受审美的熏陶(见表 3-14)。

表 3-14 《江南》一诗的诗题理解

环节	媒体介入	教学推进
学习生字	jiāng 江 三点水	呈现生字:谁给"江"找朋友?(江南、江湖、江河……) 显红偏旁:这些词都跟水有关,"江"的偏旁就表示水,叫"三点水"
理解江南	标示江南域的动态地图	出示"江南"词卡:你们知道江南在哪里吗?(指名说) 呈现动态地图:这条又弯又长的河流就是中国第一长河——长江,长江东南部这片绿色的地区就是江南
	介绍江南风光的视频	播放风光短片:江南有绿绿的山、清清的水、一望无际的稻田,还有大片大片的荷塘……
	歌谣音频	定格劳作场景:生活在这片土地上的人们,常常一边劳动,一边唱着动人的歌谣。让我们亲亲热热地喊一声"江南"吧

在多媒体技术的支持下,江南的地域位置、风光景致与生活的紧密联系得

以次第推进，层层铺展。学生对江南的感知从扁平转向立体，从清冷变为温暖，充分领略地域词汇中凝结着的情景之美、人文之美。

陆游《示儿》中的"中原"与"江南"一样，不仅是地理名词，更是地域意象，包含着诗人对故国沦丧的悲叹和感伤以及故国收复的信念与希冀。教学中，教师通过中原情景的前后比照、不同社会现象的诗歌比照、不同人物的行为比照等一系列学习活动，将"中原"这个扁平的词语浓墨重彩地一笔笔勾勒，反复渲染、建构，从而让学生对诗人强烈的爱国情怀有了深切的体会，对诗人"中原未定，难以瞑目"的无限哀叹有了超越年龄、超越时代的感同身受。

都说"诗无达诂"，就是因为诗歌本身具有很大的解读空间，这才有了诗所独有的境界。教学切忌面面俱到，字字踩"实"、踩"死"。同理，张继《枫桥夜泊》中的"江枫渔火对愁眠"中的"江枫""愁眠"究竟指什么？是江边的枫树、无尽的愁绪，还是指寒山寺附近的江村桥、枫桥以及愁眠山呢？如果把这首诗放在诗人所处的历史背景下加以解读，就能知道张继的这首诗本来的题目是《夜泊松江》。据说因为这首诗太出名，后人把"封桥"改为"枫桥"，甚至连诗题都改了。于是，我们便可立足代表愁绪愁情的"枫"意象展开教学，从而体会诗人那道不尽、诉不完的愁情失意。

三、"动静相辅"造风光之境

有些意象单独存在时并不具有某种情感，而要以一句或一句以上的诗句为单位，通过一系列的描述来表达作者的情与思，我们称之为描述性意象。比如白居易《暮江吟》中的诗句"一道残阳铺水中，半江瑟瑟半江红"，仅读"残阳""半江"是体会不到诗人的情感的，只有读完整句诗才能体会诗人的情意。夕阳西下，灿烂的霞光柔柔地铺在水面，江水一半呈现出透亮的青绿色，一半又染上浓重的红色，这样光彩迷离、绚烂缤纷的风光传达出作者闲散、宁静的情怀以及对大自然的喜爱。描述性意象往往在写景诗中特别突出，而小学阶段的古诗在内容上也以写景为多，如《小池》《惠崇春江晚景》《三衢道中》等。当然，即使是写事、感怀的诗词也常常会描摹当时的周边环境，如《芙蓉楼送辛

第三章 "致润"理念下的古诗词教学操作切面

渐》《秋夜将晓出篱门迎凉有感》《从军行》等,诗中所展现的风光景致各不相同,但都给人一种美的印象,传达出诗人或浓或淡的意与思。

这种描述性意象给人的深刻印象或是色彩上的,如"千里莺啼绿映红"中的绿色与红色的相配,"黑云翻墨未遮山,白雨跳珠乱入船"中黑色与白色的对比,"黄沙百战穿金甲"中黄色与金色的互衬,都给人以直接的视觉冲击;或是声音上的,如"葡萄美酒夜光杯,欲饮琵琶马上催"中的正待饮酒时铿然响起的琵琶铮铮,"敲成玉磬穿林响,忽作玻璃碎地声"中冰碎一地的丁零当啷,"牧童归去横牛背,短笛无腔信口吹"中未有曲调却有情调的笛声呜呜;或是形态上的,如"泥融飞燕子,沙暖睡鸳鸯"中飞燕的俏丽灵动、鸳鸯的憨态可掬,"三万里河东入海,五千仞岳上摩天"中黄河的滚滚东流、华山的高耸入云,"清明时节雨纷纷,路上行人欲断魂"中丝丝绵绵的细雨、感伤悲怀的路人……这一幕一幕、一帧一帧,以静态的、动态的方式进入我们的眼睛、耳朵、鼻子……它们成为鲜活水灵的立体风光片,将诗人的所想、所感、所思、所念娓娓道来。

教学中,教师往往利用多媒体来呈现这些描述性意象。漂亮的图片色彩斑斓,悦耳的音响余音绕梁,精选的视频更是集视听于一体……这些是需要的,它们提供了一个感知"象"的最为基础的虚拟情境,但这样还不够。要让诗中的"象"真正立起来,还是要回到语文的原点,用语文的方式把"象"立起、立住、立稳。有哪些语文的方式呢?比如情境表演,《清明》一诗中"雨"的意象寄托着路人对亲人、先人的哀思和怀念,如何把这份感怀传递给学生呢?教师可让学生戴上一顶草帽,演一演放牛娃,与老师一起演绎一段千年前的"雨"中问路,在一问一答中,解读路人在"雨纷纷"中的"断魂"缘由。比如想象练笔,《江南春》教学中的情境代入练笔,抓住"风"这一意象,让学生在理解诗意的基础上想象练笔:"在这江南春天温柔的暖'风'中,诗人登高眺望会看到什么、听到什么、闻到什么呢?请展开想象写一写。"再如编写故事,把《芙蓉楼送辛渐》改写成一则送别的故事,那连江的寒雨、孤寂的楚山,那一程又一程的依依相送,那冰清玉洁的赤子之心,既在纸上跃动,又在学生心间永驻。在王维的《山居秋暝》一诗的教学中,笔者是这样引导学生对描述性意象进行体悟的——

1. 如果要绘声绘色地描绘山中的美景,有什么好方法呢?出示以下范例:

"空旷的山林刚刚沐浴了一场清新的小雨,秋天带着淡淡的凉意悄悄地来到人间。"

"静静的山林里下起蒙蒙的小雨,像织起一张银色的丝网,密密的,柔柔的。雨停风止,凉凉的秋意随着日落降临人间。"

这样的描绘生动吗? 生动在哪里?(运用拟人的手法,写出山林的清新、宁静之美;用了比喻的手法,写得更加生动;运用了叠词,使景物显得很可爱、很亲切。)

2. 你也能像这两位同学一样,展开想象,绘声绘色地描绘山中美景吗?

3. 学生独立练笔,指名描绘。

预设1:一轮明月把清亮的光辉从松树的枝叶间洒下,清清的泉水唱着淙淙的歌谣从岩石上奔过。

预设2:竹林沙沙好像在说悄悄话,洗衣服的少女们说说笑笑回来了;粉粉的莲花摇动起亭亭的身体欢迎渔舟驶过。

4. 情感朗读:山里的生活多么安宁美好、多么令人向往啊!让我们再来读一读前六句诗,读出你的感受。

这里,通过适恰的教学手段,让静态的与动态的景(人)物相生相辅,产生一种美轮美奂的艺术境界,便可让古诗词中的"象"带着诗人的情意住进学生的心中。

综上所述,古诗词中的意象有着丰富的内涵,在感知、解读和体悟时要注重方法和策略的合理、有效运用。意象的把握宜虚灵不宜锤实,宜生动不宜呆板,宜化用不宜刻意,通过"古今相通""虚实相生""动静相辅"等策略营造起深入体悟古诗词意象的教学之境,让学生深度领略古诗词意象朦胧、含蓄的情意之美。

第四节　以理性思考"致润":思辨能力在小学古诗词教学中的培养

《义务教育语文课程标准(2022年版)》提出语文核心素养这一重要理念,明确了语文核心素养是文化自信和语言运用、思维能力、审美创造的综合体现。其在课程"内容组织与呈现方式"中又提出"思辨性阅读与表达"学习任务群,要求通过具有思辨性的语文学习活动,培养学生的理性思维和理性精神。思维与思辨,虽不同义,却有包含、重合的关系,思辨即思考辨析,是思维能力的高阶表现。可以说,2022 年版课标将学生思维能力的培养提到了前所未有的高度。作为课程重要内容的古诗词教学理应承担起培养学生思维能力,尤其是思辨能力的重任。

一、古诗词教学中培养思辨能力的意义

第一,有助于加强对古诗词作品的理解。

统编小学语文教材选编的古诗词作品都是中华文化的经典,其魅力不仅在语言的凝练、隽永,更在情感、思想的浓烈、厚重。在古诗词教学中开展思辨性学习活动,是促使学生感受古诗词文辞精妙、构思独到、内涵深邃的有效途径,能助力学生在分析作品主题、情感、意象等的过程中做出正确判断、明辨创作意图、体悟表达特色等,加深理解的程度。

第二,有助于发展学生的高阶思维能力。

学生的思维应具有一定的敏捷性、灵活性、深刻性、独创性、批判性,这是 2022 年版课标对学生思维品质发展的整体要求。在古诗词教学中关注学生思辨能力的培养,正是回应并落实课程标准对核心素养的培养要求。学生通过开展批判性阅读,多角度思考问题,对作品的语言、情感、观点等进行质疑和评价,独立形成见解,发展高阶思维。

第三,有助于厚植对中华文化的强大自信。

学生通过思辨性学习活动深入理解和品赏古诗词时,不仅能够领略到中华优秀传统文化的博大精深,增强对优秀传统文化的认同感和自豪感,还能将这种文化认同转化为对民族精神、民族思想的自觉传承。树立起对中华文化强大生命力的坚定信心,便能在多元文化的浪潮冲击中更加坚定作为新时代中华儿女应有的态度、立场。

二、古诗词教学中培养思辨能力的困境

第一,作品难度与认知水平的矛盾。

对小学生而言,古诗词语言简练抽象、主旨内敛深刻,在理解与把握上本就存在较大困难。而思辨能力的培养基于学生对文本进行深入的思考和分析,从而做出判断、归纳,这在一定程度上会超出学生现有的认知水平,由此产生理解与接受的新问题、新困惑。

第二,素养要求与课堂教学的割裂。

虽然2022年版课标对学生的培养要求已从"知识"迈向"素养",但以浅问浅答代替深度思考,以通讲通解代替独立思考,以会读会默代替理性思考的古诗词教学惯性依然存在。不少教师在古诗词教学中依然执行知识的简单灌输和内容的机械记忆,学生被动接受,缺乏主动思考和探索的机会,难以形成良好的思辨能力。

第三,能力形成与教学资源的失衡。

思辨能力的培养需要丰富的教学资源作为支撑。现实中,古诗词的教学资源本就存在不充足、不均衡的情况,专为思辨能力培养而开发的学习资源更是匮乏,这极大地限制了学生思辨能力的发展和提升。这也亟须教师积极利用多种渠道设计并开发相应的学习资源,为学生提供更丰富的思维成长工具,助力思辨能力的发展。

三、古诗词教学中培养思辨能力的方略

古诗词教学要在思辨能力培养不足的困境中突围,可基于思辨"始于问题—展于探究—终于解决"的逻辑链,从思辨的内容、方式、资源等角度进行积极的探索与实践。

(一) 建构思辨性话题,促进思维的深化

思辨性话题,即具有思辨意义和价值的问题、议题。教师可结合古诗词的内容、主题和艺术特色等在认知冲突处、情感矛盾处、信息留白处设计思辨性话题,引发学生讨论和辨析,推动思维的纵深发展。

1. 发现特殊,在认知冲突处建构话题

认知冲突是学生已有的认知结构或观点概念等与新的情境发生不相符合的出入或落差,即读者的思维方式与文本以及文本背后的作者思维方式产生冲突。[1] 这种冲突为思辨能力的发展提供了良好的契机。教师需在深入解读文本的基础上,敏锐地找到并把握其特殊之处,利用认知冲突设计思辨性话题,通过抽丝剥茧般的层层厘清,提升学生的思维品质。

五年级上册第七单元选编了王维的代表作《山居秋暝》。《山居秋暝》是一首五言律诗,以细腻、清新的笔法对山林秋色进行了描绘,表达诗人对山居生活的热爱。"自古逢秋悲寂寥",中国文人的悲秋情结使原本毫不相关的"秋"与"愁"有了审美乃至哲学意义上的关联。学生之前学习的与秋有关的古诗也大多与忧愁有关,《九月九日忆山东兄弟》中有与好友异地而处的感伤,《夜书所见》中有因秋风起生发的乡愁等,而王维却在这秋天的深山里看到了蓬勃的生机,催发愉悦和怡然之情。教师可在此认知冲突处建构话题:为什么《楚辞》里说"王孙兮归来,山中兮不可久留",王维却言"王孙自可留"?通过思辨性话题引发学生再读古诗,从诗中找到山林景美的答案,再给予诗人隐居生活的背景介绍,挖掘"自可留"之喟叹背后还有亲友离逝及朝政衰败的深层原因,学生的思维便向深处迈进。

2. 勾连表现,在情感矛盾处建构话题

古诗词中的情感表达或直抒胸臆或含蓄委婉,是教学的重难点所在。教学中抓住作者情感表达中的矛盾点创造思辨话题,对矛盾的产生追根溯源,则能通过矛盾点的解决,推进学生对作品的深度体悟。

---

[1] 魏小娜,陈永杰.小学语文"思辨性阅读"教学探析[J].语文建设,2022(4):19.

如五年级上册《示儿》一诗中写到"死去元知万事空,但悲不见九州同","知万事空"在情感上是放下的释然,"但悲"又是放不下的沉重。这两种截然不同的情感状态可建构起"诗人为何明知人死万事皆空,却还要说只是悲痛于九州未同"的话题,启发学生进行辨析。同样,五年级下册《闻官军收河南河北》一诗中也有情感宣泄的矛盾点,首联写"涕泪满衣裳",颔联写"喜欲狂"。即使是成年人也未必经历刚喜极而泣转而又欢喜若狂的情绪的波峰浪谷,更何况才十来岁的小学生。教学中就以这样的情感矛盾为触点,提出思辨性话题"杜甫一会儿哭一会儿笑,内心究竟是悲还是喜",引导学生阅读"安史之乱"的相关资料,关联诗歌创作的时代背景及人物命运的跌宕起伏。学生在话题的驱动下,激发起探究、调查的欲望。对创作背景、诗人遭遇了解得越多越全面,学生的共鸣共情便越深厚、越坚实,最终在感动中树立起自身的爱国情感。

3. 增补缺失,在信息留白处建构话题

留白是中国传统艺术创作的重要表现形式,以无创有,以空生色,让人回味无穷。古诗词中留白艺术的运用既创生出意蕴悠远的审美境界,又为读者研究文字背后的深意提供了思辨空间。

六年级上册《浪淘沙(其一)》一诗的前两句对黄河的豪迈气势进行了形象描绘,读来令人身临其境,仿佛就站在汹涌澎湃、气势磅礴的黄河边。后两句发挥大胆想象,运用张骞为汉武帝寻找河源以及牛郎织女隔银河相望的典故,表示要逆流而上直至银河。"同到牵牛织女家"中的"同到"是与谁一同到达?这留下极大的想象空间。教师引导学生围绕"与谁同到"的思辨性话题展开讨论,最终确定诗人要同行的不是朋友也不是亲人,而是这条奔流不息的黄河。刘禹锡将黄河视作同行的朋友、伙伴,其实就是表明自己要像黄河那样面对困境顽强不屈、百折不挠。在这样的观点碰撞中,明确诗人的精神与黄河的精神合二为一,学生便理解了诗歌的深意。同理,王昌龄的《出塞》后两句写"但使龙城飞将在,不教胡马度阴山"。对于"龙城""飞将"两处重要信息,教材的注释是"汉朝名将李广"。这里泛指英勇善战的将领。其实,"龙城""飞将"分别注释更为恰当:汉朝名将卫青曾奇袭"龙城"而一战成名;"飞将"指汉朝另一名将李广,但他一生从未到过龙城。诗人为何将"龙城""飞将"连用呢?教师以此设计"龙城飞将到底是谁"的思辨性话题,激发学生深入探究,引导学生先明确李广其人其事,感受飞将军的神勇英武,而后了解卫青的丰功伟绩,逐渐从具体的人物和事件中凝练出边塞将士群体英雄形象,自然得出"龙城飞将"非指个人,而是以汉朝名将指代并呼唤当代良将来保家卫国的结论,感受诗歌表达的豪情壮志。

(二)设置思辨性任务,推动思维的活化

古诗词教学中的思辨性任务应体现实践性,它以具有高思维含量的语文实践活动为载体,能培养学生思维的灵活性、敏捷性。

1. 设置讲演式任务,还原思维生发的场景

通过讲故事、角色表演等学习任务,学生能进入角色所处的场景,在演绎角色言语、行为的过程中沉浸式感受角色的形象特征,还原角色的思维活动。学生讲演时的代入感越强,对角色的理解就越深刻,能更切实地触摸角色的思维过程,进而回答角色是怎么思考的、为什么是这样思考的等一系列问题。

以白居易的《池上》为例,全诗最有灵性的字眼便是"偷采白莲回"中的"偷"字。但一年级学生往往出现理解偏差,认为"偷"是偷取的意思,这与诗歌塑造的孩童形象截然相反。教师可设置角色扮演的任务,让学生扮小娃,自己扮诗人,通过问答互动辨析"偷"字。学生在表演中进入小娃的生活状态,当教师扮演的诗人问及"撑小艇出来采莲有没有告诉家中大人"时,对于"偷"表示"悄悄地,不让人知道"的意思便自然揭晓。教材中不少诗作都是体现人物情感、志向的,最为典型的就是边塞诗,如《出塞》《从军行》《凉州词》等。教师可以围绕"英雄气概"这一主题,设置讲故事或表演的学习任务,开展把握节奏读通古诗、借助注释读懂古诗、角色扮演读透古诗等系列实践活动,让学生在任务情境中感受将士们的英勇无畏,增强对戍边将士的敬佩之情。

2. 设置论证式任务,明晰思维运行的轨迹

论证即运用足够的论据来证明所持观点,证明的过程即思维运行的轨迹。古诗词蕴含着诸多思维元素,设置论证式学习任务,可以帮助学生深入理解和探寻古诗词的内涵、意义,发展逻辑思维和论证能力。

如二年级上册《夜宿山寺》一诗的教学,教师可以让学生用论证的方式加以推导,从细节中找到依据来证明"楼高"的观点。学习任务为"认真诵读课文,找寻表现'楼高'的依据"。学习活动为"自主阅读,圈画标注相关字词细节。小组讨论、交流,运用论证的方式,提出自己的见解和理由。全班汇报、补充,得出'楼高'的依据:依据一,从'高百尺'中明确此楼很高;依据二,'手可摘星辰'说明诗人一伸手就能摘到星星,也表现楼很高;依据三,'危'不是危险的意思,而表示高、陡;依据四,'不敢高声语,恐惊天上人'这两句说明楼太高了,都快碰到天了,诗人都不敢大声说话,怕惊扰到了天上的神仙"。在这样找寻依据论证的过程中,学生充分感受此诗运用夸张的手法,将诗人的瑰丽想象加以表现,创造出一个神奇的世界。

此类论证方式亦可通用于探究人物情感的传递,如词作《长相思》表达的是词人对家乡、对亲人绵长不绝的思念之情,教学过程就以论证"相思的久长"展开。

总之,教师要以高阶思维能力的培养为目标,统摄学习任务,在学生感受、品评诗词作品的过程中,提升其有中心、有条理、重证据地阅读与表达的能力,使学生的逻辑思维得到进一步发展。

3. 设置辩论式任务,延展思维交锋的角度

辩论是指彼此用一定的理由来说明自己对事物或问题的见解,揭露对方的矛盾,以便最后得到共同的认识和意见①,达到越辩理越明的效果。辩论的关键在于不仅要完成自我论点的论证,还要指出对方观点的疏漏,体现了更为全面而综合的思维方式。

如四年级上册《雪梅》一诗的教学,可就"梅雪争春谁能胜出"的话题设置辩论任务,引导学生以"梅胜""雪胜"形成对立观点,明确观点碰撞中要清晰表达观点,提供有力的证据支持,冷静应对对方的质疑和反驳,进行有理有据的回答,最后达成"各有所长,梅雪同春"的共识。《夏日绝句》一诗的教学,可将

---

① 刘荣华.质疑 反思 批判——基于统编语文教材的学生思辨能力培养策略[J].语文教学通讯,2020(9):17.

与此诗题材相同却持不同观点的诗歌进行拓展联读,在不同的观点交锋中进行辨析、判断,形成自己的看法并加以表达。辩论任务设置为"李清照认为项羽以身殉国是英雄,不少诗人对项羽自刎于乌江事件也提出自己的看法,默读杜牧的《题乌江亭》、王安石的《乌江亭》,借助注释理解大意,思考:你支持哪种观点?小组讨论,说明理由"。由此,让学生从更多元、更综合的角度去认知项羽,真正理解李清照"生当作人杰,死亦为鬼雄"的英雄观,在心中植入家国情怀的种子。

辩论式任务延展了思维角度,打开了评判视野,学生能更深入地分析并理解作品表达的观点,形成批判思维和严密思维能力,提高合作能力。

(三)创生思辨性资源,保障思维的优化

古诗词教学应重视学习资源、工具的设计与开发,借助学习工具呈现思维过程、展示学习成果,以便自我调整学习活动,提高学习的自我效能。[①] 思维导图、学习表单、讲解微课为古诗词教学提供了有力的保障。

1. 开发思维导图,让思维有凭可据

思维导图是一种视觉化的思维工具,通过节点、线条和颜色等元素,将复杂的信息和思维过程直观呈现。富有逻辑的思维导图设计能帮助学生理清思路,把握结构,明确文意,是重要的学习支架。

古诗词教学中的思维导图类型多样,如中心辐射导图,中心圈内填写作品核心词,外围列出与核心词相关的事例或细节(如图3-16所示);树状生发导图,在树根处写明主题、观点,分枝处罗列相关信息或依据;流程推导图,通过关键节点的抓取,表现一系列思考的顺序和过程等。无论何种类型的导图,都应凸显思维的展开,让学生在梳理、比较相关细节与信息的过程中完成分析、判断,得出结论或观点。如《浪淘沙(其一)》和《江南春》这两首古诗,内容不同、表达不同,却有一个共同的意象"风"。两首古诗凭借风力的强弱展现出不

[①] 薛法根.理性思维:做负责任的表达者——"思辨性阅读与表达"任务群的内涵解读[J].语文建设,2022(4):8.

同地域、不同气候下不同的风景。教师可开发韦恩图式导图(如图 3-17 所示),让学生对诗中描写的不同景物进行圈画、提取,填入导图,并对相关景物加以介绍,使学生在描述与表达中形成自己对诗歌风格的认识,清楚呈现思维过程。

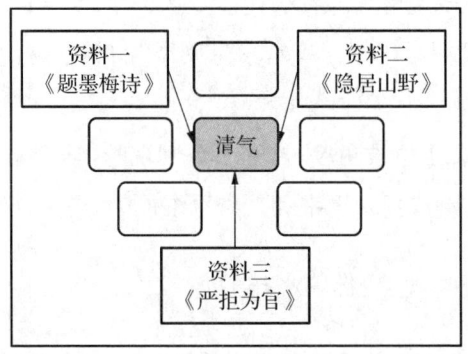

图 3-16

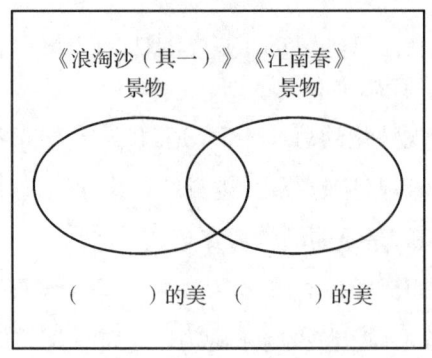

图 3-17

学生尝试运用不同的思维导图,可有效改进思维方式,提高思维质量。

2. 设计学习表单,让思维有源可溯

学生学习古诗词最大的困难是因年代久远、时空隔阂造成的对作品的内容、主旨等或理解不深或理解有误,这影响了良好思维品质的形成。因而,在设计学习表单时,如何助力学生深度思考,是首先要考虑的。

如六年级下册选编了李贺的《马诗》、于谦的《石灰吟》、郑燮的《竹石》,课后习题三为:"三首古诗分别表达了诗人怎样的志向？表达的方法有什么共同特点？"其指向古诗主旨内涵的理解及创作手法的提炼,用以培养学生的归纳、综合思维。学生要顺利解决这一高阶问题,在预习时就需要对诗歌的作者、创作的背景等加以了解。由此设计学习表单(见图3-18),引导学生从"作者生平""时代背景""历史评价""同类别诗"中选择一到两个方面进行资料的搜集、整理。这既是对单元语文要素"查阅相关资料,加深对课文的理解"的积极落实,更是为诗歌托物言志的创作手法的得出与体悟,做好必要的知识储备,为教学中开展分析、比较、提炼、概括的学习活动提供可查阅、可溯源的根基。

从"作者生平""时代背景""历史评价""同类别诗"中选择一到两个方面搜集并筛选资料，记录在资料袋中。

《古诗三首》资料袋

◆ 我重点查阅的资料是：□作者生平 □时代背景 □历史评价 □同类别诗

《马诗》	
《石灰吟》	
《竹石》	

图 3-18

3. 研制讲解微课,让思维有网可联

此处所指的微课研制是为学生的思维发展服务的,在思辨能力提升处给予关键知识、技能的支持,帮助学生系统地理解和把握作品的内容主旨或创作方式,将零散、细碎的知识统整、联结成网络,促进思维的贯通发展,突破原有思维水平。

如王冕的《墨梅》是一首题画诗,教师可以研发有关王冕代表画作《墨梅图》的微课,从中国画中墨色的浓淡运用,到梅树枝干的线条勾勒、梅花花瓣的墨色点染,再到整个画面的布局、层次,一一讲解、展现。学生在画作鉴赏中感受诗句"朵朵花开淡墨痕"的意境,理解王冕"千花万蕊"的墨梅画法是为了表达"清气满乾坤"的高洁志向,从而对诗与画、诗句的前与后之间的呼应有了更全面的认知,加深对诗情诗意的体悟。在《示儿》《题临安邸》组诗教学中,教师引导学生在运用多种资料了解创作背景,并通过比较、辨析,在论证中深入体会两首诗歌所具有的共同情感——"悲愤"的基础上,按照时间顺序,联结两宋版图变化、国情变化、百姓生活变化、诗人经历变化等知识点制作微课,帮助学生系统了解北宋灭亡、南宋建国的历史变迁,让学生的学习既有充分的感性体验,又具备足够的理性求证。

综上,在古诗词教学中设计和开发思辨性话题、任务、资源,给予了学生充分思辨的机会和支持。学生在不断调整、完善、表达自己的思考和观点中形成较强的思辨能力,并积淀一定的文学素养,树立正确的价值观念、坚定的文化信念。

第五节　以跨学科学习"致润":素养导向下小学古诗词教学的变革

古诗词是培养学生语文核心素养、培植文化根脉的重要载体。这些作品凝聚着古人对人生、社会、宇宙的感悟和思考,历经岁月淘洗,显示出跨越时空的永恒价值。[①] 通过古诗词学习,学生可以接触丰富的语言材料,学习凝练的表达方式,感悟深邃的思想内涵。以读读背背、问问答答为主要方式的传统古诗词教学显然难以当此重任。

《义务教育语文课程标准(2022年版)》提出跨学科学习这一课程理念,旨

---

① 张志强,徐林祥.中华优秀传统文化教育与语文教学[J].语文建设,2023(12):5.

在融合多学科知识,强化学科协同育人。① 语文跨学科学习,要整合语文与其他学科,帮助学生学会运用多学科知识与思维方式解决依靠单一学科所不能解决的问题,把新思想、新技能反哺给语文学习。② 因此,教学当以核心素养为导向,结合古诗词的典型特征,通过跨学科学习更新迭代教学方式,使古诗词学习更具建构性、深刻性、开放性。

一、古诗词的典型特征是跨学科学习发生的前提

第一,古诗词语言的凝练性需通过跨学科学习加以具象。

古诗词短小精悍,语言高度凝练,常常几十字便勾画出一幅图景、一派风光或人物、事件。这些图景、风光、人物、事件所涉及的内容(知识)极为丰富而多元。通过跨越多个学科或多个领域,古诗词抽象的内容得以具化与形象,这可以帮助学生更好地接近,甚至是进入古诗词所描绘的场景或事件当中,达到身临其境之效。

第二,古诗词情感的丰厚性需通过跨学科学习加以滋养。

古诗词蕴含着作者深厚的情感,这些感受与体验的产生有着错综复杂的背景缘由,需要借助跨学科学习加以理解。通过与其他学科的结合、整合乃至融合,学生可以深入探究并明了古诗词所要表达的情感是什么、是怎样的、为什么是这样的,从中汲取丰富的情感养料,滋养心灵世界。

第三,古诗词思想的深邃性需通过跨学科学习加以彰显。

古诗词思想的深邃性表现在作者所表达的处世哲理、人生洞察和生命感悟等方面。通过跨学科学习,学生综合运用多学科知识,能更深入地体认、觉察作品的思想内涵,更自主地将这些思想与真实生活相结合,在传承和创新中彰显中华文化思想内核的博大精深。

---

① 廖丽萍.单篇课文阅读教学中跨学科学习的实践与思考[J].小学语文,2023(6):36.
② 俞向军,胡亦萌.语文跨学科学习任务群:内涵、本质和实施[J].教学月刊,2022(10):4.

二、跨学科学习的主要特征是古诗词学习的助力

第一,跨学科学习的关联性助力作品理解的深入。

不同学科为学生提供了认识事物或现象的不同视角、学习工具与资源……学生因学习需要调用这些视角、工具与资源,以求得对学习对象的充分理解。[1] 古诗词作品的理解往往涉及多个学科领域,充分认识并利用好学科间的关联性,能助力学生更深入地理解作品的内涵和意蕴,探索作品背后的文化要素和创作价值,提高文学素养和文化底蕴。

第二,跨学科学习的实践性助力学习能力的进阶。

能力是在实践中成长的。通过与其他学科的跨界整合,学生得以在多样态的实践活动中主动体验、探究、验证古诗词在内容、情感或立意等方面的独到性,在深化对作品的认识中完善知识体系。实践性的学习方式能够激发学生学习的主动性和创造力,在培养古诗词学习兴趣的同时,发展创新思维和解决问题的能力,促进学习能力的不断进阶。

第三,跨学科学习的开放性助力教学样态的丰富。

跨学科学习鼓励并促进学生从多维度、多领域引发思考和实践,使古诗词学习更具包容性。跨学科学习的开放性使教学不再是执行预设环节的程式化模式,教师拥有更大的空间引导学生开展探究式、论证式、体验式、审辩式学习。学生全身心投入开放而综合的古诗词学习情境中,学习格局得以打开,思维方式得以优化。

三、"跨而有融"是跨学科学习在古诗词教学中的表现

知识、技能或思维模式等只有达成跨界之后的融合、融通,跨学科学习才能发挥实际的教学功能。在古诗词跨学科学习中,学科之间的融合、融通须依

---

[1] 崔允漷,王少非,杨澄宇,等.新课程关键词[M].北京:教育科学出版社,2023,72.

托作品内容、写作手法、主旨内涵等,结合不同的学科属性进行综合考量,并通过考证调研、品味涵泳、比照辨析、参与体验等具有实践性的学习任务加以实现。

(一)"融"于考证调研,消弭时空距离,培育理解力

因年代久远、空间断隔等原因,学生学习古诗词时首先面临的困难便是理解的出入、情感的隔阂。要解决这一问题,应先找到能够"跨"的学科及其学科知识等。显而易见,最适切的学科当属历史、地理。从跨学科视角出发,古诗词教学应改变学生被动接受和使用教师给出的资料解决困惑的现状,以考证调研的方式去寻求作品背后隐藏的重要信息,触发学生学习动机,提高其探究能力。

以写景诗为例,六年级上册选编的《浪淘沙(其一)》《江南春》《书湖阴先生壁》分别描绘了黄河的壮美、江南的柔美、田园的静美,蕴含着因地理纬度不同造成环境不同的知识。学生通过考察景观所处地域的位置、气候、地貌,便能对景观特点及地域特征有深入的认知,对"保护环境"这一人文主题意义的理解更为深刻。

写人、论事、抒怀的作品则需要同时跨越历史、地理学科,方能走近人物、评议事件。学习五年级下册《从军行》《秋夜将晓出篱门迎凉有感》《闻官军收河南河北》时都需要融合地理、历史等知识背景,学生才能真正理解作品蕴含的浓烈情感,为培植家国情怀奠定基础。《从军行》前两句写到了"青海""雪山""孤城""玉门关"等边塞极具代表性的地理标志,需要学生从史地学科的视角去搜集资料,了解、感知这一地区气候的恶劣、物资的匮乏、作战的艰巨,如此才能读懂"黄沙百战穿金甲,不破楼兰终不还"的铿锵誓言。《秋夜将晓出篱门迎凉有感》一诗的前两句对祖国河山的壮美进行充分讴歌,但通过历史背景的调查、两宋地域范围的考证,学生才能明白作者身在南方而心系中原,关于作者对故土的魂牵梦萦、对遗民的关切怜悯方能感同身受;学习杜甫的《闻官军收河南河北》时,可以"喜从何来"为研究点,让学生开展跨学科学习,见表3-15。

表 3-15 《闻官军收河南河北》跨学科学习

学习任务	学习工具
任务一:《闻官军收河南河北》这首诗中有许多地名,请借助注释,在地图中将相应的地点标示出来;然后借助地图说说这首诗主要讲了一件什么事。(地图略)	①② 河南河北:黄河的南北两岸,不仅指现在的河南省、河北省,还包括山东、辽宁的一部分地区 ③ 剑外:唐代指剑阁以南蜀中地区。 ④ 蓟北:唐代指蓟州北部地区,当时是叛军盘踞的地方 ⑤ 巴峡:嘉陵江经重庆出口流经长江的峡谷,包括石洞峡、铜锣峡、明月峡 ⑥ 巫峡:自巫山县大宁河起,至巴东县官渡口止,全长近百里。峡长谷深,江流曲折 ⑦ 襄阳:距巫峡近千里,位于湖北西北部,汉江中游平原腹地 ⑧ 洛阳:距襄阳近千里,位于河南西部、黄河中游,因地处洛河之阳而得名
学习任务二:《闻官军收河南河北》创作于"安史之乱"结束时,请查找"安史之乱"的相关资料。	"安史之乱"调查表 爆发时间 爆发原因 爆发结果 爆发前的唐朝 爆发后的唐朝
学习任务三:阅读《"安史之乱"中的杜甫》资料,追寻并梳理他的逃难足迹。	758年　756年　755年 辞去官职,举家前往甘肃天水　"安史之乱"爆发 759年 10月—12月 从同谷出发,经兴州、利州、剑州、绵州、汉州等地,抵达成都。好友相助,建起草堂。 "安史之乱"结束 763年

以上任务各有侧重,但目标共同指向理解诗人的情感。任务一根据诗歌中出现较多且较生僻的地点词而设计,学生通过阅读注释填写地图中的地点,对诗人所处境遇有了大致把握,也为尾联"即从巴峡穿巫峡,便下襄阳向洛阳"

的理解做好地理知识储备。任务二、任务三均根据诗歌的创作缘由设计,任务二旨在通过对时代背景的了解、调查,探寻诗人背井离乡的深层原因,任务三通过对人物个体命运的追踪,旨在让学生进一步感受杜甫颠沛流离、食不果腹的逃亡生活。三个任务的完成解决了"喜从何来"的问题,为学生深切体会杜甫的"喜欲狂"做足情感铺垫。

史地知识的介入、融通,使横亘在学生与古诗词之间的距离得以拉近、消弭,学生能更深入地把握作品的创作动机,感受作者的深层情感,逐步具备宏观视野和客观态度。

(二)"融"于品味涵泳,甄选表现方式,涵养审美力

古诗词具有鲜明的节奏与韵律,表现出较强的音乐性。因此教师可以音乐学科为媒介,丰富古诗词的表现形式,以使学生更生动地抒发、表达感悟、体会。如教学《池上》一诗时,呈现两段不同节拍的伴奏,让学生根据诗歌内容选择合适的节奏,使节奏的快慢、长短、轻重符合诗意诗境,更好地表现小娃的天真烂漫。《送元二使安西》一诗的教学,引导学生品赏诗歌诞生后的衍生作品——乐曲《阳关三叠》,在了解乐曲的发展变迁后,静静聆听古琴弹奏,感受乐曲循离别情感的起伏变化而生成的旋律起伏变化,再填诗入歌,轻声吟唱,在古韵古调中感受友人间的绵绵情意。教学辛弃疾的《西江月·夜行黄沙道中》一词,让学生聆听多个版本的吟唱等,选择自己喜欢的一种沉浸式跟唱、轻吟,通过悠长、婉转的曲调,感受寻常景中词人的不寻常之情。

除了以乐入诗(词)之外,还可以画入诗(词)。当然,此处的以画入诗(词)并非日常教学中简单地呈现几幅图片,而是紧扣景物,以绘画为手段不断助推景物细节的丰满,以此提升学生对诗(词)作的鉴赏水平和审美能力。如五年级上册第七单元以"四时美景"为人文主题,以"初步体会课文中的静态描写和动态描写"为语文要素,在单元开篇《古诗词三首》中选编了王维的代表作《山居秋暝》。在《山居秋暝》的教学中整合、融入美术学科中的绘画知识等,能让学生进一步感受美、表现美、创造美。相关课例如下:

任务一:聚焦"画了什么",描绘景物品相特点。

1. 结合注释，自学古诗，说说诗句意思。

2. 苏轼称赞王维"诗中有画，画中有诗"，边读边想边圈画，若把这首诗画成画作，画里会有哪些景物？

3. 展开想象，描述这些景物的特点。

4. 从这样的景物中，你感受到诗人怎样的情感？（热爱、流连、眷恋。）

任务二：揣摩"怎样画的"，感受画面布局色调。

1. 王维作为一代画宗，讲究画面的布局构思，细读诗歌，思考：这些景物在布局时有怎样的章法？（如，全景：空山新雨后；远景：明月松间照；近景：清泉石上流；中景：竹喧归浣女、莲动下渔舟。）

2. 若给这幅画上色，你会如何选色、用色？（以青、棕、蓝等冷色为主，表现清新、高洁之感。）

任务三：评价"画得如何"，体会动静相宜之美。

1. 读着这首《山居秋暝》诗，我们每个人的心中都描画出了一幅属于自己的《山居秋暝》图，你认为这首诗最大的特色是什么？（有声有色、动静结合。）

2. 诵读诗歌，读出山林的静谧和山间生活的朴素美好。

上述教学融合中国画的绘画技法，引领学生从文字读出形象，从诗句品出画面。在文字与绘画的选景、布景、绘景等知识、技能的交相辉映中，学生对静态美、动态美有了潜移默化的心领神会，审美意识得到唤醒，审美素养得以提升。

（三）"融"于比照辨析，强化逻辑关联，发展思维力

传统的古诗词教学侧重感性体验，思维培养往往被弱化甚至忽视。这既有古诗词本身内容、文体特征等造成的原因，更有局限于单一学科视角的原因。融合数学、科学学科的知识、思维方式，以比照、辨析的方式对古诗词的内容、情感等进行审视，既培养学生把握诗意、体会情感的能力，更可培养其理性思维和理性精神。

六年级下册选编了《寒食》《迢迢牵牛星》《十五夜望月》这三首与中国传统节日有关的诗歌。在学习中介入数学、科学学科中的历法、节气、天文等知识，

学生对传统节日的发展变迁、风俗习惯、象征意义不仅能知所以然,更能解所以然。如《迢迢牵牛星》一诗的跨学科学习可分为自学和共学两个步骤。自学任务为"搜集并了解牵牛星、织女星的相关信息,记录两星之间、两星与地球之间的距离"。这项自学成果将运用于两处教学中,一处为理解诗的前两句"迢迢牵牛星,皎皎河汉女"。学生借助搜集到的资料,从"距地球约 27 光年""一等亮星"等关键信息中对"迢迢""皎皎"的遥远、明亮之意有了基于数据的感知,为辨析"迢迢""皎皎"与牵牛星、河汉女搭配的适切性提供依据。另一处落在理解诗句"河汉清且浅,相去复几许。盈盈一水间,脉脉不得语"中。在体会牛郎织女隔河相望不得语的深情与无奈后,运用资料"织女星距地球约 27 光年,牛郎星距地球约 16 光年,两星之间的距离约 16 光年",引发学生深入思考:对照现实,诗人的感叹是否多余?诗人只在写天上事吗?学生通过讨论、辨析、判断,体悟诗人是借牛郎织女的爱情故事来抒写人世间的相思与爱恋。这正是本诗最大的艺术特色——天上悲情,人间写照。科学知识的引入没有冲淡诗歌的意境,反而让学生对诗歌的内容、情感把握得更为透彻。

通过比照辨析,学生能更敏锐地发现知识间的联系,学会从理性角度审视问题,深化对古诗词内在逻辑的理解和建构。这样的学习方式不仅有助于培养学生的综合分析能力,更能培养其批判思维、创新思维,助推高阶思维发展。

(四)"融"于参与体验,联结文化活动,赋能传承力

传统古诗词教学静态接受有余、动态生成不足,学生学习的主体性、能动性有待加强,学习的情境和空间需进一步打开和扩大。梳理 2022 年版课标跨学科学习任务群中各学段学习内容,可以发现文化活动、传统节日、风俗习惯、民族风情、历史传说等是其重要组成部分。这些内容在古诗词中均有体现,教学时可更多地采用参与、参观、探寻、体验等综合实践的方式,引导学生开展学习。

三年级下册第三单元是以"传统文化"为人文主题编排的综合性学习单元,学生需达成"收集传统节日的资料,交流节日的风俗习惯,写一写过节的过程"这一学习要求。教师可从单元整体视角做跨学科学习的情境创设:"在第

三单元的学习中,我们将走进'传统文化大观园',了解传统节日习俗,探索古代发明创造,品鉴古代建筑、绘画艺术,还要办一场传统节日风俗展。"了解传统节日习俗的任务,以《元日》《清明》《九月九日忆山东兄弟》三首古诗为引,组织开展"古诗中的传统节日"跨学科主题学习。学生组成小组、分工合作,进行观察、寻访、创编、表演等实践活动,完成表格、小报、绘画、吟唱等作品。这些作品成为跨学科学习的主要评价依据。

此外,学生还可以结合校园文化建设开展古诗词跨学科学习。如根据六年级学生的认知基础,教师设计"一草一木总关情"的古诗词跨学科主题学习,要求学生在诵读相关古诗词的基础上,采用多种形式感受作品描绘的景物,体会并表现其中传达的情感。具体见表3-16。

表3-16 "一草一木总关情"古诗词跨学科主题学习

任务一: 赏自然之美	搜集古诗词	通过查找书籍、网络搜索、请教别人等途径搜集表现自然之美的古诗词作品,将题目、作者、内容等填写在搜集卡上
	交流古诗词	选择自己喜欢的古诗词,大体把握意思,想象描绘的景物,体会作者的情感,与同学分享自己的感受
	制作诗词集	给诗词集取一个贴切的名称,设计具有诗意的封面;根据季节、景物等类别整理目录;根据目录编排内容,配以个性化的批注、插画
任务二: 咏万物有情	归类整理	收集运用"借景抒情""托物言志"手法创作的古诗词,并按照不同的情感归类整理;通过借助注释、想象画面、查阅资料等方式理解大意,感受表达的情感
	欣赏学唱	欣赏并学习《墨梅》《山居秋暝》等古诗词的演唱
	歌咏表现	以小组为单位选择一首古诗词,尝试用学到的乐曲知识将这首诗词创编成歌曲(可请教音乐老师)。谱成后,办一场古诗词歌咏会

将古诗词学习与文化活动相结合,使古诗词不再是遥不可及的经典,而是亲切可感的生活日常,学生在参与中理解、在体验中传承。文化活动的参与体验赋予学生强大的学习动力,让其成为坚定的中华优秀传统文化传承者、赓续

者,真正成为一个知行合一、德才兼备的文化意义上的现代中国人。①

综上,古诗词教学中开展跨学科学习有着坚实的学理基础,是核心素养导向下教学方式变革的应然趋势。教学中,古诗词跨学科学习的类型与样态更为灵活、综合,教师应突破窠臼,以开放、悦纳的态度积极探索并实践,使学生在多学科知识的融会贯通中化知为智,促进语文核心素养的高质量发展。

---

① 王崧舟.融入·融通·融化——试论中华优秀传统文化与语文教学的深度融合[J].语文建设,2023(12):12.

第四章 "致润"理念下的古诗词赏读与教学实例

第1例 《江南》：于田田莲叶间，唱一曲江南的歌谣

江　南①
汉乐府

江南可采莲，
莲叶何田田。
鱼戏莲叶间。
鱼戏莲叶东，
鱼戏莲叶西，
鱼戏莲叶南，
鱼戏莲叶北。

【诗歌赏读】

赏读汉乐府《江南》

《江南》是小学阶段出现的第一首古诗，被编排在统编小学语文教材一年级上册第五单元（拼音学习结束后的第一个课文单元）中。为什么会选择《江南》作为学生小学阶段学习的第一首古诗呢？笔者以为，除了诗歌所承担的识

---

① 选自统编小学语文教材一年级上册。

第四章 "致润"理念下的古诗词赏读与教学实例

字、写字等任务的难易因素外,还应该有对诗歌创作年代上的考量。

《江南》是一首古诗,确切地讲,是一首古体诗。在这里,有两个概念需要澄清,那就是古诗和古体诗。从范畴上讲,古诗是古代汉民族诗歌的总称,包括古体诗和近体诗。古体诗是一种诗歌体裁,一般指唐朝之前的诗,有四言、五言、六言、七言体及杂言体,格律相对自由,在对仗、平仄、押韵方面要求比较宽松,而且篇幅长短不限。《江南》属于汉乐府,是一首典型的古体诗。

那么什么是汉乐府呢?

首先来看"乐府"一词。通俗地讲,乐府是指古代的官方音乐机构,早在秦朝已有设立。后来,"乐府"也作为乐府官职名,其职责是制作乐曲以供统治者祭祀、朝会之用。不过,这个时期的乐府规模小、活动少,还没有大规模地搜集民间歌谣。汉武帝时国家强盛统一,各地民间歌谣得到广泛流传,乐府编制便不断扩大。据相关资料,当时乐府在鼎盛时期人数曾达 829 位之多(参见《汉书·礼乐志》)。乐府一方面组织专门人才编制词曲并演习排练,供朝廷大事所用;另一方面派人员到各地采集民间乐歌,以丰富朝廷乐章、了解各地民情。可以说,汉乐府诗歌是汉代诗的代表,亦是继《诗经》《楚辞》之后产生的诗体。由于它是被称为乐府的专门机构搜集编辑的,是可以配歌以唱的诗歌,在诗歌史上也被称为"乐府"。

这首《江南》正出自《乐府诗集》,属于相和歌辞。一提到江南,我们的脑海中呈现的便是青山绿水、白墙黑瓦、烟湖雨树……江南的美,早已被世人所识而入诗(词)入文:在白居易笔下,江南是"日出江花红胜火,春来江水绿如蓝"的明媚如画;在贺铸的眼中,江南是"一川烟草,满城风絮。梅子黄时雨"的哀怨悱恻;而令韦庄念念不忘的是江南"春水碧于天,画船听雨眠"的悠游闲适,还有那"垆边人似月,皓腕凝霜雪"的美女娇娃……但要论最具江南气质的人物或生活,当数采莲的女子,当数采莲的场景。你看,王昌龄诗云"荷叶罗裙一色裁,芙蓉向脸两边开",李白诗云"若耶溪傍采莲女,笑隔荷花共人语",还有白居易的"菱叶萦波荷飐风,荷花深处小船通"以及欧阳修的"越女采莲秋水畔。窄袖轻罗,暗露双金钏"……在诗(词)人们的笔下,江南的采莲女子是这般娇颜秀色、曼妙可人。但若从诗(词)句的清新、直白,诗(词)境的朴素、自然来论,这首采自民间的《江南》似乎更胜一筹。

整首诗共七句,前两句总写采莲的所在,后五句以"鱼戏"为中心,通过反复渲染,将鱼和莲之间和谐共生的关系加以逐笔描绘,可以说平平淡淡,并无奥妙。但正是这样的平淡、直白,才使得这首诗流传两千多年而依旧葆有蓬勃的生命力。

先看前两句"江南可采莲,莲叶何田田",直接交代了地点和事件:地点是江南,事件是采莲。学生似乎可以一读了之,毫不流连。但读诗,不能只读文字,更要读出文字背后的意、背后的情。你看,"可"表示适宜、正当,整句诗的意思是江南到了正适宜采莲的季节。一个"可"字将江南这一特定地域与具有江南地域特质的劳作连接起来,像是衣襟上的盘扣,轻轻一扣,严丝合缝,宛若天成。不信,你试着换换其他字代入来看,"江南应采莲""江南好采莲""江南宜采莲",虽然意思差别不大,但就表达那份天然自如、脱口而出的率性、潇洒,非"可"字不行。那么,为什么江南已是正当采莲的季节了呢?因为"莲叶何田田"。"田",本义是田地、土地,也指可供开采的蕴藏矿物的地带。两个"田"字重叠,组成"田田"一词。古代汉语词典对此解释为"指荷叶饱满挺秀的样子",但不够到位、不够精准。试想,五六片、十数片的饱满挺秀的荷叶,当得起这"田田"二字吗?当然不能!故而,"田田"除了表示荷叶的饱满挺秀,还应该含有色泽之浓郁、范围之广大之意。再加一个"何"字的助力,想象一下,这会是一片怎样的荷田啊!挨挨挤挤,繁盛得不留一丝缝隙;浓浓翠翠,碧绿得不掺任何杂质;广袤无垠,阔大得望不到边际……这样的多,这样的绿,这样的茂,都浓缩在"何田田"当中。清人张玉榖认为此诗不写花而写叶,意为叶尚且可爱,花更不待言啊!笔者深以为然。这样的涵泳咀嚼后,再读这两句诗,是不是觉得江南独有的味道更浓稠了?是不是觉得那满目的绿色和清雅的花香已禁不住地沁出书页,满溢了你的书房……

再看后半部分,"鱼戏莲叶间。鱼戏莲叶东,鱼戏莲叶西,鱼戏莲叶南,鱼戏莲叶北"。从结构上看,这几句诗之间属于"总—分"关系,"鱼戏莲叶间"为总起,后几句为分述,通过鱼儿莲下戏水的"东""西""南""北"四个方位,具体表现"鱼戏莲叶间"的活泼、自在的状态。那么这部分又有哪些地方值得我们细细品味呢?其一,"鱼戏莲叶"这一句式是否有重复、单调之嫌?其二,"东"

"西""南""北"几个方位是否可以调换顺序？其三,前面两句写"可采莲",此处却不写采莲,而写鱼戏,是否偏离主题,该如何解读？

首先来思考第一个问题。前面提到过《江南》属于相和歌辞,"相和歌"本是两人唱和,或一个唱、众人和的歌曲。余冠英先生认为"鱼戏莲叶东"以下四句可能是"和声"。"和声"作为歌曲主调的烘托、配合,肯定不能脱离主调存在。同时,《江南》是汉代民歌,重复句式和字眼的运用符合当时质朴、明快的创作风格。复沓的使用不仅没有让诗歌显得单调乏味,反而在相和之下产生一种充满活力的跃动之感,让人读着读着也不禁地和声而诵而唱。

再来看第二个问题。按生活中的习惯说法,我们总是按照"东""南""西""北"的顺序来排方位。诗歌中的"鱼戏"几句诗是否也可以这样排序呢？答案是否定的。"东""南""西""北"是人为之序,水中的鱼儿可不是人,更不会按照人为设定的顺时针方向来游动。如果真按"东""南""西""北"来游动,这哪里是大自然中野生野长的鱼儿,当是受过驯化的配合表演的道具鱼了。创作者既然要表现的是鱼儿的欢快、灵动,当然以"东""西""南""北"这样具有跳跃性的排序为高为妙。闭上眼,想象一下吧:可爱的鱼儿一会儿游到东边,一会儿游向西边;一眨眼工夫,又游到南边去了,哎呀,尾巴一甩,游到北边的莲叶中去了……这是何等跳脱、何等欢悦呀!

最后,我们来看这首诗到底有没有写采莲人。已是江南采莲时节,采莲女怎能不闪亮登场？虽然诗中只描述了"鱼儿戏莲"的场景,但想一想,这样的场景是谁之所见？当然是采莲之人。哪个字寄托了人的情思？"戏"！一个"戏"字,让我们联想到戏耍、玩闹的场面。但投入这戏耍、玩闹的,真的是鱼儿吗？这里运用了比兴、双关的手法,"莲"谐音"怜","怜"即"爱",诗歌通过鱼儿戏莲的情景描绘,巧妙又含蓄地点出了劳作之时男女间的调情求爱。明白了这一点,再来读诗,脑海中是不是会浮现出这样的画面:清清朗朗的夏天里,采莲姑娘们三三两两地结伴同行,到荷塘深处采莲。碧绿碧绿、滚圆滚圆的荷叶密密匝匝,长势喜人。粉粉的荷花就像采莲姑娘们红扑扑的脸蛋一样好看。姑娘们一边唱着采莲歌,一边采摘莲花。边上,还有几个英俊的小伙子不时开点小玩笑,献点小殷勤,引得姑娘们抿着嘴偷偷地笑……这不就是活泼泼、水灵灵,美好如鲜荷嫩藕的人间生活吗?

《江南》一曲,开采莲诗之先河。它以明快简洁的语言,回旋往复的音律,比喻双关的手法,勾勒出一幅明丽生动的采莲图景,创造出一种优美隽永的诗歌意境。清人沈德潜以"奇格"二字评价此诗(参见《古诗源》卷三),实至名归。

【诗歌教学】

《江南》教学设计

(共1课时)

教学目标

1. 通过联系生活、字理溯源、组词运用等方式认读"江""采""莲"等3个生字,随文认读"可""鱼""东""西""南""北"等6个生字。认识三点水、草字头两个偏旁。

2. 通过图片欣赏、微课支持、情境创设等方式,能正确、有节奏、有感情地朗读古诗,感受莲叶之美以及鱼儿游动的欢乐景象。

3. 观察比较生字"可"和"东"的字形,认写新笔画"亅",在老师的指导下正确、端正书写。

教学重点

通过字理识字、偏旁识字等识字方法认识生字;正确书写生字。

教学难点

理解诗句,感受江南水乡之美。

教学过程

板块一:识字导入,揭示诗题

1. 勾连生活,学习"江"字。

(出示生字卡片"江")小朋友们,瞧,认识这个字吗?(指名读。)

你认识的字可真多,请你带小朋友们读一读。

我们一起读,jiāng,注意后鼻音。

谁愿意给"江"找好朋友?

预设:江南、江水、长江、江湖、江河……

2.发现规律,认识偏旁。

小朋友们给"江"找到了好多朋友。我们可以发现这些词大多跟水有关。"江"的偏旁就叫作——三点水,一起来认识它。我们再读读这个生字:江。

3.认识江南,导入古诗。

刚才有位小朋友说到了"江南"这个词语(板贴"江南"),你们知道江南在哪里吗?(指名说。)

微课演示并讲解:中国有两条重要的河流,北方的这一条是被称为母亲河的黄河,而南边这条弯弯的、长长的河流就是中国第一长河——长江。你们瞧,长江的南边,这片绿色的地区就是江南。这里有高高的山、清清的水、一望无际的稻田,还有大片大片的荷塘呢。生活在这片美丽土地上的人们,常常一边劳动,一边唱着动人的歌谣。在汉代,有一个叫乐府的专门机构把这些好听的歌谣搜集起来,使它们流传到了现在。《江南》正是其中的一首。我们就生活在江南这片美丽的土地上。

(指着板贴)谁来亲切地叫一声——江南;来,亲亲热热地叫一声——江南;我们一起甜甜地叫一声——江南。

[**设计意图**:恰到好处的图像、视频等的介入已成为架构古诗与今人之间的桥梁,能充分调动学生的各种感官,使其在愉悦、轻松的气氛中感受到直观的画面、音乐之美,从而产生情感上的共鸣。此环节中地图的示意、美景的再现,将江南的地理位置、迷人风光清楚呈现。学生在这样的情境中,对江南的认识从扁平的字面转向立体的图像,由冰冷的知识转为温暖的生活。]

板块二:明确要求,初读古诗

学习要求:
① 读一读
② 圈一圈
③ 读一读

图 4-1

1.学生按照要求(见图 4-1),自读古诗。

今天我们学的课文与前面学的课文不一样,是一首古诗。请小朋友们先读读整首古诗,再根据生字栏找到古诗中藏着的生字宝宝,找到一个就用圆圈圈出来,在拼音宝宝的帮助下读一读它的名字。全部找到后,再连起来读一读古诗,要多读几遍,越读越流利。明白要求了吗?请小朋友们把书本翻到第 62 页,开始学习吧。(学生自学,教师巡回指导,并选择反馈材料。)

2. 指名领读,读准字音。

小朋友们找到生字宝宝了吗?瞧,这位小朋友非常自信,已经端正坐姿在等待了,老师要奖励他(她)一朵小莲花。

投影出示:这是××小朋友圈的生字宝宝,现在请他带着大家来读一读吧。(指名领读,随机正音。)

评价:你真是一个会学习的孩子,把所有的生字宝宝都找出来了。跟他一样把生字宝宝全部圈出来的小朋友请举手。哇,你们真能干!还有几位小朋友没有圈全,赶紧找到后圈起来。

[设计意图:识字是第一学段的教学重点,古诗教学亦要重视识字过程的循序渐进。此环节引导学生找到生字、圈出生字、认读生字,完成对生字的初步感知和识认,为后续对重点生字的跟进指导打好基础。]

3. 朗读古诗,学习生词。

(1) 现在,老师要请一位把铅笔快速送回笔袋,然后坐得端正的小朋友读这首古诗给大家听。请××小朋友拿起书,有自信地读,其他小朋友竖起耳朵听仔细。(指名读,随机点评:读得很正确,声音也很响亮,真棒!)

(2) 重点学习"采莲"。

(出示词卡"采莲")谁来读一读这个词语?(指名3—4个学生读,重点读好"采"的平舌音;指导全班一起读。)

借助图卡,理解词语"采莲"。

① 这朵粉粉的花是莲花,让我们一起伸出手来——采莲花。看这位小朋友,采到了一朵莲花高兴得笑了,老师送你一朵小莲花。(奖励学生莲花卡。)

② 这一片片碧绿碧绿、又大又圆的叶子就是莲叶,谁想来采采莲叶?(指名做"采莲叶"动作,并奖励学生莲叶卡。)

③ 还可以采什么呢?啊,这是莲蓬,这颗圆圆的是——莲子(实物)。谁也想来采一采?

小朋友们,"采莲""采莲",不仅可以采莲花、采莲叶,还可以采莲蓬、采莲子,多有意思呀!我们再一起来读读词语——采莲。小朋友们看,"莲"字的小脑袋多像两棵小草从地底下钻出来呀,多可爱呀,它有一个好听的名字,叫"草字头"。(课件显红,指名读。)

刚刚我们伸出小手"采"了莲花、"采"了莲叶和莲子,咦,"采"字的小手在哪里呢?我们请鲤鱼小博士来给我们讲一讲吧。(播放微课)原来"采"字上面的"爫"就表示一只手呀。再来读——cǎi,采莲。

[设计意图:在读正确古诗的过程中,重点指导"采""莲"二字的识记,这就是有重点地推进并落实识字教学。根据"采""莲"二字的偏旁特点,采取做动作、看图片、观视频等一年级学生喜闻乐见的方法开展生字教学,既有情趣又有实效。]

4. 示范引领,读好节奏。

古诗只是读得正确还不够,还要读出一定的节奏和停顿。听老师读前两句,你觉得这朵小莲花(莲花卡),应该"种"在诗句的哪个地方?(教师示范读。)

预设:我听出来了,小莲花应该种在"江南"的后面。

教师将莲花插入诗句中:是这样吗?你能试着读读看吗?

指导学生读前两句:江南 🌸 可采莲,莲叶 🌸 何田田。

是啊,朗读古诗的时候就要有一定的停顿,谁还想来读?

指名读,随机评价:你读出了诗歌的节奏,很好听;停顿分明,很有节奏感。

合作读:按"前2后3"的节奏读。师生合作读,同桌合作读,男生、女生配合读。

小结:一遍一遍又一遍,古诗真是越读越有味道啊。

[设计意图:《江南》是学生进入小学后学习的第一首古诗。如何将诗歌的节奏感自然地带给学生,可以通过先学后导的方式进行探究。在这里,诗歌的节奏不是由教师生硬告知的,而是学生在以往诵读经验的支持下,通过教师的示范唤醒的,从而自发地进行有节奏的朗读。]

板块三:理解诗句,情感朗读

1. 理解前两句。

江南可采莲,这是怎么样的莲叶啊?请小朋友们自己读读这两句诗,边读边想象一下。

预设:这是一大片很绿很绿的荷叶。荷塘里有数不清的莲叶,开着许许多多的莲花,真美啊。这里的莲叶就像西湖里的荷叶一样,又多又绿,像一把把小伞。

小朋友们说得真好,老师奖励你们来看看这一大片美丽的莲叶,瞧——(播放课件,多角度展示莲叶图。)

多么绿、多么浓、多么密的莲叶啊,这就叫"江南可采莲,莲叶何田田"。谁来把莲叶的美读出来?(指名读,随机评价:老师听出来了,你很喜欢这片莲叶呢;他笑眯眯地读着诗句,好像已经在荷塘边观赏了呢。)

我们再一起读一读:江南可采莲,莲叶何田田。

在这一片田田的莲叶间,你最想干什么呀?

预设:偷偷采一朵莲花;摘片莲叶罩在头上当阳伞;看看莲叶下面有没有小青蛙、小鱼儿在玩。

小结:原来莲叶不但好看,还能带给我们这么多快乐,带着开心的语气一起来读读这两句诗。

[**设计意图**:"田田"是什么意思,对学生而言是理解的难点。古诗的学习不等同于诗句的翻译,重要的是这样的诗句让人想起了什么。所以,在学习这两句诗时,教师可先大胆地让学生展开想象,说说江南的莲叶会是怎样的,再以真实的画面呈现莲叶的绿、浓、密,学生自然而然地理解了"田田"之意,有情感地朗读便也水到渠成。]

2. 理解后五句。

(1)在这片田田莲叶间,不仅人快乐,小鱼儿也很快乐,自己读读这几句诗,找找能从哪个字看出鱼儿很快乐?

(2)聚焦"戏"字,感受鱼戏之乐。

"戏"在这里的意思就是游戏、戏耍。小朋友们喜欢做什么游戏呀?

预设:玩老鹰捉小鸡;打电子游戏;与同学玩跳长绳;等等。

(3)小朋友们在操场上、公园里玩耍嬉戏,小鱼儿在莲叶间嬉戏玩耍,看——(播放"鱼戏"微视频。)

(4) 学习生字"东""西""南""北"。

(学生观看"鱼戏"视频后,教师板贴生字)小鱼儿一会儿游到东,一会儿游到西……再来认识一下这四个字,齐读"东""西""南""北"。

我们一起来完整地说说:小鱼儿一会儿游到东,一会儿游到西……这就叫作——鱼戏莲叶间。小鱼儿在莲叶间多快乐呀,你能把小鱼儿的快乐读出来吗?(指名读,随机点评:小鱼儿愿意跟你交朋友,你读懂了它们快乐的心情;小鱼儿一会儿游到东,一会儿游到西,我们都感受到了它们的快乐。)

(5) 诵读积累。

配合读:教师读"间"句;男生读"东""西"句,女生读"南""北"句。

打拍子读:我们还可以快乐地拍着手来读,听老师是怎么读的。(教师打着节拍读。学生模仿读,按自己的拍子读。)

齐读:生活在莲叶间的小鱼儿多么快乐、多么活泼呀!现在我们把整首诗连起来读。

吟唱:《江南》不仅可以读、可以念,还可以唱呢!(播放歌曲。)

[设计意图:本环节以游戏触发话题,从生活中的戏耍迁移到小鱼儿的嬉戏,让学生充分感受鱼戏莲叶间的欢跃与快乐。在此过程中,通过"东""西""南""北"四字的呈现、板贴,落实生字的再认巩固,并通过各种形式的诵读,进一步强化学生的情感体验。]

板块四:依据学情,指导写字

(1) 小鱼儿被你们动听的朗读声吸引过来了。它们衔来了两张生字卡片,里面藏了一个共同的新笔画——竖钩。竖钩呀要写得又长又直,再轻轻勾出来。伸出手指,我们一起写一写:轻轻一顿往下走,直直竖下不歪斜,向左小小勾一勾。(教师范写竖钩,学生书空两遍。)

(2) 可是"东"字最近有点不高兴,因为有三个小朋友把它写得好难看呀,你能帮帮它吗?(出示发现的典型问题)第一个小朋友,竖钩没有写在竖中线,第二个小朋友,撇折应该写在横中线上,竖钩写得太短了;第三个小朋友,竖钩写得太长了。我们写的时候可不能像这三位小朋友一样马虎哦。

(3) 教师范写,学生跟着写,一边写,一边念出笔顺。然后,在本子上描一个写一个,注意把竖钩写得端正。

(4)反馈书写端正的作业:谁来评一评××写得怎么样?是的,这位小朋友的竖钩写得真好呀,又长又直,老师送他一朵小莲花。当然,如果把这左右两个点再分开一点点就更完美了。请小朋友对照着再自己写一写。

[设计意图:本环节通过前置书写,精准把握学生书写存在的问题,并以童话拟人的方式加以反馈,激发学生要把生字写端正、写规范的内驱力。由此,在自我评价、教师评价中落实关键笔画竖钩的书写及生字的整体结构摆放。]

板块五:点赞表现,歌唱结课

最后,老师要送你们一首好听的歌曲,让我们跟着欢快的音乐,结束今天的古诗学习吧。(播放音乐。)

板书示意图

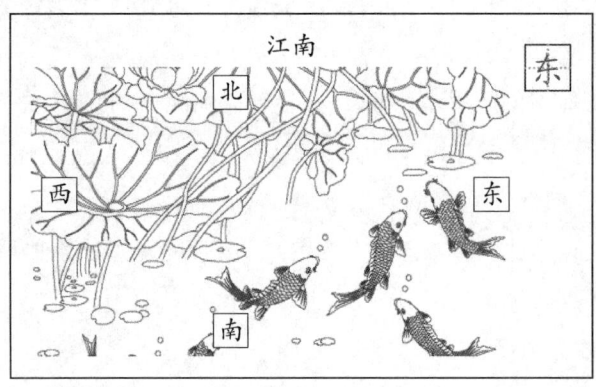

图4-2

第2例《池上》：池上有"趣"事，小娃不自知

池　上[①]

[唐] 白居易

小娃撑小艇，
偷采白莲回。
不解藏踪迹，
浮萍一道开。

【诗歌赏读】

赏读白居易的《池上》

提到唐代著名的大诗人白居易，人们首先想到的便是他的代表作《长恨歌》《琵琶行》等。其实，无论长篇还是短作，白居易的诗歌创作一直致力于通俗易懂，反对离开内容而刻意追求"宫律高""文字奇"的诗风。在《新乐府序》中，他明确指出作诗的标准是"质而径""直而切""核而实""顺而肆"，分别强调了语言要质朴通俗，议论要直白显露，写事要纯真感人，形式要流利畅达，具有歌谣色彩。换言之，诗歌既要写得真实可信，浅显直白，又要便于入乐而歌，如此才是上佳之作。《池上》一诗正符合白居易一贯的诗歌主张和创作风格，以真人真事入诗，语言清浅如水，却富有情趣。

大诗人往往寄情山水，好风景名胜。如，崔颢笔下的黄鹤楼是"昔人已乘黄鹤去，此地空余黄鹤楼。黄鹤一去不复返，白云千载空悠悠"；李白说自己是"五岳寻仙不辞远，一生好入名山游"。而杜甫诗中的山水，也往往是大景大观：写泰山，是"会当凌绝顶，一览众山小"；写巫山，是"玉露凋伤枫树林，巫山巫峡气萧森"……但白居易偏偏对属于小景的池塘情有独钟。据统计，他一生写池塘的诗

---

① 选自统编小学语文教材一年级下册。

致润:古诗词教学的另一种模样

有三百余首,如《池窗》《池边》《池上闲咏》《池上即事》等等。晚年时,白居易竟然耗费一生积蓄买下洛阳履道里的一个房子,原因就在于这个房子拥有一个大大的池塘。或许正因为白居易极具情趣,才能写出这样极富情趣的诗作吧!

《池上》是统编小学语文教材一年级下册第 11 课《古诗二首》中的一首,为五言绝句,讲的内容是:一个夏天的午后,一个可爱的小娃娃趁着大人没留意,偷偷地撑着一只小船到池塘里采摘白莲,天真烂漫的他尚不懂得如何隐藏自己的行踪,小船驶过的水面因浮萍散开而露出了一条水道。整首诗语言平实质朴,浅显明了,音律和谐,朗朗上口,颇受人喜爱。

类似这样的孩童形象在古诗中并不少见。范成大《四时田园杂兴(其三十一)》中"童孙未解供耕织,也傍桑阴学种瓜"的"童孙",杨万里《稚子弄冰》中"稚子金盆脱晓冰,彩丝穿取当银钲"的"稚子",雷震《村晚》中"牧童归去横牛背,短笛无腔信口吹"的"牧童"……这一类孩童的形象往往是通过具体的事件来塑造的。《池上》一诗中的"小娃",也不例外。

先看前两句:"小娃撑小艇,偷采白莲回。"十个字,两句诗,将人物、事件都交代清楚了。主人公是一个小孩子,他撑着一只小船偷偷地去采摘白莲。"撑""采""回"这三个动词,标示了小娃的行动路线:先撑小艇,再采白莲,现在划船回来了。那么,第二句诗中的"偷"字该怎么理解呢?它也是动词吗?这个"偷"字值得我们驻足流连并细细品赏。

"偷"字,在日常使用时,出现频次最高的应是作动词用,表示"私下里拿走别人的东西,据为己有",即偷窃。而做这样事情的人,被称为"小偷""偷儿"。但诗中的"偷"可不能理解为"偷窃"之义,而是表示"偷偷地""悄悄地",作副词用。虽然也有不让别人知道的含义,但词性与表示"偷窃"的"偷"截然相反。正因为诗句里的"偷"非但不再是贬义的,而且寄托了诗人对小娃的喜爱,所以全诗的意趣和灵性就集中在了"偷"字之上。一个"偷"字,将诗句未能写入的场景全部统摄了。透过这个"偷"字,你是不是看到了小娃偷偷摸摸地从屋子里溜出来,四下张望的场景?你是不是看到小娃再三确定了爹娘没有发现后,轻轻悄悄地登上小船,放开缆绳,撑起竹篙划了起来的场景?你是不是看到了小娃兴高采烈地从荷田中采摘了不少莲花、莲子,又兴高采烈地划起小船回来了的场景?……而这些情景是不是让你也想起了小时候趁着大人没留意,悄悄地溜出家门,与小伙伴一起直奔池塘,打算来个"大闹水晶宫"的情景?是不是让你想起背着大人,与小伙伴约好去某地玩耍的情景?……是的,这"偷"字寄托了多少儿童的纯真和快乐,又包含了多少孩童时代忐忑又窃喜的情绪,只有真正读懂了这个"偷"字,才真正读懂了小娃的纯洁可爱、天真烂漫。

可惜的是,小娃自以为神不知鬼不觉的行踪早就被发现啦!你瞧,"不解藏踪迹,浮萍一道开"。"不解"就是"不明白""不懂得"的意思。哪里能看出小娃还不明白、不懂得隐藏自己的行踪?那绿绿的浮萍被小船驶过时激起的水波推开,形成了一条水道呀。而这一切,早被那个有着一颗童心的乐天居士看在眼里了。他还忍着笑意,把见到的一切写进诗里去了。

这样一首短小浅显的古诗该怎么教呢?笔者以为要关注以下几点——

首先,诗句理解需注重情感的体验。《义务教育语文课程标准(2022年版)》对于第一学段诗歌学习提出的目标是:"诵读儿歌、儿童诗以及浅近的古诗,展开想象,获得初步的情感体验,感受语言的优美。"要获得古诗阅读的情感体验,可以从有层次地诵读、有质感地想象画面、有重点地琢磨字词这几个方面推进。在小学阶段,古诗的节奏和押韵是诵读指导中必不可少的部分,低学段尤以节奏为重。此阶段的学生已有一定的古诗诵读基础,在朗读指导中可更多地依据学情加以点拨,更显自然。

在理解诗意方面,教师可以引导学生通过边读边想象并辅以情境演示的方式,使诗歌由扁平的文字立体起来、生动起来,最后转化为学生自己的语言表达出来。在探究此诗意趣的过程中,"偷"字的理解必不可少,全诗的灵性皆在此字。教学中,"偷"字的实际含义和情意要层层铺展,结合生活实际,让学生深入体会"偷偷地"做一件事情时的忐忑与窃喜。再将这种情绪移植到对古诗人物的理解和诗歌的诵读中,一切方可水到渠成。

再次,汉字学习需凸显文化的浸润。识字是小学低段最为重要的教学内容和任务。识字教学除常规性的部件语文相加、相减、相换外,更值得大力提倡的是从造字规律、构字特点上进行更具思维含量的识字。这种具备意义理解的识字教学才能真正落实 2022 年版课程标准所要求的"认识中华文化的丰厚博大，汲取智慧……建立文化自信"。所以，在本课的识字教学中，教师可以从生字的构字源头出发，设计相应的识字环节。

如，"首"字的教学，可从读准字音开始，到运用数量词，到字理溯源，再到相关词语的积累，如此，既有汉字文化的渗透和积淀，又有汉字字义的实践与运用，让学生多维度构建"首"字的识记方法。

再如"踪""迹"二字，两者都属于形声字，可用形旁加声旁的方式进行识字。同时，要让学生在识记字形的过程中理解字义，则要更多地对形旁加以关注。因此，教师可将二字组合，直接出示词语"踪迹"，引导学生在读正确的基础上，关注此二字的偏旁，思考为什么是"𧾷"和"辶"，从而落实对"踪迹"二字的音、形、义"三位统一"的教学。"浮""萍"二字的教学亦是同理。

这样的识字教学避免了简单、机械的模式，凸显汉字所承载着的文化功能，使得汉字教学有情境、有温度、有趣味。

最后，学习方式需倡导学生本位。学习方式的转变已是课程改革中不可或缺的表征之一。学生的语文学习已有一段时间，初步具备了一定的语文学习的能力，掌握了基本的学习方法。他们能借助拼音读准字词，能从文句中找到生字加以圈画，能对朗读进行自我纠正和调整。因此，教师要多设计自主学习的环节，让学生能按照自己的节奏进行学习。但仅有自主学习还不够，我们还要将合作学习的方式引入课堂，以"发生了一件什么趣事"为主话题，让学生进行小组合作学习。在合作过程中，教师予以合作方法的指导、合作目标的明确以及合作实效的检测和反馈。同时，教师要充分利用好多媒体，对学生的学习情况及学习重难点及时地加以跟进和落实，保障学习之舟的顺利启航。

【诗歌教学】

《池上》教学设计

（共1课时）

教学目标

1. 通过字理溯源、图片结合等方法认识"首""踪""迹""浮""萍"等生字；能根据字形结构、关键笔画的特征，端正书写"首""采"二字。

2. 通过自主、合作的学习方式,以"知作者、找景物、探有趣"为路径了解古诗大意,并通过口语交际、观看微课来感受古诗表现的生动画面。

3. 通过多形式诵读、拓展诗句等方法进一步体会古代儿童生活的乐趣,丰富对夏天的认知与体验,进一步激发对夏天的喜爱之情。

教学重点

认识"首""踪""迹""浮""萍"等生字,能正确书写"首""采"二字;能正确、有节奏地诵读古诗。

教学难点

了解古诗的大意,感受小娃的天真可爱,体会古代儿童生活的乐趣。

教学过程

板块一:谈话激情,溯源识"首"

1. 小朋友,你们喜欢夏天吗?为什么呀?

预设:夏天可以吃冰淇淋、吃西瓜;夏天可以去大海边玩沙子、冲浪;夏天可以捉知了……

2. 古代的小朋友也很喜欢夏天,他们会在夏天做些什么好玩的事呢?我们一起来学习《古诗二首》。(出示课题,学生齐读。)

3. 让我们一起来学"首"字吧!

(1) 古诗是一首一首的,还有什么也是一首一首的呢?(一首歌、一首童谣、一首儿歌。)

(2) 出示"首"的甲骨文并讲解:最早的"首"是这样写的,上面的部分表示人的头发,下面的"自"代表面部,合起来表示人的头部。

(3) 国家中最重要的城市,叫——首都;一个部落中地位最高的人,叫——首领。你还能给"首"组词吗?(部首、首相、首先、元首。)

[设计意图]:从学生当下所处的生活场景入手,引发关于夏天的话题,能快速地点燃学生投入学习的热情。再从现实的生活体验引到古代儿童的夏天生活,自然地激起学生的好奇心、探究欲。此环节,在"夏天的生活"话题之下揭示学习内容,并通过量词积累、字理溯源、意义组词等方式引导学生识记"首"字,重点突出,理趣兼顾。]

板块二：初读古诗，理解诗题

1. 今天我们学《古诗二首》，第一首是《池上》，一起读题。

2. 读懂诗题：你觉得《池上》是什么意思？（指名说。）

3. 了解诗人：这首诗的作者是白居易。白居易是唐代著名的大诗人，他特别喜欢池塘，每次看到池塘就会停下脚步细细欣赏。他写的有关池塘的诗就有三百多首，有《池窗》《池边》《池上闲咏》《池上即事》等等。后来，他还花了全部的积蓄买下了一座房子，就是因为房子的后院有一个大大的池塘。

是不是很有意思？现在就让我们一起来学一学这首与池塘有关的古诗吧！

4. 自学古诗。

（1）出示自学提示：第一遍，读正确；第二遍，圈生字；第三遍，读流利。

（2）学生按自学提示进行自学，教师巡回指导。

5. 自学反馈。

（1）读正确：重点关注带后鼻音的字"撑""艇""藏""踪""萍"。

（2）读出节奏：不但读得正确，还读出了古诗的节奏"2/3"。

（3）配合读：同桌互读，师生配合读。

小结：读出节奏是读好古诗的第一步。读着读着，我们知道了这首诗写的人物是——小娃。

［**设计意图**：学诗的第一步就是要读懂诗题。在学生明白了《池上》即池塘之上，诗人要写的是一首有关池塘的诗之后，教师顺势介绍白居易对池塘尤为喜爱的情结，可以充分调动学生对诗人的兴趣及对诗歌内容的期待。］

板块三：情境对话，体会心情

1. 小娃在干什么呢？现在就让我们到池塘边走一遭吧！请自己读读这两句，然后用横线画出来。（出示：小娃撑小艇，偷采白莲回。）

2. 学生读词卡"撑小艇""采白莲"。教师引导其重点关注"撑""艇"的后鼻音的发音。

3. 引导学生进行口语交际。

预设对话一：

师：小娃，小娃，你撑着小艇去干什么呀？

生：我要去池塘那边摘白莲呢！

师：那你采了些什么呀？

生：我采了许多莲花、莲蓬。

师：哇，你采了这么多莲花、莲蓬！（课件出示相关图片）心情怎么样啊？

生：我真的好高兴啊！

师：来，小娃，快把这份高兴读出来吧！

生：小娃撑小艇，偷采白莲回。

预设对话二：

师：小娃，你采了这么多莲蓬啊！这水灵灵的莲子好吃吗？

生：非常非常好吃，不信你尝尝。

师：莲子吃起来清新爽口，又带着一丝丝甜味，怪不得你忍不住要——偷采白莲回呢！这位小娃也来读一读这两句诗吧。

生：小娃撑小艇，偷采白莲回。

师：瞧，小娃喜滋滋、乐呵呵的模样告诉我们，谁也挡不住莲子的诱惑呀！

预设对话三：

师：小娃，你出来采白莲，爸爸妈妈知道吗？

生：当然不能让他们知道了，不然，我怎么可以出来呀！

师：那你怕不怕他们知道啊？

生：怕的怕的，爸爸妈妈知道了肯定要阻止我，不给我出来的。

师：为了不让他们知道，所以你是"偷偷地"来采摘的，那你就悄悄地、小心翼翼地读一读这两句诗吧。

生：小娃撑小艇，偷采白莲回。

4. 小结：撑着小艇自由自在，采着白莲收获满满，多么开心呀！我们一起读。

[**设计意图**：在学生读正确"撑小艇""采白莲"两个词组之后，采用情境对话的方式展开教学。通过"去干什么""采了什么""担心什么"三个回合的情境对话，促进学生对诗歌内容及情感的体验和理解。教师在学生具备真实体验

的基础上指导他们读好诗句,依次读出"兴高采烈""沾沾自喜""小心翼翼"等不同的语气。在富有情趣的对话交流中,学生化身千年前的淘气小娃,诉说自己的故事和心情,真正领悟"偷"字的意蕴。]

板块四:探究"被发现",理解原因

1. 可是,小娃被人发现了!你怎么知道他被发现了呢?合作着学一学这两句诗。

2. 小组学习:读一读诗句,想一想哪里看出小娃被发现了,再说一说。

3. 汇报:

◇ 浮萍一道开。

(1) 你在生活中看到过浮萍吗?(出示图片)浮萍是一种漂浮在水面上的,小小的、绿色的水生植物。

(2) 读词卡"浮萍",想一想:为什么两个字都有"氵"?(这两个字都与"水"有关。)

(3) 用自己的说一说:浮萍散开是因为_____。

(4) 学生看小视频后总结:这就是——浮萍一道开。

◇ 不解藏踪迹。

(1) 读词卡"踪迹",观察这两个字的偏旁,你知道了什么?("𧾷"和"辶"都与脚有关,"踪迹"表示走过以后留下的痕迹。)

(2) 小娃们,你们有什么好办法来藏踪迹呢?

预设1:把小船撑到花叶密集的地方。

预设2:等天暗下来再回家。

(3) 可是小娃光顾着高兴,哪里想得到这么多呢,一起读:不解藏踪迹,浮萍一道开。

[**设计意图:**后两句诗的关键在于理解小娃的"不解藏踪迹",在学法上以合作探究为主要形式,保证学生具有充分的学习与思考的空间。通过对"哪里看出小娃被发现了"的话题探究,学生进一步感受到小娃的天真可爱,同时完成了"浮""萍""踪""迹"等生字的学习。]

板块五：诵读全诗，吟唱积累

1. 你喜欢这个小娃吗？这是一个怎样的小娃？（可爱、天真、活泼、顽皮等。）

2. 把喜欢的感觉读出来吧！教师边做动作边范读，学生跟读；学生自主做动作读。

3. 学生配乐吟唱。

4. 学生背诵。

［设计意图：本环节通过活泼、多样的诵读来让学生表达对小娃的喜爱之情，进一步激发其读古诗、背古诗的兴趣。］

板块六：拓展诗句，感受美好

1. 古代的儿童可以在夏日的池塘里采白莲，也可以在柳阴下面睡午觉，瞧——"童子柳阴眠正着，一牛吃过柳阴西"；还可以骑在牛背上唱歌——"牧童骑黄牛，歌声振林樾"；或是学着大人的样子种瓜苗——"童孙未解供耕织，也傍桑阴学种瓜"。

2. 古代小朋友的生活多有意思呀！放假的时候，小朋友们也拿起网兜、提起钓竿、拎个篮子，去捕蝉、去钓鱼、去采果子，去大自然的怀抱尽情玩耍吧！

［设计意图：古代孩童的夏天何止"采白莲"这一件趣事，还可以在柳阴下睡午觉、骑在牛背上唱歌、学着大人的模样种瓜苗……此环节，通过同一主题诗句的拓展，将古代孩童多姿多彩的夏季生活展现在学生的眼前，丰富其认知，增强其感受。］

板块七：先导后写，书写生字

1. （出示生字"首"和"采"，见图4-3）今天我们学了一"首"与"采"莲有关的古诗。

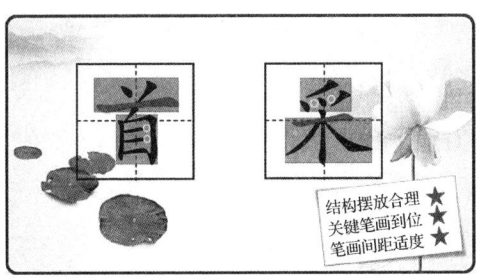

图 4-3

2. 指导发现相同点：都是上下结构，"首"上宽下窄，"采"上窄下宽；长横必须平而长，起到平衡的作用；笔画间距基本相等。

3. 教师范写"首"。学生书空，再独立写。教师点评反馈。

[**设计意图**：古诗亦是学习写字的载体。此板块引导学生发现"首""采"二字的结构、笔画等特点，并通过评价助力学生端正、美观地书写生字，体现教、学、评的一致性。]

板块八：自创小诗，趣味结课

今天小朋友们学得很认真，老师写了一首诗送给你们，为你们"点赞"。一起读——

小娃学古诗，

听说读写思，

已是下课时，

还想学知识。

[**设计意图**：课堂的尾声，以一首朗朗上口的儿歌作为礼物，既为学生的学习表现"点赞"，又将学生的学习生活与学习内容进行勾连，更凸显古诗学习的意义。]

板书示意图

图 4-4

第3例《登鹳雀楼》：一次漫游留下千古传诵的登楼名篇

登鹳雀楼[①]

[唐]王之涣

白日依山尽，
黄河入海流。
欲穷千里目，
更上一层楼。

【诗歌赏读】

赏读王之涣的《登鹳雀楼》

"白日依山尽，黄河入海流。欲穷千里目，更上一层楼。"小时候，笔者还没有学过这首诗，也不知道唐代有个叫王之涣的大诗人，但这首诗的后两句却早就烂熟于心。因为，老师在写期末评语的时候常常用这句诗来表达对笔者的期望。"小霞同学，学习认真，做事负责，是老师的好帮手，同学们的好伙伴，不过'欲穷千里目，更上一层楼'，希望你再接再厉，争取让自己变得更优秀、更出色！"相信很多人都有过同样的"礼遇"。后来，当了老师，在给自己的学生写评语时，这两句诗也常常是成绩报告单上高频出现的金句。

此诗又反映一个盛唐诗坛的特别现象，即诗的名气比诗人的名气还要大。许多人不一定知道王之涣，但对诗中的后两句往往能脱口而出，可谓"黄发垂髫，皆能吟诵"。这样的现象发生在李白身上，大家会觉得理所当然，如今却发生在一个只有六首诗传世的诗人身上，就不得不让人对这位诗人产生极大的好奇了。

王之涣，何许人也？

---

① 选自统编小学语文教材二年级上册。

致润:古诗词教学的另一种模样

《唐才子传》中说"王之涣,蓟门人。少有侠气,所从游皆五陵少年,击剑悲歌,从禽纵酒"。唐人靳能《唐故文安郡文安县尉太原王府君墓志铭并序》中记载王之涣"本家晋阳,宦徙绛郡"。从中,我们可以得到几个重要信息:一是王之涣出身高贵,因为晋阳在山西太原,而"太原王氏"是唐代名门"五姓七望"之一;二是王之涣与李白一样,不走苦读科举之路,崇尚的是豪侠仗义、放浪不羁的生活。

当然,如果王之涣一直这样"击剑悲歌,从禽纵酒"也不过是个有些写作天赋却徒然荒废的公子哥。好在他后来"折节工文,十年名誉日振"。就是说王之涣还是克制住豪放不羁的行径,改变自己架鹰牵狗的行状,专心致志于诗文创作,名声日盛。这一"盛",了不得,竟然达到了与王昌龄、高适、岑参齐名的高度,成为盛唐四大边塞诗人之一。

王昌龄出身平民,他想改变自己的命运,故而远涉边塞,投笔从戎。高适本就出身于武将世家,作为将门之后,他的理想就是像祖辈那样保家卫国、开疆拓土。岑参也不例外,他是贵族出身,相门之后,为重振家业,选择出塞从军。而王之涣则不一样。而立之年的王之涣谋到衡水县衙一个门子的差事。好在当时的衡水县令李涤慧眼识人,爱惜人才,不但将王之涣补升为衡水主簿(相当于县令的书记员),还将自己的三女儿许配给他。工作有了起色,婚姻生活和谐美满,王之涣过了一段颇为舒心的日子。但好景不长,生性洒脱率直,不善左右逢源的王之涣又怎么能在官场混得游刃有余、得心应手呢?由于屡遭小人算计、陷害,忍无可忍的王之涣一怒之下愤然辞官。这一去官归家就是十几年。

正是这宝贵的十几年,让王之涣走访名山大川,漫游西北边地,结交名士好友,凭吊前人古迹……由此,留下了名垂千古的诗篇,比如这首赫赫有名的《登鹳雀楼》。

鹳雀楼,位于山西省运城市永济市蒲州古城西面,始建于北周,楼体雄伟壮观,气势非凡,因常有鹳雀栖于其上而得名。它与江西南昌的滕王阁、湖北武汉的黄鹤楼、湖南岳阳的岳阳楼并称为中国古代"四大名楼"。鹳雀楼能跻身中国古代"四大名楼",王之涣功不可没。

正值壮年的王之涣在一个阳光灼灼的日子里登上鹳雀楼,但见群山巍巍,

第四章 "致润"理念下的古诗词赏读与教学实例

黄河奔流,一股豪情从胸中喷涌而出,他脱口吟道:"白日依山尽,黄河入海流。"虽然我们未在鹳雀楼上,但吟诵着这样的诗句,似乎也看到了这样的景象:一轮红日依偎着连绵起伏的山峦慢慢下沉,终至不见;蜿蜒曲折的黄河裹挟着泥沙一路奔流,不休不止地向着东面的大海滚滚而去。这样的景象真是气势宏伟,震撼人心。

"白日依山尽",一个"依"字写得含情脉脉,将天上的太阳与连绵的群山写得有情有义,两者相互依偎、难舍难分。一个光辉灿烂,红得耀眼;一个青衣披覆,绿得悦目。红光映照青山,青山翠得发亮;青山反衬红光,红光显得柔和。换作"傍"字可以吗?"白日傍山尽",这就显得生硬寡淡,全无原来的韵致了。同时,一个"尽"字,又将静态的画面变得生动了,"白日依山"不是定格的、静止的,是那红红的日头正一点一点落下去,剩下大半个、一半、小半个……最终落入青山的怀抱。这样的景,美得令人感动,奇得让人落泪。

"黄河入海流",如果说上一句尚有些柔情似波,那么这一句就是刚强如铁了。千百年来,黄河咆哮汹涌,挟沙裹泥,滚滚东流,永不停止。李白说的"君不见黄河之水天上来,奔流到海不复回",刘禹锡说的"九曲黄河万里沙,浪淘风簸自天涯",都能以王之涣所写的这一五字短句来概括:黄河入海流。

但事实真是这样吗?我没有去过鹳雀楼,不知其具体的地理位置是怎样的。只是从相关的文献资料来看,鹳雀楼上并不能看到自西向东滚滚流淌的黄河,也看不到落日熔金、西沉山脉的情景。诗人所写之景是否就是他所见之景?我觉得还是应该遵循诗歌创作的特点,那就是不宜踩得过实。诗人登临鹳雀楼之上目送落日西斜、黄河远去,产生了无尽的想象。这样写,反而增加了诗句意蕴的广度和深度。

事实上,无论此处是诗人的眼中景,还是他在景色的触发下产生的意中景,都让我们感受到了一种视接千里、气象恢宏的浩渺阔大之感。

别的不论,单就诗句中的"白日"一词就让人颇费思量。根据生活经验,我们日常看到的夕阳往往是红色或橙红色的,那是因为太阳落山时光线斜射,大气层不易穿透,而红、黄色光的穿透能力最大,其他光线都被散射了。那么,诗人为何不写"红日",却写"白日"呢?

其实，在诗词作品中，"白日"这一意象并不少见。早在汉代和魏晋南北朝时期的诗歌创作中，"白日"就用来表示太阳。比如，《行行重行行》中的"浮云蔽白日，游子不顾反"，陶渊明《杂诗十二首·其二》中的"白日沦西河，素月出东岭"。鲍照《代东门行》中的"遥遥征驾远，杳杳白日晚"中的"白日"又特指落山的太阳。根据专家考证，这一时期写到"白日"意象的诗有130多首，其中专指落日的有40余首。可见，白日不仅表示太阳，它指代落日已成为一种群体共识，是落日这一物象入诗时自然而然的别称。用一个"白"来形容"日"，确实极为凝练、浓缩地概括出了太阳光辉夺目的特性。白，是一种高光，一种非常明亮的颜色，有耀目之感。白，也是一种纯洁的颜色，象征太阳的高洁。这正符合建安诗歌"慷慨雄健、清俊磊落"的风骨。

到了唐代，"红日"这一意象开始产生，但到晚唐后才大量使用。唐代诗人一向崇尚汉魏风骨，"白日"意象的使用正是他们继承前人诗歌创作传统的集中表现。如，用"白日"表示太阳的诗句有李白《子夜吴歌·春歌》中的"素手青条上，红妆白日鲜"，杜甫《闻官军收河南河北》中的"白日放歌须纵酒，青春作伴好还乡"。表示落日的，有陈子昂《感遇·其三》中的"黄沙幕南起，白日隐西隅"，李白《送张舍人之江东》中的"白日行欲暮，沧波杳难期"，高适《蓟中作》中的"边城何萧条，白日黄云昏"。由此可见，"白日"并非只能指白天的太阳，亦可指落山的太阳。

如此一来，诗句"白日依山尽"便是顺理成章的，我们也不必再纠结于落日是红的，为什么不写"红日"这样的问题了。当然，从韵律角度来说，《登鹳雀楼》这首诗是一首仄起平收的五言绝句，"白日依山尽"完全符合仄仄平平仄的平仄规律，故"白日"也比"红日"更合适。

诗的前两句，仅十个字，对仗工稳地将一幅纵横千里的河山图景展现在世人眼前，诗人的笔力不可谓不凡。那后两句怎么接呢？如果再写景，还能超越前面的长空白日、万里黄河的高远和磅礴吗？我们的担心是多余的。诗人笔锋陡转，以虚接实，用了"欲穷千里目，更上一层楼"的这一联流水对，完美无缺地对接上一联，为此诗的境界再次提升一个高度，真是令人拍案叫绝。而这两句诗也因其独具的朴素哲理早就从原本的诗意中超越，被人们灵活地运用到生活中的许多场合,成为励志名言。《增订唐诗摘钞》认为此诗"两对工整,却又流动,五言绝,允推此为第一首"。

前文说到,王之涣作为盛唐著名诗人,与王昌龄、高适、岑参齐名,但他的作品仅有六首存世。这六首中最出色的两首均被选入了统编教材,除了这首《登鹳雀楼》,还有一首《凉州词》,诗云:"黄河远上白云间,一片孤城万仞山。羌笛何须怨杨柳,春风不度玉门关。"其景悠远苍茫,其情意切思深,被推为唐诗七绝的压卷之作。无论压不压卷,不输于王昌龄的《从军行》是真。与这首诗有关的一则唐代诗人的轶事趣闻《旗亭画壁》更说明了王之涣诗歌创作的艺术成就。

仅传世六首诗,一为五言绝句之冠,一为七言绝句之巅,无家世传承渊源,却能写出这样大境界、大气象的诗,可见王之涣胸中自有天地、自有抱负。只可惜,他55岁时在文安郡文安县尉任上因病逝世,诗作大多遗散。又好在,还有六首可供我们后人赏读,幸甚至哉!

【诗歌教学】

《登鹳雀楼》教学设计

(共1课时)

教学目标

1. 通过情境识字、加换偏旁识字等方式认识"楼""依""尽""欲""穷""层"6个生字,会写"楼""依""尽""层"4个字;能正确、流利、有节奏地朗读诗句,背诵全诗。

2. 通过想象画面、借助图片等方式理解关键字"依""尽"等的意思,初步理解前两句诗的意思,感受景观的壮美。

3. 通过想象说话、联系生活等方式,理解"站得高,看得远"的道理,树立奋发向上、积极进取的精神。

教学重点

初步理解前两句诗的意思,感受景观的壮美。

教学难点

理解"站得高,看得远"的道理,树立奋发向上、积极进取的精神。

教学过程

板块一：读懂诗题，初识诗人

1. 识字导入。

（出示"楼"字）小朋友们认识这个字吗？（指名读。）

古代的"楼"都是用木头作为建筑材料，所以它的左边是木字旁。我们的生活中还有哪些楼？

预设：住宅楼、教学楼……

2. 引入名楼。

古人也喜欢建高楼，有时是为了纪念某件重要的事情，有时是为了纪念某个重要的人物。很多诗人都喜欢在这些高楼上题诗作文。今天，我们就来看看位列我国古代四大名楼的鹳雀楼。（出示鹳雀楼图片，进行简单介绍。）

讲解：鹳雀楼位于山西省永济市蒲州古城西面，始建于北周，至今约有一千四百多年的历史。楼体雄伟壮观，气势非凡，因经常有鹳雀在楼上停留、休憩，所以人们称这座楼为"鹳雀楼"。

3. 初识诗人。

一开始，鹳雀楼并不特别出名，直到有一天，一位大诗人的登临，改变了它的命运，让它声名远扬。这位诗人就是唐代的著名诗人——王之涣。

4. 读懂诗题。

王之涣登高观景，写下了这首著名的《登鹳雀楼》，谁来读读诗题？（相机指导停顿：登/鹳雀楼；学生再齐读。）

[**设计意图**：此环节由生字"楼"的识记为基点，引导学生借助偏旁明确字义，通过组词积累词汇，并由此"楼"字引出"名楼"鹳雀楼，再自然揭示鹳雀楼与诗人王之涣的关系，显得脉络清晰，丝丝入扣。这一环节集识字教学，了解诗人、诗题于一体，凝练而高效。]

板块二：识字正音，初读指导

1. 读得正确。

这首诗是一首五言绝句，每句五个字，一共四句，谁能把这首诗读得既正确又响亮？请小朋友们自己先读一读，注意读准字音，不会读的生字可以借助拼音多读几遍。(学生自由朗读,教师巡回指导。)

指名读诗,相机正音:重点关注带后鼻音的字,如"登""更""层"。

2. 读出节奏。

这首诗读起来朗朗上口,谁能把它的节奏读出来?(指名读,相机指导"2/3"节奏。)

3. 读出韵味。

同桌互读,师生对读,男生、女生合作读。

4. 小结。

小朋友们读得真好,已经把这首诗的节奏、韵律都读出来了。那么,诗人在诗中到底写了什么,让鹳雀楼名扬天下呢?就让我们一起来学习这首古诗吧!

[**设计意图**:此环节的重点就在于"读"。学生借助拼音把古诗读得正确、读出节奏,再通过多种形式的合作读出古诗的韵律感,在反复且有水平的推进过程中初步感受古诗特有的音乐美,为后续理解古诗大意做好铺垫。]

板块三:想象画面,感受"景"之壮观

1. 出示本诗前两句:白日依山尽,黄河入海流。

王之涣登上了这座雄伟的鹳雀楼,他举目四望,看到了怎样的景观呢?请小朋友们自己读一读这两句诗,诗人看到了哪些景物,请你用笔圈画出来。(学生自学。)

2. 交流反馈。

(1) 指名回答,圈画"白日""山""黄河""海"。

(2) 理解"白日":

小朋友们,这里的"白日"是指什么呢?(指名说)是的,"白日"就是太阳的意思。诗人看到了"白日依山尽"的景观,这时候的太阳应该是什么时候的?(落山的太阳。)

从哪里可以知道这是落山的太阳?(依山尽,这个"尽"说明太阳马上要沉到山的那一边,不见了。)

认识"依"字:这个字读 yī,就是你靠着我、我靠着你的意思,诗句中是什么和什么依靠在一起?(白日和山)请一个学生上台,板贴"太阳"和"山峰"图,直观理解"依山尽"的意思。

小朋友们理解得很到位,太阳正紧挨着山峰,一点点地往山的那一边落下去。谁能把这种感觉读出来?(指名读。)

(3)理解"黄河":

小朋友们看到过黄河吗?它是怎么样的?(弯弯曲曲的、很长很长的、黄河水黄黄的……)

播放微课视频:黄河是中国北方地区的大河,是中国第二长河,它发源于青藏高原巴颜喀拉山山脉雅拉达泽山麓,自西向东流经青海、四川、甘肃、宁夏、内蒙古、山西、陕西、河南及山东9个省(自治区),最后流入渤海。

看了黄河的视频,听了黄河的介绍,你觉得这是一条怎样的黄河?(很伟大、很壮观)谁能把这样伟大的黄河、这样壮观的黄河读出来?(指名读:黄河入海流。)

诗人站在鹳雀楼上,能看到的只是黄河流经此处的一段,流入大海的情景是看不到的,那他为什么会说"黄河入海流"呢?(黄河流入大海的情景是诗人的想象)是的,眼前的黄河波涛翻涌,一刻不停地滚滚东流。这样的情景引发了诗人的无尽想象。(指名想象说话。)

预设1:他似乎看到滔滔的黄河水奔腾着,往东流向大海。

预设2:他似乎看到黄河流啊流,一直流入了大海。

预设3:他还似乎看到波涛汹涌的黄河穿过一座座高山、一片片原野,终于流入大海。

这样的情景就是——(学生齐读:黄河入海流。)

3. 现在,谁能把诗人登上鹳雀楼看到的、想到的景象连起来说一说?(自由说、同桌说、指名说。)

预设:太阳挨着连绵起伏的高山渐渐地落下去,消失不见了。弯弯曲曲的黄河波涛滚滚,一直流向东边,流进了大海。

4. 小结:诗人王之涣登上鹳雀楼,看到了白日缓缓依山落下,想到了黄河滚滚流入大海的壮美景象,他不禁吟诵道——(学生齐读:白日依山尽,黄河入海流。)

[设计意图:学生通过抓取关键景物、观看微视频等方式理解诗的前两句,在此基础上,教师创设情境引导学生想象黄河入海的情景,进一步体会黄河的浩大气势,并将自己的体会融入朗读当中表达出来。在学习过程的展开中,学生自然而然"走进"诗人心里,"登上"鹳雀楼,道出眼前所"看到",脑中所"想到"的景象。学生的情感体验再一次得到升华,朗读也更有情感。]

板块四:联结生活,体会"理"之深刻

1. 这样壮观美丽的景象真是引人入胜啊!诗人怎么看也看不够,他还想看更远的美景,怎么办?(出示本诗后两句:欲穷千里目,更上一层楼。)

2. 小组讨论:这两句是什么意思?

3. 交流讨论:

(1) 理解重点字词:"欲",想要;"穷",穷尽;"千里目",看到千里以外。

随机识字:欲＝谷＋欠;穷＝穴＋力;层＝尸＋云。

(2) 连起来说一说诗句的意思:想要看到很远很远的地方,必须要再登上一层楼。

4. 想象说话:诗人登上了鹳雀楼的更高一层,他又看到了怎样的景观呢?(黄河上有船在航行,黄河两岸的平原上有一个个村庄,山的那一边是一片无边无际的森林……)

小结:只有站得高,才能看得远,怪不得诗人说道——(学生齐读:欲穷千里目,更上一层楼。)

5. "欲穷千里目,更上一层楼",这不仅仅是诗人登楼时发出的感叹,也与他的经历有关。

讲解诗人生平:王之涣好不容易做了衡水县衙的一个小官,却有一些小人在背地里说他坏话,常常故意刁难他。忍无可忍的王之涣一怒之下辞去官职,在之后的十多年里走访祖国的名山大川,还漫游西北边地,结交天下名士文人,开阔了自己的眼界,也开阔了自己的胸怀。这首《鹳雀楼》就创作于这个时期。

从王之涣的经历里,你觉得他是个怎样的人?(很勇敢、很正直、坚持自我……)

是的,只有拥有这样的勇气和胸怀的人,才能写出这样大气昂扬的诗句,让我们一起充满激情地读:欲穷千里目,更上一层楼。

6. 这两句诗也成了千古名句,经常被人们运用在学习、工作中来激励自己或别人。

出示情境,让学生选择一句来说——

(1) 虽然你在这次考试中表现不错,但老师希望你要继续努力,不要骄傲,争取更大的进步时,就会对你说:＿＿＿＿＿＿＿＿＿＿＿＿。

(2) 过年了,爸爸妈妈希望你在新的一年里再接再厉,送给你一个大红包的同时,还会在红包上写下他们对你的期望:＿＿＿＿＿＿＿＿＿＿＿＿。

(3) 当我们在学习的道路上遇到了困难,想要放弃的时候,一定要告诉自己:＿＿＿＿＿＿＿＿＿＿＿＿。

7. 小结:让我们一起把这两句激励人心的诗句送给自己和同学——欲穷千里目,更上一层楼。

[设计意图:这首诗的后两句并不难理解,通过学习重点字词,落实生字识记,学生便能简要直白地说出后两句诗的诗意。难点在于理解诗人为什么要发出这样的感慨。因此,需要结合想象说说诗人登楼时还可能看到的景象,并勾连诗人的人生经历,学生才能理解诗句中寄寓着的诗人的想法。最后创设生活情境,让学生在真实的生活语境中运用诗句。]

板块五:读背古诗,书写诗句

1. 后来,还有许多诗人登上鹳雀楼,写下诗篇,但最为人们所喜爱的还是王之涣的这首《登鹳雀楼》,谁能连起来读一读这首诗?

2. 背诵古诗:填空式背诵、前后半首隐去背诵、独立背诵。

3. 吟唱古诗:听教师范唱,学生跟唱试唱。

4. 书写古诗前两句。

(1) 分析"黄"字:为上中下结构;"艹"又宽又扁,中间一个"由",最后一笔为"、"。

(2) 学生书写。

第四章 "致润"理念下的古诗词赏读与教学实例

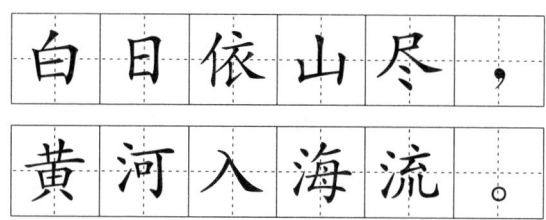

5. 交流反馈,点评书写。

6. 结语:小朋友们,让我们记住这座名楼——鹳雀楼,记住这位诗人——王之涣,更牢牢地记住这首千古名诗——《登鹳雀楼》。

[**设计意图**:学生通过多种形式诵读、吟唱古诗,不知不觉地积累了古诗。书写环节重点指导"黄"字的笔画、结构,并及时反馈点评,有效指导学生正确、端正、整洁地书写汉字及诗句。]

板书示意图

图4-5

第4例《晓出净慈寺送林子方》：
好一幅活色生香的西湖荷景图

晓出净慈寺送林子方[①]

[宋]杨万里

毕竟西湖六月中，
风光不与四时同。
接天莲叶无穷碧，
映日荷花别样红。

【诗歌赏读】

赏读杨万里的《晓出净慈寺送林子方》

统编小学语文教材中选编了四首南宋诗人杨万里的诗，分别是《小池》《晓出净慈寺送林子方》《宿新市徐公店》《稚子弄冰》。统览教材会发现，"诗仙"李白的作品也不过选录了八首，其中，《古朗月行》《赠汪伦》《早发白帝城》《黄鹤楼送孟浩然之广陵》为语文园地"日积月累"中的内容，也就是说从作为精读课文的作品选编数量上看，杨万里与李白可谓旗鼓相当。那么，杨万里的诗作有何魅力，为世人如此推崇呢？

南宋诗人杨万里，字廷秀，号诚斋，吉州吉水（今属江西）人，与陆游、尤袤、范成大并称为"南宋四大家"。他的诗以白描见长，独具风格、构思巧妙，时称"诚斋体"，对后世影响甚大。

我们都听过《铁杵成针》的故事，说的是李白小时候贪玩，学业未成就想放弃，后经一老妇人以"磨铁杵作针"之行为感化，才坚持学业，终成大器。这个故事告诉我们即使天纵奇才，也是要靠后天的努力才能成就一番功业。

[①] 选自统编小学语文教材二年级下册。

第四章 "致润"理念下的古诗词赏读与教学实例

  杨万里也是"天才＋努力"的典范。宋高宗建炎元年(1127年)，杨万里出生于吉水(今属江西)的一个诗书之家。杨万里五岁就开始接受启蒙教育，表现出超凡的学习能力。其父杨芾精通《周易》，一生嗜书如命，即使节衣缩食、忍饥耐寒也要购买书籍。他曾经指着满屋的藏书对杨万里说，虽然他们家穷，但这满屋的藏书就是最大的财富啊！只要他掌握了书中的圣贤之心、圣贤之意，就拥有了人世间最大的财富。父亲的苦读爱书对杨万里的成长产生了深远的影响。他自幼便勤勉好学，刻苦用功。随着杨万里的逐渐长大，杨父还带他拜访爱国名士，如胡铨、王庭珪、张九成等。这为杨万里广师博学的学风和刚直清正的品格的形成奠定了坚实的基础。

  杨万里为官清正廉明，常常为了造福百姓而殚精竭虑。他任江东转运副使期满，应有余钱万缗可得，却全弃之于官府，一文不取而归。当时的诗人徐玑用"清得门如水，贫惟带有金"这样的诗句来称赞他。虽然杨万里曾数任朝廷官员，但他为人刚正，常常指摘时弊，为人所忌，终不得重用。

  与杨万里的为官同样值得称道的，还有他在文学方面取得的成就。杨万里的诗歌创作中有一点是极为可贵的，那就是广约博取、推陈出新。一开始，杨万里学习江西诗派，注重字句韵律上的用功，后转变诗风，由师法他人到师法自然，致力于捕捉稍纵即逝的情趣，并用平易浅显、幽默诙谐的语言来表达，创造了独具风格的"诚斋体"。严羽在《沧浪诗话》中说杨万里"初学半山后山，最后亦学绝句于唐人，已而尽弃诸家之体而别出机杼"。概括地讲，"诚斋体"的最大特色就是一个"活"字，这个"活"就是鲜活、活泼、灵活，其场景之鲜活、想象之灵活、用语之活泼，另辟宋诗之蹊径，显得精巧细腻而富有情致。

  杨万里被选入统编小学语文教材的这四首诗都具有这样的特点。《小池》《晓出净慈寺送林子方》《宿新市徐公店》《稚子弄冰》，都描绘着生动可感的生活瞬间，表达着率真美好的心灵境界。钱钟书先生在《谈艺录》中这样评价杨万里的诗："如摄影之快镜，兔起鹘落，鸢飞鱼跃，稍纵即逝而及其未逝，转瞬即改而当其未改，眼明手捷，踪矢蹑风，此诚斋体之所独也。"

  此番，我们就从《晓出净慈寺送林子方》开始，近距离地感受杨万里诗歌的灵动、活泼吧！

致润：古诗词教学的另一种模样

《晓出净慈寺送林子方》这首诗的诗题很长，共九个字，可分三层。第一层，"晓出"，早上的时候出发，点明时间；第二层，"净慈寺"，西湖边的一座名刹古庙，点明地点；第三层，"送林子方"，林子方是杨万里的好友，点明人物。有时间，有地点，又有送别的对象，这真是循规蹈矩的送别诗的取题方式啊！

一般的送别诗，前两句往往会描写送别的环境。如，王维送元二时的环境是"渭城朝雨浥轻尘，客舍青青柳色新"，高适别董大时的环境是"千里黄云白日曛，北风吹雁雪纷纷"，王昌龄送辛渐时的环境是"寒雨连江夜入吴，平明送客楚山孤"……而杨万里呢？他一上来就情不自禁地感叹与赞美道："毕竟西湖六月中，风光不与四时同。"啊，西湖到底已经进入六月时节，这时的风光景致与其他季节是迥然不同的。"毕竟"就是到底、终归的意思，仅仅两个字，就把诗人的无限惊艳、兴奋、赞叹、愉悦的心情都集中、融入了。大诗人果然不同凡响，一开笔就不流于俗，牢牢地抓住了读者的心。紧接着，诗人将六月的西湖与其他季节的西湖进行了一番概括性的比较，六月的西湖"风光不与四时同"。四季的西湖各有其美，众多的文人墨客都有佳句流传。"孤山寺北贾亭西，水面初平云脚低。几处早莺争暖树，谁家新燕啄春泥。"这是唐朝白居易眼中的西湖春光，有着俏丽之美。"三三两两钓鱼舟。岛屿正清秋。笛声依约芦花里。白鸟成行忽惊起。"这是宋代潘阆记忆中的秋季西湖，有着清冷之美。"雾凇沆砀，天与云与山与水，上下一白。"这是明朝张岱笔下的雪中西湖，有着圣洁之美。那么，六月的西湖又有着怎样的美呢？诗人要用怎样的言语来形容、来描绘、来抒写，才能配得上其"风光不与四时同"呢？

"接天莲叶无穷碧，映日荷花别样红"两句横空出世。如果说诗的前两句以大惊大喜直击读者心房，那么，后两句则以浓墨重彩的大红大绿给读者以视觉的盛宴。荷叶挤挤挨挨，无边无垠，一直延伸到天边。这一湖的翠绿与碧蓝的天空融合交汇，形成一种无穷无尽、铺天盖地的碧色。整个天地间似乎只有这一种颜色了。正当你觉得这无尽的碧色壮则壮哉，却未免有些单调时，与之最相配的色调便联袂而至——映日荷花别样红。盛夏的荷花本就娇艳迷人，光彩夺目。此时，清晨的阳光柔和地洒下，为这朵朵的荷花镀上闪闪的金边，这样的红是怎样的红？红中透金，金中带红，明艳艳，光亮亮，这样的红真是妙不可言、无以言表啊,这才是"别样红",是特别的红、奇异的红、动人心魄的红。此两句一出,写夏季西湖的诗句莫能及也!

荷花,即莲花,是诗词中的常客。但其他诗人写荷写莲,一般都是以"株"为单位的近景描写。如,隋代杜公瞻《咏同心芙蓉》中的荷是"灼灼荷花瑞,亭亭出水中",宋朝周敦颐《爱莲说》中的莲是"出淤泥而不染,濯清涟而不妖,中通外直,不蔓不枝,香远益清,亭亭净植",清代石涛《荷花》中的荷是"荷叶五寸荷花娇,贴波不碍画船摇"。杨万里自己在《小池》中写的荷也是特写:"小荷才露尖尖角,早有蜻蜓立上头。"而《晓出净慈寺送林子方》一诗中的荷不再是小景小致,而是以满湖满湖、一大片一大片为单位的大幅、巨幅画卷。这样的气魄与境界,着实令人叹服。

现在,我们再联系诗题,便产生了一个疑问:诗人不是送好朋友林子方到福州上任吗?送别的话语、送别的情意呢?怎么只有风景描写呢?

我们再来关注一下这首诗的创作背景。林子方是南宋乾道年间的进士,曾担任直阁秘书,负责给皇帝草拟诏书。时任秘书少监、太子侍读的杨万里是林子方的上级兼好友,两人志同道合、结为知己,常在一起畅谈治国主张、创作心得。后来,林子方赴福州任职。离别之际,杨万里以《晓出净慈寺送林子方》为题,写下两首诗,这是其中的第二首。

有一种解读认为林子方自谓仕途升迁,颇觉高兴,杨万里却不以为然,因而借诗婉转劝告林子方不要去福州。这种解读认为诗中的"西湖"指代南宋都城临安,"六月中"指南宋朝廷,"风光不与四时同"是说在中央为官与地方任职是不一样的,"天"和"日"都指皇帝,"接天莲叶""映日荷花"都指靠近、接近皇帝,只有这样才能拥有如同"无穷碧""别样红"那样的大好前程。如此一来,这首诗作为送别诗的属性就显露出来了,诗人对朋友关怀备至、依依惜别的情愫就一览无余了。

笔者并不知杨万里写这两首《晓出净慈寺送林子方》时的真实想法,但还是觉得如此隐晦、堂奥,不像是杨万里为人为文的风格。即使这样的解读是正确的,恐怕也要到了一定的年龄阶段才能理解吧。对二年级的学生讲"接天""映日"就是要靠近皇帝、靠近朝廷,所以诗人的意思是劝告林子方不要去福州任职,无异于天方夜谭吧！从教材把这首诗选编在二年级下册第六单元(这个单元的人文主题是"大自然的秘密")可知,教师在教学时还是把这首诗定位在写景诗上更为恰当。至于诗人怎样表达对林子方的送别之情,笔者更愿意进行这样的解读:"接天莲叶无穷碧,映日荷花别样红",诗人是借六月西湖如此热烈浓郁的美来祝福朋友——前程似锦,花开富贵。

【诗歌教学】

《晓出净慈寺送林子方》教学设计

(共1课时)

教学目标

1. 通过自主、合作学习等方式认识"晓""慈""毕""竟""映"等生字,读准"净慈寺""毕竟""映日"等带后鼻音的词语,会写"莲""荷"等字。

2. 通过抓住关键词"毕竟",比较西湖的"六月"和"四时"风光,初步体会盛夏西湖与众不同及作者的赞美之情。

3. 通过想象画面、图片观赏等理解"接天""映日""无穷碧""别样红"等意思,充分感受西湖夏荷的热烈之美,体会诗人对朋友的美好祝福。

教学重点

正确理解"接天""映日""无穷碧""别样红"等词语的意思,感受盛夏西湖的热烈之美。

教学难点

从西湖的美丽风光中感受诗人对朋友的美好祝福。

教学过程

板块一:温故知新,缘诗导入

1. (出示"蜻蜓立荷"图)小朋友们,美好的夏天已经到来,看到这样的画面,你想起了我们学过的哪两句诗？(指名答。)

2. 出示诗句,学生齐读:小荷才露尖尖角,早有蜻蜓立上头。

3. 引出诗人:这首诗的诗名是《小池》,作者是杨万里。(出示诗人图像)今天,我们要来学习他的另一首写荷花的诗。

4. 出示诗题。

[**设计意图**:赏画配诗的教学导入,清新自然。本环节从一首学过的杨万里的诗引入,呈现同一诗人的另一首诗,让学生既有熟悉的亲切感,又有陌生的新鲜感。充满诗情画意的情境营造,为整节课的教学奠定淡雅的古典韵味。]

板块二:读题解读,随机识字

1. 指名读诗题,指导停顿:晓出/净慈寺/送/林子方。

2. 从诗题中你了解到了什么?

(1) 指名回答,随机点拨。

◇"晓"说明了时间是在早晨。我们学过一首诗,诗名是《春晓》,意思就是"春天的早晨"。谁有好办法记住这个"晓"字?(换偏旁:"浇"—"氵"+"日"。)

◇"净慈寺"说明了地点。(出示图片资料)净慈寺是西湖边一座著名的寺院。(出示"慈"字,引导关注"慈"的心字底)这个"慈"字下面是个心字底,表示跟心有关,我常常说"慈爱"就是长辈心中充满的对小辈的关爱之意,你能给"慈"找找朋友吗?(仁慈、慈祥、慈眉善目。)

◇"林子方"是人名,杨万里送别的人物是林子方。林子方是杨万里的好朋友,这次他要离开杭州去外地做官。

(2) 谁能连起说说诗题的意思?

3. 再读诗题:指名读,齐读。

[**设计意图**:古诗描绘的场景由题目徐徐展开,伴随着对"晓""净慈寺""林子方"这些关键字词的理解,与诗歌创作有关的时间、地点、人物、事件等信息一一走进送别场景。在轻松愉悦的感知诗题之意中,学生掌握了新学的生字,又被激发起学习古诗的兴趣,拉近与诗句以及诗人的距离。]

板块三:初读古诗,感受音韵

1. 要学好古诗,首先要把诗句读正确、读通顺。请小朋友们大声地读一读这首诗,读不准、读不通的地方多读几遍。(学生自由读,教师巡回指导。)

2. 指名读,重点指导后鼻音:这首诗中带后鼻音的词比较多,如"净慈寺"

"毕竟""映日"等,把后鼻音读准、读到位会更好听。

3. 古诗的朗读需要读出节奏,谁来试试?(指名读,随机指导"2/2/3"节奏:毕竟/西湖/六月中)

4. 合作读:同桌互读,师生对读,男生、女生配合读。

5. 小结:字字响亮地读,节奏分明地读,古诗就要这样读。

〔**设计意图**:古诗语言凝练,读起来朗朗上口,富于音韵美。从正确地读到节奏分明地读,再到开展多种形式的合作,学生不仅能感受到古诗的节奏美、音律美,还能感受到诵读带来的愉悦。〕

板块四:抓住关键,理解"赞叹什么"

1. 杨万里送林子方,一路送行一路畅谈,忽然间转过一道弯,整个西湖的美景映入眼帘,他情不自禁地感叹道:毕竟西湖六月中,风光不与四时同。

2. 指名读诗句,提问:杨万里在感叹什么呀?(到底是六月的西湖,风光与别的季节的不一样。)

从哪个词可以体会到诗人的惊叹?(毕竟)谁来读出这份惊叹?(指名读。)

3. 诗人赞叹六月的西湖与其他季节是不一样的,那么,其他季节的西湖是怎么样的呢?你们看到过吗?谁来简单介绍一下?(指名说。)

相机引读:

(出示图片和诗句)是的,春天的西湖是这样的——几处早莺争暖树,谁家新燕啄春泥。

(出示图片和诗句)秋天的西湖是这样的——三三两两钓鱼舟,岛屿正清秋。笛声依约芦花里,白鸟成行忽惊起。

(出示图片和诗句)冬天的西湖是这样的——雾凇沆砀,天与云与山与水,上下一白。

4. 小结:看来,西湖在其他季节也非常美丽,杨万里所赞叹的六月西湖究竟是怎样的一番景象呢?让我们去诗中寻找答案吧!

〔**设计意图**:本环节的设计,体现"活用教材,又不拘泥于教材"的理念,通过适度的补充拓展,使教学内容更为充实。教师引导学生探究话题——作者发出怎样的"毕竟"之叹,比较"其他季节的西湖"景色,从而得出"六月西湖的与众不同"之结论。此外,还拓展了西湖春、秋、冬三个季节的诗词名句,既增加了学生的文化积淀,又提高了他们的品赏能力,在全方位了解西湖之美的过程中初步建构对六月西湖别样之美的认知。]

板块五:读想并行,体会"为何赞叹"

1. 出示诗句:接天莲叶无穷碧,映日荷花别样红。

2. 自主学习:

① 读一读,圈出诗句中的景物。

② 想一想,仿佛看到怎样的画面?

3. 交流汇报:

(1) 诗句描写的景物有天、莲叶、日、荷花。

(2) 读着诗句,你仿佛看到怎样的莲叶、怎样的荷花?

◇ 碧绿碧绿的荷叶无边无际,好像已经和天连在一起了。

从哪个词让你知道这莲叶绿得一望无际?(无穷碧。)

"无穷"的意思就是无尽的、无限的,"无穷碧"就说明绿色的莲叶一片接一片,望不到边。谁来读出这种感觉?(指名读。)

出示莲叶图片,让学生感受"无穷碧"的壮美场景,再次有感情地朗读:接天莲叶无穷碧。

◇ 在阳光的照耀下,荷花显得特别红、特别美。

特别红,在诗句中就是"别样红"。荷花本来就是红的,为什么诗人要说这里的荷花"别样红"呢?(因为早晨的阳光是很柔和的,照在荷花上,红红的荷花更鲜艳了。)

想不想看一看"别样红"的荷花?(出示图片,配乐观赏。)

很多同学已经陶醉在这样的美景里了,谁愿意来读这句诗?(指名读,读出"别样"之美。)

4. 整体引读。

这就是夏天西湖莲叶成片、荷花盛开的美景,读——接天莲叶无穷碧,映日荷花别样红。

这就是六月的西湖,它是那么与众不同,不同就不同在——接天莲叶无穷碧,映日荷花别样红。

无穷碧的莲叶,别样红的荷花,一碧一红,交相辉映,真是光彩夺目,美不胜收,一起读——接天莲叶无穷碧,映日荷花别样红。

〔**设计意图**:画面要在学生的脑海里变得可观、可感、可叹,一定要让画面更具色彩感、形象感。通过圈画诗中景物,牢牢聚焦"莲叶""荷花"这两个描写对象,引领学生想象画面、交流感受,着力唤起学生的情感体验,见诗人所见、感诗人所感。诗句背后的情味和意蕴就在"象"的丰满之下喷涌而出。〕

板块六:了解背景,表达情意

1. 杨万里为什么要送别林子方呢?我们一起来了解一下。

出示资料:杨万里和林子方是好朋友,经常在一起谈论治理国家的方法和写诗作文的心得。这一回,林子方要离开杭州到福州任职,杨万里为他送行。离别之际,杨万里以《晓出净慈寺送林子方》为题作诗,表达自己对好友的情意。

2. 从资料中你感受到了什么?(两人的感情很好,杨万里舍不得林子方,他们不想分离……)

3. 送别之时,杨万里没有对朋友说一些依依不舍的话语,却热情地赞美了六月西湖的美景,你觉得这是为什么?(杨万里要把西湖的美景写下来,送给林子方,让他不要忘记西湖,不要忘记西湖边的朋友;杨万里把西湖的美景写进诗里,送给林子方,就是一份独一无二的礼物,是很珍贵的……)

4. 深情引读,体会深情。

是啊,这西湖美景寄托着诗人对好友的深深的情、浓浓的意啊,一起读——接天莲叶无穷碧,映日荷花别样红。

当林子方离开杭州来到福州,他还是会常常想起好友送别自己时,西湖那独特的美景,一起读——接天莲叶无穷碧,映日荷花别样红。

许多年以后,当杨万里、林子方想念彼此、挂念彼此时,他们还是会情不自禁地吟诵——接天莲叶无穷碧,映日荷花别样红。

5. 播放视频,吟唱古诗。

6. 多种形式背诵古诗。

[设计意图：这是一首送别诗,却没有一字说离愁、话别绪、写悲情。诗人为什么用这样的方式表现送别场景呢？此处,教师借助背景资料,丰厚文本,在深情引读中努力让学生走进诗人的内心世界,充分体会诗人是借"莲叶""荷花"来表达自己对友人的依依不舍、深切祝福和殷切期盼。由此,由景入情、因情赞景,实现景与情的水乳交融,让学生与诗人同景共情。]

板块七：书写生字，积累名句

1. 杨万里的这首《晓出净慈寺送林子方》不但留住了西湖的美,也留住了美好的情,让我们把诗中的千古名句端端正正地抄下来。

2. (出示生字)观察"莲""荷"这两个生字,你发现了什么？

共同点：上下结构、都有"艹","艹"要写得又大又宽。

不同点："连"字的笔顺要注意最后写"辶","何"字要注意左窄右宽。

3. 教师范写"莲"字,学生书空。

4. 学生在书签上独立完成诗句抄写(如图4-6所示)。

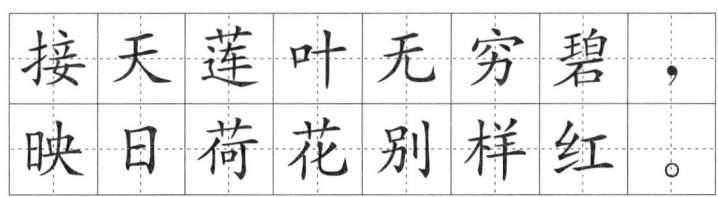

图 4-6

[设计意图：此环节的重点是书写指导,通过微课的书写示范,更直观、规范地引导学生关注生字的构件位置和关键笔画,培养学生良好的观察习惯和书写习惯。学生通过观察同结构的"莲""荷"二字,发现这一类字的结构特点。

同时,书签的运用,进一步激发学生的书写兴趣,使之既感受古诗的文化味,又打通古诗与生活的联系。]

板书示意图

图 4-7

第5例 《望天门山》：意气风发的人生起航

望天门山[①]

[唐] 李　白

天门中断楚江开，
碧水东流至此回。
两岸青山相对出，
孤帆一片日边来。

【诗歌赏读】

赏读李白的《望天门山》

统编小学语文教材三年级上册《古诗三首》中的第一首《望天门山》是李白的一首七言绝句，语言凝练典雅又自如洒脱，通过动与静的景物互衬，远和近的视角转换，将天门山的雄伟壮丽描绘得恰如其分，一如红日初升般熠熠生辉，展现了诗人非凡的艺术造诣。

李白之于中国古典诗歌，之于盛唐诗坛，可以说是一座高不可及的丰碑。盛唐诗人中，李白若屈居第二，无人敢称第一（有人可能会以杜甫来反驳，但要知道当时的杜甫还只能算个二流的诗人，跻身一流诗人的行列要到中晚唐时）。他飘逸出尘的创作风格，磊落不羁的行事作风，自在风流的性格秉性也为他赢得了"诗仙"的雅号。时至今日，李白的诗依然是中国人的口中宝、心头好。很多场合中人们都会自然地吟诵他的名篇名句。对自己充满自信，对人生充满希望，我们说："天生我材必有用，千金散尽还复来。"为自己、为他人加油鼓劲，我们说："长风破浪会有时，直挂云帆济沧海。"不与人同流合污，不奴颜媚骨，我们说："安能摧眉折腰事权贵，使我不得开心颜？"幼儿时，父母教的

[①] 选自统编小学语文教材三年级上册。

致润:古诗词教学的另一种模样

第一首古诗就是"床前明月光,疑是地上霜"。望见明月,想起故人,我们吟诵"我寄愁心与明月,随君直到夜郎西"。看到瀑布,无论是不是庐山的,我们都吟诵"飞流直下三千尺,疑是银河落九天"。冬天的雪还未下大下密,我们已忍不住吟诵"燕山雪花大如席,片片吹落轩辕台",毫不理会这是不是燕山地区的雪……这就是李白,他是全民的偶像,他的作品早已是我们生活中不可或缺的一部分。

少年时代爱上李白是因为他的一首《将进酒》。仅仅是开头的"君不见黄河之水天上来,奔流到海不复回。君不见高堂明镜悲白发,朝如青丝暮成雪",便如一道闪电击穿五脏六腑,让人义无反顾地爱上李白、爱上李白的诗。试问,谁能抵挡"诗仙"的无穷魅力?

而当我们真正走进李白,才知道这洒脱不羁的后面,有着不为人知的哀伤和郁结。

公元701年,李白出生。据传,他母亲生他时梦见太白金星,因而起名白,字太白。后来,因李父避难等原因举家迁至四川绵州昌隆县青莲乡。20多岁时,李白离开巴蜀,踏上了游历天下、施展抱负的人生旅程。

李白才高气盛,有着极高的政治理想:当宰相或为帝王师。为了实现这样远大的理想,李白为自己设定了一条非比寻常的路径,那就是"一飞冲天""一鸣惊人"。他拒绝走普通的科举考试的道路,而是通过多方干谒。干谒就是写诗、写信向权贵高官推荐自己。比如,曾经要推荐孟浩然的荆州长史韩朝宗就是李白的干谒对象之一。但是,岁月蹉跎,李白"一飞冲天"的愿望一直没有实现,直到天宝元年(742年)。

这一年,李白接到唐玄宗的诏书入长安,他喜不自胜,踌躇满志,写下《南陵别儿童入京》一诗。其中的后四句更是淋漓尽致地展现了李白的得意、自负的情态。即将实现人生理想,那无比兴奋、激动的心情如何按捺得住,又何须按捺?

令人万万没想到的是,仅过了一年多,李白便被唐玄宗赐金放还。其中的原因错综复杂,在此不一一赘述。我们关心的还是李白本人之后的道路选择。离开长安后,李白继续他的漫游生活,恣意、张扬的生活状态之下,他的政治理想并没有因一时的失意而改变。正是这一时期,李白遇到了小他11岁的,被后世称为"诗圣"的杜甫以及尚是布衣之身的高适。大唐诗坛的"双子星"终于会面。李白和杜甫两人一见如故,结下了深厚的友情。此后十余年间,李白四处漫游,希望找到新的政治机遇,未果。

公元755年,"安史之乱"爆发,李白在很多诗作中都表达出自己对百姓悲惨命运的同情,希望得到朝廷重用的想法。但危局之下,李白只能避乱庐山。可惜的是,缺乏政治敏感的李白竟应了永王李璘的邀请,入其幕府,还激情澎湃地写下《永王东巡歌》十一首,显示出前所未有的乐观和斗志。最终,永王兵败,李白锒铛入狱。后来,虽得宋若思等人相助得以释放,但被判流放夜郎。

好在朝廷大赦天下,这个消息使李白一下子重新燃起对人生和政治理想的希望,他挥笔写下:"朝辞白帝彩云间,千里江陵一日还。两岸猿声啼不住,轻舟已过万重山。"谁能想到,这样充满着蓬勃朝气、散发着豪迈激情的诗竟是一位50多岁的老人所作。这也许就是李白留给我们的最大的精神财富,永远充满斗志,永远一往无前,永远坚持不懈!

这样的斗志,这样的追求,这样的抱负,伴随了李白的一生。那教材中这首《望天门山》作于李白生命中的哪个阶段呢?作此诗的李白正是那个年仅24岁,意气风发、仗剑远游的李白。所以,他的诗里只有阳光,只有希望,只有通天的大道,只有万丈的豪情。这样的壮志豪情从哪里看出来?只看一处即可,那就是这首诗的韵脚。

随情选韵是诗歌音律和谐的要求,《望天门山》一诗押的是平水韵的十灰。以开口呼"ai"为韵脚,最大的好处是能表现出一种大气通达、直率豪迈的感觉。

读"天门中断楚江开","开"字一出,口腔打开度大,能凸显此处视野的广阔,这是远景,点明诗题中的"望"字。句中一个"断"字以斩钉截铁的发音表现出天门山在此处突然中断的壮观景象,突出了长江水流的冲击力度之大,令人叹为观止。

第二句"碧水东流至此回",结尾的"回"字力量感非常强,极富动态美,写出了浩浩荡荡的长江抵达天门山时受到地势的变化而曲折激荡、漩涡丛生的奇险和壮美。所以，读好"回"字的力度，能表现长江骤然拐弯时积聚起的巨大能量，从而更深刻地领会天门山扼江回流的磅礴气势。这一句很好地回应了第一句中"天门中断"的起笔。

第三句"两岸青山相对出"写的应是中景，此时的诗人乘船向左右两岸顾盼，一个"出"字化静为动，巍巍天门山的盎然生机扑面而来，真是出神入化。因此，在朗读"出"字时要通过加强吐字力度予以突出，使诗人乘船行进中的动感鲜活灵动起来。

尾句"孤帆一片日边来"则又是远望——远远的江面上一叶小小的孤舟正从红日边驶来。一个"来"字，给远景注入了新鲜浓郁的色彩，使画面顿显饱满，境界大开。

《唐诗直解》对此诗的评价是"一幅绝好画意"，《唐诗训解》的评价是"指点景物如画"，《唐诗笺注》的评价是"此天然图画境界，正难有此大手笔写成"。"画""画""画"，24岁的李白挥笔即成一首诗、一幅画啊！你看，巍峨高耸的天门山青翠青翠，蜿蜒流淌的长江碧绿碧绿，缓缓驶来的孤舟应是一点黑影，而它身后那个火红火红的太阳正喷薄而出……而这一切在蓝天、白云的巨幅背景的映衬下是多少的光辉夺目、引人入胜啊！这就是青春李白心迹的彰显——前程如画、人生如画，正等他一点一笔去勾勒、去上色……

【诗歌教学】

《望天门山》教学设计

（共1课时）

教学目标

1. 通过读对节奏、读好韵字等方式正确朗读诗歌，累积并背诵古诗。
2. 抓住"断""开""回""来"等字，借助想象、板画等方式感受天门山景观的雄伟壮丽，体会诗人的豪迈激情及对祖国山河的热爱之情。
3. 通过相关诗句的拓展积累，进一步感受诗人的豪壮情怀和山河之美。

教学重点

感受天门山景观的雄伟壮丽，体会诗人的豪迈激情及对祖国山河的热爱之情。

教学难点

能用自己的语言描述天门山的壮丽景色。

教学过程

板块一：回顾旧诗，引出新诗

1. （出示李白图像）同学们，这是我们非常熟悉的大诗人——李白，我们已经学过不少他写的诗，谁还记得？（指名背相关诗句。）

2. 出示《赠汪伦》《夜宿山寺》《望庐山瀑布》，全班齐读。

3. 小结：李白就是这样一位喜欢游山玩水的浪漫诗人，到桃花村喝酒，到山寺里夜宿，到庐山看瀑布，正如他说自己是"五岳寻仙不辞远，一生好入名山游"，今天我们要学的这首诗就是李白到过的一处山水名胜。（板书：望天门山。）

4. 同学们，"望"是什么意思？是的，"望"就是远远地看，让我们来一起读诗题，读出远远而望的感觉。（学生略放慢语速，齐读诗题。）

[**设计意图**：此板块的教学，充分调动学生已有的诗词储备，回顾学过的李白诗篇，结合诗人好游山水的性情，引出《望天门山》一诗，实现了由诗及人又由人及诗的自然过渡。在此基础上，抓住诗眼"望"字，引导学生理解诗题，为诗歌的学习与品赏做好铺垫。]

板块二：了解景观，读好古诗

1. 李白这次游览的风景名胜是天门山，有谁知道天门山吗？（学生简介天门山。）

2. 出示资料：诗中所写的天门山在安徽省当涂县与和县之间，耸立于长江两岸。为东梁山与西梁山的合称。因东梁山和西梁山相对如门，故名。

3. 读好古诗。

（1）俗话说"三分诗七分读"，让我们先来读一读这首古诗。（学生自由读诗。）

（2）指导朗读，读出节奏。

谁能正确地朗读这首古诗？（指名朗读，强调"断""帆"是前鼻音，"楚"

"至"是翘舌音。)

读诗不仅要读准确,还要读出节奏,谁也来试试?(指名 1—2 个学生读,随机指点)大家有没有发现他们读的都是"4/3"节奏,后三字读得稍慢些,读起来就显得更有味道。再请一位同学按照这样的节奏来读一读。(指名朗读。)

(3) 配合读,读好韵脚。

男生、女生对读,男生读前四字,女生读后三字。(相机引导学生发现一、二、四句的尾字"开""回""来"的发音特点:口腔开合度大,发音响亮、饱满。)

师生配合读,学生读每句诗的前面四字,教师读后面三字。

[设计意图:本环节联系生活实际,简介"天门山"名称之来由,展现天门山陡峭、壮观之气势,帮助学生建立对天门山的初步印象,让古诗朗读有支点。此处"读好古诗"分三个层次逐步推进:先读得准确,再读出节奏,最后读好韵脚。在指导朗读时,教师根据学生朗读情况及时正音点拨,从自由读到个别读再到合作读,将学生朗读实践和适时反馈相结合,将个别朗读指导和集体朗读体验相结合,达成巧妙畅达、清简自然之效果。]

板块三:抓住动词,体会妙处

1. 读着,读着,望天门山给你留下怎样的印象呢?(预设:壮观的、雄伟的、巍峨的。板书:壮观。)

2. 你是从哪些字词里感受到的呢?再读一读古诗,圈出关键字词,细细体会。(学生自主学习,教师巡回指导。)

[设计意图:古诗不仅要读好,更要读懂。在充分朗读的基础上,学生先交流对诗作的整体印象,再由具体字词深入诗作内部,在古诗中走一个来回,实现古诗学习由抽象到具体、由整体到局部、由粗入细的转化。同时,通过圈画关键字词,体会意思,既培养学生对古诗遣词用字的敏感度,又将"不动笔墨不读书"的好习惯落到实处。]

3. 汇报交流,随机指导。

前两句诗:天门中断楚江开,碧水东流至此回。

(1) 有人评价这首诗是"指点景物如画",你们读着这两句诗,仿佛看到了一幅怎样的画面?(相机板画,并板书"断""开""回"。)

(2) 研读动词,体会"壮观"。

◇"断"。

我们常用"连绵不断"来形容一座山,而这里一座"连绵不断"的山竟然被汹涌澎湃的长江水硬生生地冲开、冲断了,一分为二。长江两岸的这两座山就像天空的门户一样,如此高大、如此壮观!谁来读出这份高大、壮观的气势——天门中断楚江开。

"断"字的右边是一个"斤"字,表示一把锋利的大斧子。现在,你们就是大自然中的大力神,请举起你手中的利斧,狠狠地劈向天门山吧……(学生做动作)这一斧下去,天门山怎么样了?是啊,它被劈成了两半。谁能读出这样的山崩地裂、神奇雄浑之感?(学生读"天门中断楚江开"。)

◇"开"。

如果天门山就是屹立在天地之间的一扇大门,那么推开这扇门的大手是——楚江。

楚江是一双大手,楚江是一把快刀,楚江还是一把利斧,它冲"断"山脉,它打"开"天门,你觉得这是一条怎样的楚江?(激流澎湃)如果此时你就在楚江岸边,会听到什么样的声音?(楚江水拍击两岸发出声音,楚江冲上山岩发出的撞击声)请把这样的感觉读出来。

◇"回"。

滚滚的长江万里奔流,流到此地却被壮观的天门山拦腰阻隔,回旋汹涌,这样的景象真是令人震撼啊!谁来读出这种令人惊心动魄之感。(学生读"碧水东流至此回"。)

(3) 整体朗读。

一个"断"字,一个"开"字,一个"回"字,让我们感受到了天门山的巍峨及楚江激荡的壮观气势!我们一起读这两句诗!(学生读"天门中断楚江开,碧水东流至此回"。)

后两句诗:两岸青山相对出,孤帆一片日边来。

(1) 这两句又让你看到了怎样的画面?

预设:两岸青山高大挺立,就像两位巨人一样耸立在长江边。一只孤舟正从升起的太阳边飞速驶来。

（2）研读动词，交流朗读。

◇"出"。

青山应该是静立不动的，但是这里诗人却写"两岸青山相对出"，这个"出"字让你感受到什么？（青山好像动起来了，在迎接游客的到来。）

让我们就像李白一样乘坐一叶小船行驶在楚江之上，感受这"两岸青山相对出"的如画风景。（播放介绍天门山风光的视频。）

指导朗读：一个"出"字化静为动，瞬间为我们呈现出了一幅动态的画面。一个"出"字，瞬间让这天门山有了灵性，两岸的青山好像热情的朋友，敞开巨大的胸怀在迎接李白呢！请大家读出这种感觉。（学生读"两岸青山相对出"。）

◇"来"。

"孤帆一片日边来"，读到这一句时，你能体会李白的心情是怎样的吗？说说理由。

预设：李白的心情是激动的、兴奋的、愉快的……我们可以从"来"字感受到这份愉快。小船乘风破浪开得很快，红红的太阳正在升起，这样的景色很美好，李白的心情也是非常好的。

指导朗读：是啊，这样壮观的风景必然激起李白的无限豪情，谁来读出这份豪情？（指名读，再齐读。）

[**设计意图**：此诗气象雄伟、意境开阔，妙在动静结合与动词的巧用上。因此，通过紧扣动词、想象画面、对话交流，营造入诗入画的氛围，引导学生在朗读和思考中领会诗中动词的精妙，进而感受天门山的雄奇与壮阔，体会诗人激动豪迈的心情。此板块的教学以读促思，读思结合，实现诗与思的两境相通，使学生真正理解诗义、读懂诗情。]

板块四：了解背景，激情咏诵

1. 李白一生游历过的名山大川数不胜数，有同学知道他游历天门山，写下这首《望天门山》的时候是几岁吗？（让学生试猜。）

出示李白图像及相关资料：李白才华横溢，胸怀大志，年少时便立志要像管仲、晏婴那样干出一番丰功伟业。为了实现理想，李白离开家乡，游历天下，寻找施展才华的机会。24岁的李白赴江东时途经天门山,当他看到雄伟壮观的天门山、波澜壮阔的楚江,深受震撼。激情澎湃的他大笔一挥,就写下了这首流传千古的诗篇——《望天门山》。

2. 写这首诗时,诗人心中可能在想什么?除了表达对山水的热爱之外,还可能想要表达什么?(对拥有大好前程的自信、对未来的憧憬、满怀的理想等。)

3. 24岁的李白,怀着对拥有大好前程的自信,怀着对壮美山水的热爱,豪情万丈地写下了这首诗。谁能读出这样的豪情万丈?(指名读,再齐读。)

4. 相信天门山的壮观雄奇已随着这首诗刻在了你的心上,谁能背这首诗了?(指名背,再齐背。)

〔**设计意图**:诗以言志,若要深入体会诗歌表达的情感,需知创作背景。诗中的天门山不仅是李白目光所及的天门山,更是李白心之所向的天门山。神奇独特的想象,豪放飘逸的诗风,展现了李白对山河的歌咏和对世间的热爱。通过链接诗歌的创作背景,拉近学生与诗人及其诗歌的时空距离,实现从读懂到读悟的转变,达成激情咏诵、熟读成诵的目标。〕

板块五:主题拓展,升华情感

1. 李白不仅将自己的满腔热情写进了山水,也把自己的理想抱负写进了山水。天门山的壮丽景观深深地吸引了李白,所以他在天门山逗留了多日,还写下了另外一首诗《天门山》和一篇散文《天门山铭》。在同一个地方留下多篇诗文,可见李白对此地的喜爱。

2. 诵读《天门山》,按提示自主学习。

天门山

〔唐〕李 白

迥出江上山,双峰自相对。
岸映松色寒,石分浪花碎。
参差远天际,缥缈晴霞外。
落日舟去遥,回首沉青霭。

【注释】迥(jiǒng)出:高耸的样子。参差(cēn cī):长短、高低、大小不齐。青霭(ǎi):云气。

① 自由读诗,借助注释,试着理解古诗。

② 与《望天门山》进行比较,想一想:哪些景物是相同的,哪些是不同的?

③ 说一说这首《天门山》中的天门山又给你留下了怎样的印象。

3. 李白的一生还到过很多地方,写下了很多诗篇,比如敬亭山、谢朓楼、金陵城等等,同学们可以在课后收集李白在这些地方写下的诗篇,好好读一读,从诗篇中领略千年前的大唐盛景。

[设计意图:古诗是语言的艺术,是文化的结晶,是审美意趣的投射。此板块设计拓展同一主题的诗歌《天门山》,具有两层意义:一是借助拓展诗加深对《望天门山》的理解;二是从不同的诗歌中感受李白同样强烈的情感与鲜明的诗风。学生将两首主题关联的诗进行比较,在比较中更深刻地体悟诗人对天门山雄伟壮丽的赞美和对大好河山的热爱,更深刻地感受李白豪迈激情的个性和雄放飘逸的诗风。拓展学习的过程,即淬炼语言审美力和提升诗歌感受力的过程。]

板书示意图

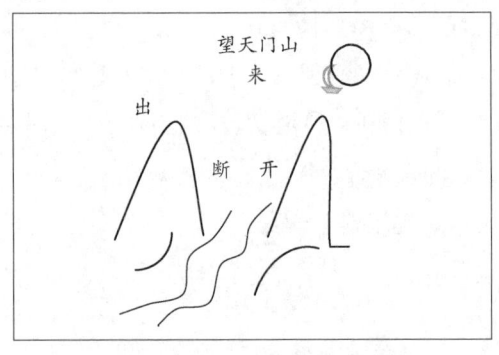

图 4-8

第6例 《饮湖上初晴后雨》：晴雨皆美 丽质天成

饮湖上初晴后雨[①]

[宋]苏 轼

水光潋滟晴方好，
山色空蒙雨亦奇。
欲把西湖比西子，
淡妆浓抹总相宜。

【诗歌赏读】

赏读苏轼的《饮湖上初晴后雨》

俗话说"上有天堂，下有苏杭"，对于杭州来说，之所以能被"怒赞"为"人间天堂"，与位于城市西部的西湖息息相关。西湖三面环山，一面对城，犹如一颗璀璨的明珠镶嵌于杭州。从古至今，西湖以其旖旎秀丽的山水风光吸引了无数文人墨客，留下了无数的佳篇名作。这些佳篇名作与西湖山水交相辉映，使得西湖在历史文化的舞台上更加光彩照人、美轮美奂。

笔者作为土生土长的杭州人，对于西湖的钟爱是毋庸置疑的。小时候最爱的是跟着大人到西湖边游玩，最爱听与西湖有关的民间传说，玉龙与金凤、白娘子与许仙、梁山伯与祝英台……长大了，依旧爱西湖的山山水水，但不同的是，还爱上了描绘西湖风光的诗词歌赋。"未能抛得杭州去，一半勾留是此湖。"这是白居易对西湖的留恋。"接天莲叶无穷碧，映日荷花别样红。"这是杨万里最为青睐的六月西湖。"谁把香奁收宝镜，云锦红涵湖碧。飞鸟翻空，游鱼吹浪，惯趁笙歌席。"这是辛弃疾对西湖景色的倾情赞美……这一首首、一篇篇，将西湖的曼妙姿容描绘、传扬，为西湖的独特魅力添妆加彩。

[①] 选自统编小学语文教材三年级上册。

致润:古诗词教学的另一种模样

　　但若论在表现西湖特质方面最为出色的还得数苏轼的《饮湖上初晴后雨》。诗云:"水光潋滟晴方好,山色空蒙雨亦奇。欲把西湖比西子,淡妆浓抹总相宜。"你看,晴天的时候,西湖水波荡漾,在灿烂的阳光照耀下,波光熠熠,真是美得夺目。而下雨时分,远处的山峦笼罩在蒙蒙的烟雨之中,时隐时现,迷迷蒙蒙,湖光山色也是绮丽无比。如果把这美丽的西湖比作越国的美人西施,那么无论淡妆还是浓抹,都美得不可方物,令人着迷。

　　《饮湖上初晴后雨》是统编小学语文教材三年级上册第17课《古诗三首》中的一首,是苏轼任杭州通判时,即宋神宗熙宁六年(1073年)初春所写。当时,诗人正与友人一道坐船饮酒游湖,开始时阳光明丽,后来下起了雨。令人称道的是,苏轼面对这种天气转变所表现出的包容与欣赏,绝非常人能及。而"水光"与"山色"的空灵感,"潋滟"与"空蒙"的音乐感,"晴方好"与"雨亦奇"的畅快感,都增强了诗歌语言的节奏性、音乐性,读来朗朗上口,极富韵律之美。

　　诗的前两句"水光潋滟晴方好,山色空蒙雨亦奇"向读者说明了西湖之美,但究竟美在哪里、是怎样的美,诗人没有摄取过多过实的意象,而是选最为常见的"山"与"水"入诗,取最为普通的"晴""雨"天气做背景。要论这两句最有文采的词汇,也就只有第一句中的"潋滟"和第二句中的"空蒙"了。"潋滟"就是波光闪动的样子。"空蒙"就是迷茫缥缈的样子。这样的解释似乎很正确,但再仔细想想,波光闪动的样子究竟是怎样的?迷茫缥缈的样子又是怎样的?我们似乎很难再用具体的言语来进行一番说明。我相信,每个人读到"水光潋滟""山色空蒙"时都会有一番独特而个性的图像反应。这就为读者对西湖之美的理解和想象留下很大的空间,也丝丝缕缕地透露出诗人达观、包容的审美观。

　　说到诗人达观、包容的审美观,我们从他的生平、作品中都能有极深刻的体会。

　　1057年,苏轼和弟弟苏辙,在父亲苏洵的带领下前往汴京(今开封)参加科举考试。两兄弟双双高中,并为同科进士。1061年,兄弟二人又取得"才识兼茂明于体用"制举第三等、第四等的好成绩。苏轼可谓年少成名,意气风发。

　　苏轼所任的第一个官职是陕西凤翔府的判官。后苏轼回到京城,刚要担

第四章 "致润"理念下的古诗词赏读与教学实例

任编修国史的要职时，其发妻王弗去世，紧接着，他的父亲苏洵去世。守丧三年的苏轼再回到朝廷时，赫然发现，一场激烈的政治风暴已然来临。这场政治风暴就是著名的"王安石变法"。

1069年，宋神宗任命王安石为参知政事，建立负责变法的专门机构"制置三司条例司"，开始推行一系列新政策。面对朝政的风起云涌，耿介的苏轼成为典型的新法反对派，被改革派所不容。在这样的情况之下，苏轼主动要求外放为官。1071年，苏轼被任命为杭州通判。这一年，苏轼34岁，距成为他人生重大转折点的"乌台诗案"的发生还有8年。

我们常常称赞并倾慕苏轼旷达、通透的人生态度。这样的人生态度在苏轼被贬生涯中最能体现。比如，他在《定风波》中言："竹杖芒鞋轻胜马，谁怕？一蓑烟雨任平生""回首向来萧瑟处，归去，也无风雨也无晴。"这种晴雨皆美、晴雨皆行的态度贯穿了苏轼的一生，也为后人留下了无与伦比的精神财富。而这样晴雨皆美、晴雨皆行的人生态度又何尝不是在遭受囹圄羞辱，再三被贬之后才突然生发的呢？其实，早在这首《饮湖上初晴后雨》中已现端倪。"水光潋滟晴方好，山色空蒙雨亦奇。"在苏轼的眼中，天晴之时，西湖碧水荡漾、波光粼粼，是好的；下雨时分，雾起绕青山，迷蒙苍茫，若隐若现，是奇的。面对天气的晴雨突变，苏轼用这样超逸达观的胸怀来对待。当人生的狂风暴雨袭来时，这样的大气、豁达也成就了苏轼的人生传奇，令后人景仰并称道。

诗的后两句，诗人笔锋一转，写道"欲把西湖比西子，淡妆浓抹总相宜"，由实入虚，以绝色美人西子喻西湖，不仅赋予西湖之美以生命力，形式上更是新奇别致，情味隽永。那么，为何诗人会只以西子来喻西湖，而非其他？反复细读揣摩能发现，两者除都有"西"字外，还有不少的相同之处，如：都属江南，都具有多面的、难以描摹的美……正是如此神形兼备，造就了这千古第一名喻。正如，陈衍在《宋诗精华录》中所言，此两句"遂成西湖定评"。从此，人们常以"西子湖"作为西湖的别称。而苏轼本人对这一比喻的创造也颇为自得，曾在诗中多次使用，如《次韵刘景文登介亭》一诗这样写道："西湖真西子，烟树点眉目。"相较于直接的景色描写，"欲把西湖比西子，淡妆浓抹总相宜"两句，采用以人喻物的手法，寓意更为丰富和深刻。读者不仅仅停留于感受层面，更诉诸深度的思考,积极地通过想象补白、丰盈诗的意境,通过比较、思辨体会诗的内涵。

至于所谓的以西子之"淡妆"喻西湖之"水光潋滟",还是以西子之"浓抹"喻西湖之"山色空蒙",窃以为没有死抠的必要,尤其不要在课堂上引导学生就此问题展开无谓的探究。究其原因,无论是"淡妆"还是"浓抹"都表示视觉上的悦目,而非实指某一种具体妆容对应某一种天气下的西湖景色。诗人的这一神来之笔,妙就妙在既贴切又空灵。一旦要把"淡妆""浓抹"争论出个子丑寅卯,无异于煮鹤焚琴、大煞风景了!

【诗歌教学】

《饮湖上初晴后雨》教学设计

(共1课时)

教学目标

1. 在已有诵读经验的基础上正确、有节奏地朗诵古诗,体会古诗的韵律美。通过多种形式的读背、书写等活动,积累古诗。

2. 抓住"潋滟""空蒙"等词,通过想象、描绘等形式丰满意象,感受西湖晴雨时的不同之美。

3. 结合苏轼、西施的生平简介,在理解"淡妆浓抹"的基础上体会诗中比喻的传神,进一步感受西湖多面的美和诗人对西湖的赞美之情。

教学重点

通过想象、描绘等形式丰满意象,感受西湖晴雨时的不同之美。

教学难点

体会诗中比喻的传神,进一步感受西湖多面的美和诗人对西湖的赞美之情。

教学过程

板块一:自能读诗,行吟咏之腔

1. 以诗入课,激发兴趣。

同学们,我们的祖国幅员辽阔,山川秀丽,有碧水东流的长江,有飞流直下的庐山瀑布,有一望无际的八百里洞庭……更有举世闻名的杭州西湖。古往今来,赞美西湖的诗词不计其数。其中就有我们非常熟悉的杨万里的《晓出净慈寺送林子方》,诗中的千古名句是——接天莲叶无穷碧,映日荷花别样红。今天,我们要学的这首诗更是被誉为描写西湖的第一名诗。(出示《饮湖上初晴后雨》全诗。)

2. 简介背景,理解诗题。

(1) 这首诗的作者是苏轼,你了解他吗?(指名简要介绍。)

(2) 苏轼曾经在杭州做官,积极治理西湖,对西湖很有感情。这一天,他与好友一起到西湖游玩。他们坐着船一边饮酒、一边欣赏西湖美景,开始的时候阳光明媚,后来下起蒙蒙细雨。面对这样的奇景,苏轼诗情涌动,写下这首诗。

(3) 听了老师的介绍,谁明白诗题的意思了?

(4) 读好诗题:指名读,再齐读。

[设计意图:诗题中"饮湖上"为倒装,理解时要按照正常的语序进行调整,这对于三年级的学生而言难度较大。通过故事化的创作背景介绍,学生既明白了苏轼与西湖的情缘,更明白了诗题的意思,能清楚地讲述。]

3. 关注音律,悦读诗句。

(1) 正确地读:关注"潋滟"的读音。

(2) 有节奏地读。

(3) 配合读:师生读,同桌读,男生、女生读。

4. 小结:关注了字音、节奏,就有了古诗诵读的感觉。

[设计意图:诵读是古诗教学的重要目标,也是学好古诗的第一步。三年级的学生已能较为自然地运用"4/3"节奏朗读七言绝句,因此以学情为基点,顺势而导,适时点拨,充分发挥学生的学习能动性是古诗朗读指导之上策。在这一过程中,通过理解题意、读好诗题、多层次地诵读,将学生带入古诗学习的情境。学生在反复地诵读、吟咏中,一次次感受古诗独具的对称美、音韵美、关系美。]

板块二:自品水山,领西湖好奇

1. (出示前两句诗)晴天的西湖和雨天的西湖究竟美在哪里?

2. 请同学们好好地读,反复读这两句,可以借助注释理解和思考。

3. 反馈自学成果:

(1) 根据学生回答,随机出示"水光潋滟",指导学生读好这个词。

(2) 这是一幅美丽的画面,谁能展开想象的翅膀,用美妙的语言来描述?

(3) 出示范例(如图4-9所示),提问:这样的语言美吗? 美在哪里?

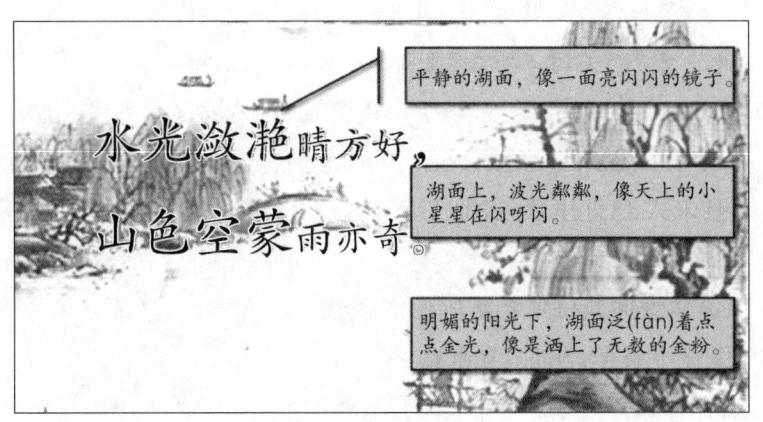

图 4-9

(4) 迁移运用:你们也能用美丽的语言来描述"山色空蒙"吗?(朦朦胧胧的,像披上薄纱;宛如仙境;等等。)

4. 短短的时间里,苏轼欣赏到了完全不同的风景。他兴奋、激动,于是有了热情的赞美,再读诗句。(指名读,再齐读。)

[设计意图:《饮湖上初晴后雨》一诗虽写于一时一季,但作者是借着先晴后雨的偶然天气,赞美西湖多样而永恒的美好。如何引领学生充分感受"好""奇"之美呢? 这里从晴雨天气入手,在学生自读自悟的基础上,联系生活,以想象为抓手,用美妙的语言展现生动的画面,以充盈学生的感受,使之触摸诗人的情感。在层层递进的过程中,学生逐步构建起对西湖美的整体感知,也对诗人豁达、包容的审美态度有了初步领会。]

板块三:共研名喻,悟想象神工

1. 面对晴也好、雨亦奇的西湖,诗人笔锋一转就有了这世上最美妙的比喻。

(1) 出示后两句诗,提问:这里把什么比作什么?

(2) 美丽的女子有很多,为什么只选西施来比喻西湖? 在组长的带领下,细读古诗,结合资料比较西湖和西子的相似之处。

(3) 结合学习小贴士(见图4-10),小组交流。

(4) 小组汇报,重点围绕"美是相似的"。

2. 指导学生形象感知"淡妆浓抹"。

(1) 理解"淡妆浓抹",认识"妆"字:请大家看这个字,该怎么记住它? 我们的祖先就是关注到了这样的生活场景,创造了"妆"字。看,(出示甲骨文"妆")一位美丽的女子正跪坐在镜子前梳妆呢,由这个字组成的词语很多都与女子打扮有关,你能组词吗?(化妆、淡妆、妆容)看西施图片,理解人的"淡妆浓抹"。

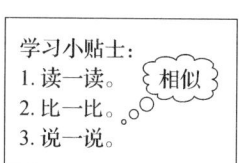

图4-10

(2) 西施无论淡妆还是浓抹都这样美丽,西湖亦是如此。(播放课件,让学生感受西湖的"淡妆浓抹"。)

(3) 用朗读表达这份独特的美。(指名读,再齐读。)

(4) 除了"淡妆浓抹总相宜"的美是相似的,西施和西湖还有许多相同点,比如都有个"西"字,都是江南地区的,所以这一比喻被誉为描写西湖的第一名喻。从此,西湖多了一个美丽的名字——西子湖。

[**设计意图:**宋人赞本诗的后两句"写尽西湖之好"。除明白诗句中的本体、喻体之外,此处更应引领学生探究诗人为何独选西施比西湖。此项探究难在要体会其不能言说的美感和只能意会的神韵。因此,为化虚为实,助力学习,笔者以"淡妆浓抹"为核心重新设计关于西施的介绍,让学生以小组合作探究的方式,找寻出两者的相似之处。学生在背景资料、精美图片的支持下,通过积极的比较、想象、思辨丰盈诗的意境,体会诗的内涵,深化审美体验,深入感悟诗人独取"西子"喻"西湖"之神妙。]

板块四:拓展赏品,彰名诗地位

1. 多种形式读:指名读,领读。

2. 多种层次背:合作背,齐背。

3. 适度拓展名喻:还有许多著名的诗人、词人也把美妙的比喻送给了西湖!(课件出示图 4-11。)

> **月点波心一颗珠** (白居易)
> **无风水面琉璃滑** (欧阳修)

图 4-11

(1) 自己读,能读懂吗?(指名说说理解。)

(2) 出示图片,让学生看画面,读诗(词)句。

(3) 美妙的比喻写出了美妙的西湖,在很多文人眼里,西湖还是锦缎、美玉、翡翠,而这一切正是源于西湖"淡妆浓抹总相宜"的美呀!

4. 书法欣赏:许多书法家对这首诗情有独钟,纷纷留下墨宝,请看——(出示书法作品。)

5. 勾连生活,完成作品:2023 年亚运会即将在杭州举行,让我们宣传杭州、宣传西湖,从诗中选两句你最喜欢的,端端正正地写在"西湖明信片"上。

(1) 认真抄写诗句。

(2) 点评作品,并加盖"相宜"章。

(3) 让我们把这份作品送给亲朋好友,传递西湖的美。

6. 小结:当我们流连湖边,看阳光灿烂,映照湖面,看烟雨蒙蒙,笼罩青山时,定会情不自禁地吟诵——欲把西湖比西子,淡妆浓抹总相宜。

[设计意图:古诗名喻是一种文化形式,应当"文而化之"。课堂中,通过古曲配乐吟诵,适度拓展运用比喻手法描写西湖的诗(词)句,欣赏本诗的书法作品等形式,学生进一步感受《饮湖上初晴后雨》的文句美妙与重要地位。同时,结合时事勾连生活,以"亚运会"为小小的引子,让学生以小主人的心态静心、用心誊抄古诗名句,完成明信片的创作,使得该诗真正植入学生的心灵。]

第四章 "致润"理念下的古诗词赏读与教学实例

板书示意图

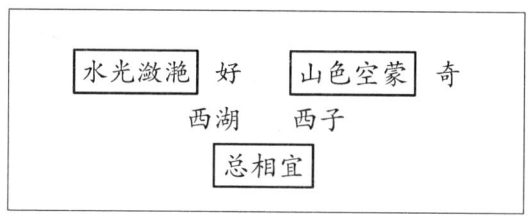

图 4-12

(《饮湖上初晴后雨》课堂教学获杭州市特色课堂评比一等奖)

第7例 《元日》：在"瞳瞳日"里登场，于"月明照"中回归

元　日[①]

[宋] 王安石

爆竹声中一岁除，
春风送暖入屠苏。
千门万户瞳瞳日，
总把新桃换旧符。

【诗歌赏读】

赏读王安石的《元日》

原人教版教材五年级上册第二单元的第一课《古诗词三首》的第一首是王安石的《泊船瓜洲》，现在这首《泊船瓜洲》从精读课文移至统编教材六年级下册的"古诗词诵读"单元。而王安石的另一首诗作《元日》作为读者了解中华传统节日文化的一个载体，从原人教版教材中的"日积月累"板块调入统编教材三年级下册第三单元，成为学生重点学习的内容。

为什么要把这两首诗放在一起谈？这两首诗从表面上看前者为望月思乡之作，后者写的是节日习俗，实质上两者却有着紧密的联系。这条使这两首相隔六年创作的诗歌建立起联系的线就是——"王安石变法"。

要说"王安石变法"，先要对王安石有所了解。对于王安石，笔者总怀着一种比较矛盾的心情。对于其他诗人，如李白，笔者喜他的洒脱飘逸；杜甫，敬他的爱国爱民；苏轼，爱他的乐观豁达……而对王安石，笔者竟不知该以怎样的态度、情感来对待。论才华与成就，王安石是北宋的政治家、文学家、思想家、改革家。他自幼聪颖出众，读书亦能过目不忘，提笔即能成文。其后期创作的

---

① 选自统编小学语文教材三年级下册。

诗歌以深沉含蓄、深婉有韵的风格自成一体,世称"半山体"或"王荆公体"。其散文论点鲜明、简洁峻切,使其最终位列"唐宋八大家"之一。可偏偏这样的大家,出现了"波是水之皮"这样的望字生义的错误,也难怪被苏轼以"滑是水之骨"调侃一番。

这样的"槽点"还不少。一方面,王安石生活俭朴、无意奢华。据说,儿媳的亲戚萧公子进京拜访时任宰相的王安石,王安石出于礼节要请他吃饭。次日,萧公子盛装华服兴冲冲地赴宴,等来的只有两块胡饼,四份切成块的肉,再加一份菜汤。萧公子只吃胡饼的馅。王安石见状,径直取过胡饼的皮吃了。萧公子羞愧而返。黄庭坚曾这样评价王安石:"余尝熟观其风度,真视富贵如浮云,不溺于财利酒色,一世之伟人也。"

另一方面,官居高位的王安石从不在意自己仪表举止,衣着肮脏,须发杂乱,邋遢不堪。苏洵曾经用"囚首丧面"这样的话来形容王安石,可见其仪表有多不得体。这是不符合文人最基本的举止规范的,更何况为官为长乎?而真正让王安石充满争议,褒贬不一的还是他的"变法"。

对于"王安石变法",历代的评价也是两极分化。北宋大臣朱光庭曾评价王安石:"昔王安石当国,惟以破坏祖宗法度为事,每于言路,多置私人,持宠养交,寖成大弊。"宋高宗赵构把王安石定为北宋亡国的元凶。明人杨慎把他视同王莽、曹操、司马懿、桓温之流,认为他属祸国殃民的奸佞小人。然而,这样的评价到了近代却发生了变化。无产阶级革命家列宁赞誉王安石为"中国十一世纪时的改革家",近代思想家梁启超更是为王安石的变法树碑立传,他在《王荆公》中认为"王安石变法取尧舜以来之擘政而一扫之。实国史上、世界史上最有名誉之社会改革也"。1944年,美国副总统华莱士访问中国,对王安石加倍推崇,说经济大萧条之时,美国政府曾借鉴王安石的改革措施。

这真是众说纷纭!下面,我们先简要地了解一下"王安石变法"。

公元1067年,宋神宗赵顼即位。这位年轻气盛、野心勃勃的皇帝一心想要重振朝纲,革新弊政。此时的大宋已是内忧外患,危机四伏。社会阶级矛盾日益尖锐,大地主豪强土地兼并严重,耕者无其田;民族问题严重,北方游牧民族战争频发;"三冗"危机严重,恩荫制下的冗官、募兵制下的冗兵、比议和的岁币输出更为突出的"冗费",都大大加重了国家的财政支出。再不图改变,宋朝则终将积贫积弱,直至亡国。出于这样的原因,宋神宗开始物色能担当变法大任的官员。

熙宁元年(1068年),王安石呈送《本朝百年无事札子》,全面阐述大宋建国以来国家太平无事背后的社会危机及其"病灶",认为"大有为之时,正在今日",深得上心。次年,王安石调任参知政事,成为这场彪炳史册的变法的"总指挥"。朝廷还专门设立"制置三司条例司",权力高于原三司之上,作为变法细则的制定机构和变法指导机构。

至于王安石变法的具体措施,在这里不进行展开。只是从客观上讲,"王安石变法"在一定程度上是实现了"富国强兵"这一目标的。而《元日》这首诗的创作时间正是在1069年的春节。所以,这首诗的创作不仅仅是因为逢年过节的喜悦,更有着变法取得初步成效的憧憬。

"爆竹声中一岁除"这一句,平直如口语一般,却有一股按捺不住的浓浓喜悦扑面而来。"噼里啪啦"的爆竹声在屋外响起,此起彼伏,不绝于耳。其间,还不时传来孩童的欢呼声、嬉笑声、跑跳声……在这样一个阖家欢乐、举国同庆的日子里,旧的一年又结束了。

在这样一个和风拂面、春意已生的日子里,该以怎样的形式来庆贺?当然是畅饮美酒啊!"春风送暖入屠苏"便自然接上。那么,什么是"屠苏"呢?屠苏,又名岁酒,据传是汉末名医华佗创制而成,后由唐代名医孙思邈传播开来。每年腊月,孙思邈总是要分送给乡亲众邻一包药,并让大家以药泡酒,以辟瘟疫。屠苏酒的饮用流程与一般饮酒不一样,一般饮酒,都是从年长者饮起,但是饮屠苏酒却正好相反,是从最年少的饮起。苏辙在《除日》中写道:"年年最后饮屠苏,不觉年来七十余。"它表现的就是这种风俗。至于其中的原因,北魏的议郎董勋说过:"少者得岁,故贺之;老者失岁,故罚之。"就是说,小孩过年增长了一岁,所以要祝贺他;老年人过年则是生命又少了一年,迟些喝,含有祝其长寿之意。

如果前两句还是诗人眼前景的描绘,那么后两句则是诗人从一户人家的过年日常想象到了神州大地上的千家万户的过年情景。在这冬尽春来、辞旧迎新的日子里,被笼罩在光辉灿烂的阳光里的一户户、一家家,都忙着用新的桃符替换旧的。这就是"千门万户曈曈日,总把新桃换旧符"。这里的"曈曈"就是太阳出来后天色渐渐明亮的样子。"曈曈日"这个词用得特别好,从字形上看有三个"日"字,一下子就给人以明亮耀眼之感;从发音上看,"曈曈"又是叠词,阳平的音调又特别响亮,一下子就把红日初升、万象更新的感觉写得活泼而富有生气了。桃符,是古代新年时悬挂于大门上的两块画着门神或写着门神名字的桃木。用来辟邪的桃木,是春联的前身。此时此刻,家家户户都忙着取下旧桃符,挂上新桃符,营造起一派迎新纳福、焕然一新的美好氛围。

这首诗写出了百姓喜迎春节的那股高兴劲儿,也写出了百姓生活安定、幸福的踏实感,还把宋代过春节的习俗以生动、形象的生活日常记录下来,得以流传至今。这首诗在创作上最大的特色是运用了象征手法,对新法初行,成效已见的良好局面进行了含而不露的"点到即止"。你看,"曈曈日"不就是新法施行后带给百姓的温暖、光明的生活前景吗?"新桃"换"旧符"不就是新的法度、新的政策代替了陈旧的政令、制度吗?从中也含蓄地表达了诗人内心的愉悦和畅快,以及对新法施行的信心和期待。

可惜的是,这场声势浩大的变法初衷虽好,终难成功。除了变法本身存在先天不足的因素外,施行过程中的任人不贤,王安石自身的固执己见,变法派不择手段地排除异己等,都预示着变法的推行难以长久。熙宁七年(1074 年)春,中原大旱,滴雨未下。以司马光为首的守旧派以"天变"为由,对王安石及其变法派开启新一轮的进攻。司马光在《应诏言朝政阙失状》中对变法进行严厉指摘,曹太后和高太后哭诉"王安石乱天下",让宋神宗几近崩溃。王安石也是四面楚歌,只有下野。但次年,王安石再次拜相。之前提到的《泊船瓜洲》应是此次复出时所作。泊,就是停泊,将船只靠岸的意思。瓜洲是地名,所以"泊船瓜洲"就是在瓜洲停船暂歇的意思。王安石奉诏回京,他乘着船一路北上,路过了瓜洲,天色已暗,于是停船暂歇。

"京口瓜洲一水间,钟山只隔数重山。"京口,也就是现在的江苏镇江,在长江的南岸。瓜洲,在长江的北岸。而钟山其实也在长江的南岸,但在京口的西侧。王安石出生在临川,小时候就跟着在南京做地方官的父亲长大,在钟山度过了他天真烂漫的童年时代和风华正茂的青年时代。所以,钟山被诗人看作他的第二故乡。

京口到瓜洲,差不多有 20 公里,还要横渡波涛汹涌的长江。而钟山距离京口差不多有 70 公里,中间还隔着重重山岭。这样的回乡之路,当然是远的。但在诗人看来,这样的距离远不远呢?"只隔"就是仅仅相隔,也就是在诗人看来,这样的距离并不遥远。实际距离的远,心理距离的近,让我们已然体会到王安石对家乡的思念之情。

在这样寂静的月夜,王安石定是辗转难眠,他走出船舱,望着江流滔滔,明月如镜,不禁想,现在江南大地都已草木蔓生,一派勃勃生机,而这轮明月何时才能照着我再次回到故乡呢?"春风又绿江南岸,明月何时照我还"便自然流泻。

这里的"绿"作动词,表示"吹绿""拂绿",关于这个"绿"字,想必大家都听说过一个动人的传说。据记载,"春风又绿江南岸"一句原稿最初为"春风又到江南岸",诗人圈去"到"字,批注道:"不好"。改为"过",复圈去而改为"入",后又改为"满",这样改了十几个字,才定为"绿"。此处的修改广为人称道,"绿"字的运用也成为中国古代文学史上讲究修辞炼字的典范。

"春风"一词,既是自然界的春风,又象征着皇帝的恩旨。宋神宗下诏恢复王安石的相位,表明他决心要把新法推行下去。对此,诗人满心欢喜。他希望凭借这股温暖的春风驱散政治上的寒流,开创变法的新局面。这种心情,用一个"绿"字表达,微妙而含蓄,真是妙哉!

虽然王安石对新法的推行抱有很大的希望,但此去前途究竟如何,不得而知,或是一帆风顺,或是困难重重,但无论怎样,家乡才是他最终的归宿,所以诗人尚未远离已念归程——明月何时照我还。

两首诗,全然不同的两种心境,却串起诗人生命中最为重要的一段历程。王安石变法,功过自有评定。但无论我们喜不喜欢这个充满了矛盾的"拗相公",王安石的锐意进取、革故鼎新的奋斗精神是值得称颂的。

第四章 "致润"理念下的古诗词赏读与教学实例

【诗歌教学】

《元日》教学设计

（共1课时）

教学目标

1. 通过字理溯源，理解"元日"，认识"屠""苏"两个生字，能正确朗读古诗，读好古诗的节奏。积累并背诵古诗。

2. 通过资料引入、联系生活、读写互动等方式，理解古诗大意，了解春节的传统节日文化，感受新年的热闹、喜庆。

3. 通过了解背景，进一步体会诗人既为新年到来喜悦，又为变法初行开怀的美好心情。

教学重点

了解春节的传统节日文化，理解古诗大意。

教学难点

体会诗人的两重喜悦：既为新年到来高兴，又为变法初行开怀。

教学过程

板块一：溯源"元"字，导入解题

1. 谈话导入。

同学们，每年公历的1月1日叫元旦。（出示"元旦"一词）为什么叫"元旦"呢？

出示微课视频或教师讲解："元"的古字像头部突出的侧立的人形，本义就是人头的意思。头位于人体的最高处，指挥着人体进行各种活动，是非常重要的，因此它还表示首要、第一。"旦"，上面的"日"表太阳，下面一横表示地平线，意思是太阳从地面升起来，新的一天到来了。所以"元""旦"合在一起，就表示公历新一年的第一天，比如明年的元旦就是2025年的1月1日。

2. 引题解题。

今天，我们要学的一首古诗讲的也是新年的第一天，不过不是公历的，而是农历新年的第一天,这首诗的诗题是《元日》。(指名读,齐读。)

[设计意图:此环节引导学生追溯"元""旦"的字形演变,理解两字的字义内涵,明白"元旦"的节日意义,凸显了中华传统节日文化的魅力。再由"元旦"顺势引入课题《元日》,从汉字文化到节日文化,从天文到人文,一环扣一环,巧妙解诗题,激发学生对古诗的学习兴趣和热情。]

板块二:诵读古诗,感知音韵

1. 正确读诗。

读这首诗的时候要注意平、翘舌音的发音,请同学们读一读,多读几遍,比一比谁能读得又正确又响亮。(学生自由读古诗。)

指名读,重点关注:爆 竹(zhú)、一 岁(suì) 除(chú)、屠(tú) 苏(sū)。

2. 读出节奏。

这是一首七言绝句,谁不但能读正确,还能把它的节奏读出来?(指名读,随机指导读好"4/3"节奏,适当拉长"中""暖""户""桃"这四个字的发音。)

3. 读出韵律。

多种形式配合读:同桌互读,男生、女生对读,教师领读。(随机引导关注韵脚的特点:"一岁除""入屠苏""换旧符",u,u,u,新的一年多幸福。)

[设计意图:"读好"是学习古诗的基础。此处,指导学生"读好"古诗体现在三个层次:一是读正确,重点突破易读错字词;二是读出节奏,通过拉长位于停顿处字的发音,指导学生将"4/3"节奏读得更加分明;三是读出韵律,通过多种形式配合读、教师随机点拨等方法,自然引导学生进一步体会古诗的诵读要领:要读出古诗的韵律除了关注节奏、字调外,还要关注用韵。]

板块三:了解习俗,感受热闹

1. 这首诗写的是北宋时人们过新年时的景象,请同学们再自己读一读这首诗,借助课本中的注释,想一想诗中写到了哪些过年的习俗,同桌再交流交流。

出示自学提示,见图4-13。

第四章 "致润"理念下的古诗词赏读与教学实例

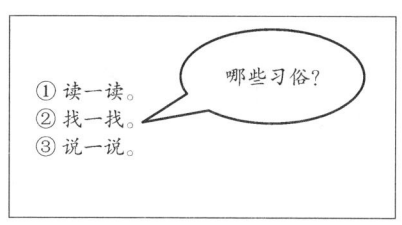

图 4-13

2. 交流反馈,随机点拨。

◇ 放爆竹:最早,古人燃放爆竹是用来驱除一种叫"年"的妖怪,后来人们改用放鞭炮,现在还放各种各样的漂亮的烟花。你们放过鞭炮或都放过烟花吗?谁来说说是怎么放的,当时是怎样的心情?

◇ 喝屠苏:正月初一这天,古人要饮屠苏酒,祈求健康。屠苏酒又叫岁酒,传说是神医华佗研制的,后由唐代名医孙思邈传播开来。每年腊月,孙思邈总是要分送给乡亲众邻一包药,并让大家以药泡酒,以辟瘟疫。屠苏酒的饮用流程与一般饮酒不一样,是从最年少的饮起,用以祝贺年纪小的又长大一岁,祝福年长的长寿健康。现在亲人团圆、亲朋聚会也会喝些酒,以表庆贺。你会在吃团圆饭的时候对家人亲朋说些什么呢?

◇ 换桃符:在新年到来之际,古人在桃木板写上门神的名字或者画上门神的图像,将其悬挂在门上来驱赶鬼怪。现在,人们都贴春联来庆祝新年的到来,表达对新的一年的希望和祝福。

◇ 联系上句,理解"曈曈":人们在什么时候换桃符?(千门万户曈曈日)你知道"曈曈"什么意思吗?(指名读注释)其实,还可以借助偏旁理解词语的意思,"曈"字是日字旁,跟太阳有关,太阳是温暖、光辉灿烂的,当它照进千家万户,给人们带来无限的温暖和光明。

3. 互文比较,情景写话。

(1) 读着这首《元日》,你感受到了一个怎样的新春佳节?(热闹的、喜庆的、快乐的、兴奋的……)

(2) 我们来看看大作家老舍是怎么描写春节的。

① 出示《北京的春节》中描写除夕的片段:除夕真热闹。家家赶做年菜,

到处是酒肉的香味。老少男女都穿起新衣,门外贴好红红的对联,屋里贴好各色的年画,哪一家都灯火通宵,不许间断,鞭炮声日夜不绝。在外边做事的人,除非万不得已,必定赶回家来,吃团圆饭,祭祖。这一夜,除了很小的孩子,没有什么人睡觉,都要守岁。

②阅读并比较习俗:选段中的哪些习俗与诗中是一样的?(放鞭炮、吃团圆饭、喝酒。)

③联系生活写话:除夕之夜,家人团聚,喝酒守岁,你家又是怎样过新年的?选一个场景写几句话。(学生交流、写话,教师巡回指导。)

预设:新年真喜庆啊!琳琅满目的商品上贴满了红红的打折让利的标签,吸引着人们带自己回家。小区大门口挂着红红的庆祝春节的横幅,一个个憨态可掬的卡通人物正欢迎每一位回家的人。广场上飘着五颜六色的气球,大树枝头挂起红红的灯笼,路灯上插上红色的旗帜……

4. 这样的快乐,这样的幸福,都化在诗中,让我们一起朗读古诗,读出这样的热闹和喜庆。

5. 春节是一个辞旧迎新的节日,是一个充满欢声笑语的节日,也是一个特别具有中华传统文化意味的节日。

[**设计意图**:诗中所描写的元日传统习俗,是学生理解本诗的一大难点。教师先唤醒学生的自学意识,联动已学知识和生活经验,让他们找一找此诗中藏着的习俗。接着,巧妙地借助《北京的春节》一文进行互文比较,在融通古今的过程中,学生充分感受春节这一传统节日的热闹、欢乐、幸福,扫除因时空距离产生的认知障碍。由诗句到画面,从诵读到写话,层层渲染,将热闹、喜庆的新春图景活灵活现地呈现在学生眼前。]

板块四:了解背景,体会情感

1. 引发质疑。

作为当朝宰相,王安石仅仅是为了告诉我们春节的传统习俗,让我们感受春节的热闹、快乐吗?请同学们读一读这则资料。

2. 出示以下资料。

王安石,北宋著名的文学家、政治家。为了国家富强,百姓安居,他两次担任国家宰相,大力推行新法,实施一系列的社会变革措施,取得了一定的成效。

3. 你觉得这首诗还在表达什么?(诗人为变法取得成效感到高兴、激动。)

4. 情感引读。

王安石多么希望新的法令像除岁一样把旧的不好的制度除去啊。(学生齐读"爆竹声中一岁除,春风送暖入屠苏"。)

王安石多么希望新的法令能像太阳升起一样给老百姓带来光明、带来温暖啊!(学生齐读"千门万户曈曈日,总把新桃换旧符"。)

王安石把对国家、对人民的美好祝福和无限希望都融入了这首《元日》。我们一起读整首古诗。

[**设计意图**:诗言志,诗句的背后往往是诗人情感的蕴蓄和勃发。这里,旁引诗歌的创作背景和诗人的人生经历,巧妙地补白学生对古诗背景的了解,从而由表及里,使之体会诗歌背后蕴含的诗人美好的愿望和深厚的家国担当。]

板块五:背诵吟唱,传承古诗

1. 多种形式背诵。

2. 播放《元日》动画视频,让学生吟唱古诗。

3. 在微型对联纸上书写古诗《元日》的其中两句。

4. 回家把这首诗背给大人听,并讲一讲诗中写到的过年习俗吧!

[**设计意图**:除了探索诗句背后宏大的创作背景,还需要通过书写、吟诵等多元角度加深学生对古诗的体验,积淀审美经验,提升对祖国古诗词文化的自豪感和认同感,从而传承经典、弘扬经典,夯实中华民族的文化之根。]

板书示意图

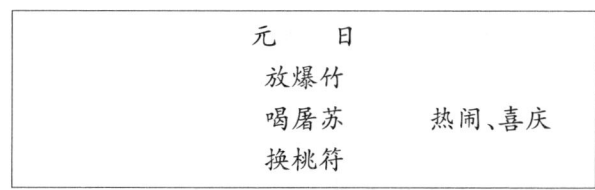

图 4-14

第8例 《清明》：雨中兮魂断，酒里兮寻魄

清　明①

[唐]杜　牧

清明时节雨纷纷，
路上行人欲断魂。
借问酒家何处有？
牧童遥指杏花村。

【诗歌赏读】

赏读杜牧的《清明》

杜牧和杜甫，小学生常常搞不清楚谁是谁，背诗的时候总把杜甫说成杜牧，把杜牧记成杜甫。想想也是，他们都是唐朝诗人，都姓杜，都是一个单名，若不了解两人的身世背景、性格特点、创作风格，还真容易"串线"。

其实要论这两位诗人之间的宗亲血缘关系，就要追溯到西晋的杜预。据史学家考证，杜甫是杜预的第三子杜耽之后，杜牧则出于杜预的少子杜尹这一支。杜甫是杜预的十三代孙，杜牧是杜预的十六代孙。但就杜甫和杜牧个体而言，两人毫无交集。杜甫是盛唐诗人，杜牧是晚唐诗人。杜甫性格内敛深沉，杜牧却潇洒不羁。杜甫诗风沉郁顿挫，杜牧的诗却清朗俊逸。而相对于杜甫的颠沛流离、漂泊无依的悲苦人生，杜牧的人生则可用顺风顺水来形容。

公元803年，杜牧出生于高门望族京兆杜氏。杜牧的爷爷杜佑官至宰相，是著名的史学家，著有《通典》一书。其父杜从郁曾任左拾遗、秘书丞、驾部员外郎等职。这样的出身，在唐朝诗人中，似乎只有王维尚能勉强与之媲美。

二十几岁时，杜牧先是进士及第，而后制举登科。在唐代，流传着这样一

---

① 选自统编小学语文教材三年级下册。

句话:"三十老明经,五十少进士。"意思是说,三十岁还在考明经的人就称得上"老考生"了,而年过半百还没考取进士的大有人在,属于"年轻人"。杜牧年仅26便取得双魁,该是多么难得和不易!怪不得,他在《赠终南兰若僧》诗中写道:"家在城南杜曲傍,两枝仙桂一时芳。"前一句点明自己的不凡出身——杜曲,在京都长安城南,是豪门京兆杜氏世代居住之地;后一句则表现自己才华卓绝,因为当时人们常常将士子登科称为"折桂",而同时能折得两枝仙桂,那是多么了不起的事情!这两句诗将杜牧的傲娇态度和才华锋芒展露无遗。

当然,不能不提及的还有一点。杜牧不仅在文学上很有声名,在政治和军事上也颇有建树。《阿房宫赋》就出自杜牧的手笔。此文借秦讽唐,震惊了当时的文坛。杜牧精通兵法,关注政事和军事,甚至直接上书宰相和武将,提出自己的政治和军事见解,这又表现出他脚踏实地的实干精神。

关于杜牧似乎说得多了些,因为今天要赏读的这首诗似乎不需要太多的背景知识来支撑对其的深入理解。《清明》一诗真的如诗题一般清新明净。清明时节的雨啊,纷纷扰扰地下个不停,扫墓、祭祖的人儿啊哀伤失意,似乎断了魂。春寒难耐,行路疲累,不觉想念那一杯暖暖的薄酒。正好身边路过个小牧童,便上前探听:"小娃娃,不知附近有没有酒家?"牧童一听,眉眼一弯,抬起胳膊一指,响亮答道:"哎,就在那边的杏花村里。"多么直白、多么质朴的诗作!虽然,这首诗中没有着一颜色之字,但读来分明看到雨丝浸染的淡淡的绿,杏花蒸蔚的粉粉的红,还有牧童、黄牛勾勒的浅浅的褐……真是一幅引人入胜的春景图!其雅致柔美毫不逊于杜牧《江南春》中描绘的图景。

这首诗的用语极为灵动,改变断句方式,便成了一首词:清明时节雨,纷纷路上行人,欲断魂。借问酒家何处?有牧童,遥指杏花村。是不是一样的清丽无边,一样的清新扑面?这大概也只有像杜牧这样的大才子才能做到吧!

现在,让我们真正地走进这首诗吧!

"清明时节雨纷纷。"几乎不用解,诗意非常明晰。最有意味的是"纷纷"一词。"纷纷"一词常表现一种多而杂乱的状态,与雪联系在一起称"大雪纷纷",与落叶联系在一起称"落叶纷纷"。这就给我们一种印象,"纷纷"一词一般用来形容片状物的落下。可是,春雨并非片状,它像细丝,像银针,不是应该说

致润:古诗词教学的另一种模样

"雨绵绵""雨沥沥"才更妥帖吗?那么诗人为什么说"雨纷纷"呢?细品再细品,除却平仄规则之外,这个"纷纷"似乎更带有一种纷乱的情状。这场春雨又细又密,它接连不断地下着,却又细密到感觉不到它在落下,再加上这乍暖还寒的季节,风总是带着小性似的没有固定的方向,这雨也的确只能用"纷纷"二字来描摹了。

再看第二句"路上行人欲断魂"。这里的"行人"不是我们现在所指的路上逛街游玩的人,而是指出门在外的行旅之人。"断魂"的"魂"并非"灵魂"之义,而是一种精神或情绪。行人出门在外,或上坟祭祖或哀悼故人,内心定是伤感、悲凄的。此时,再回品上句的"纷纷"一词,其透露的纷乱,不正与下一句"路上行人欲断魂"中的"断魂"形成呼应吗?为什么会"断了魂"?因为内心的纷乱就如这春雨啊!如此,更觉"纷纷"一词的高妙。情因景甚,景由情深,情景交融之下,这"断魂"的程度便更浓郁、更深沉。

前两句诗既点明了清明时节的气候特点,也点明了人们在这个节气里的情绪状态。因此,我们也必须再对清明这一节气做些了解。

清明节,又称踏青节、行青节,是中华民族重要的传统节日,也是二十四节气之一。《历书》有云:"春分后十五日,斗指丁,为清明,时万物皆洁齐而清明,盖时当气清景明,万物皆显,因此得名。"俗语还说"清明前后,种瓜点豆",可见清明对于农耕的重要意义。其实,现在的清明节,是古代上巳节、寒食节、清明节的合并。上巳节在农历的三月初三,那一天,人们要结伴去水边嬉游,称为"修禊",后来又增加了在水边宴饮、游春等内容。寒食节在冬至后的第一百零五天,清明节前的一二日。这一天,人们禁烟火、吃冷食,是民间的第一大祭日。到了唐代,清明节的地位逐渐上升,到了宋代,合并了上巳节的郊游踏青、寒食节的祭祖扫墓习俗,成了现在的清明节。

这样一来,这首诗的后两句就有了两种解读。

第一种解读是"伤感"论。因为行人(诗人)哀伤难过以至于"断魂",为了排解这样的愁情愁绪,所以要找酒家,喝杯小酒,暖暖身子,解解忧愁。这种解读将诗中的"行人"定为诗人本人,"断魂"的是他,"欲解忧"的也是他。但这样的解读似乎与清明节的内涵并不完全相符。"气清景明,万物皆显",呈现的是一派生机勃发、阳气始生的景象,怎么会一个"愁"字到底呢?

第二种解读是"爽朗"论。前两句中的"行人"并非指诗人本人。清明时节,细雨纷纷,人们扫墓、祭祖,来表达对逝去亲人的深切哀思。而后两句中,要喝酒的是谁?不是那些"行人",是诗人自己。清明时节,除了祭祀、扫墓之外,不是还要踏春、游春,甚至荡秋千、放风筝吗!诗人在这个天地清明、万物生发的时节踏春赏景,兴致高涨之时,再来一杯美酒岂不更美?于是,他询问路边的一个小牧童,何处可以饮酒。牧童小手一指,便有那云蒸霞蔚般绽开的杏花次第展现。杏花深处,酒招子正在春风微雨中徐徐招展……这样的解读是不是更符合清明本身应具有的生气和活力?是不是更符合杜牧俊逸潇洒的风格和作派?是不是更凸显清明既庄重亦活泼的浪漫气质?

郦波老师说,此诗中最清明的不是杏花村,而是那个小小的牧童。他轻轻地一指,就把一代代的中国人引向了尊重生命、充满生机的清明。此言诚哉!清明,正是这样一个崇尚生命、赞美生命的美好节日。

【诗歌教学】

《清明》教学设计

(共1课时)

教学目标

1. 认识"魂""酒""牧"这3个生字,通过多种形式的朗读,感受诗歌的韵律美。会写"欲""魂"等6个字,默写《清明》。

2. 通过结合注释、情境对话等方式,理解"雨纷纷""欲断魂"等关键词,建构"谁借问"话题,多角度体会诗歌大意。

3. 通过查阅资料、联系生活,进一步了解清明节的传统习俗,感受中华传统节日文化的魅力。

教学重点

正确朗读古诗,了解诗歌大意,感受清明节的文化魅力。

教学难点

多角度体会诗歌,进一步感受清明节的习俗。

教学过程

板块一:节日导入,初读古诗

1. 同学们,中华传统节日丰富多彩,源远流长,寄托着中华民族对生活的美好祝愿,传达着中华民族对亲情的无比珍视。

你知道哪些传统节日,又了解哪些节日习俗呢?请看下列词语,说出相应的节日。

第一组:放爆竹、喝屠苏、贴春联——春节。

第二组:吃元宵、赏灯、舞狮子——元宵节。

第三组:吃粽子、划龙舟、戴香囊——端午节。

第四组:吃团子、扫墓、郊游踏青——清明节。

2. 今天,让我们跟着一首古诗去感受一千多年前唐代的清明节。

(1)了解作者。

《清明》这首诗的作者是杜牧,哪位同学能简单地介绍一下杜牧?(指名介绍。)

出示资料:

杜牧,字牧之,晚唐杰出诗人。诗作清新明丽、意味深长,绝句尤其受人称赞,代表作有《泊秦淮》《江南春》《清明》等,世称"小杜"。

(2)诵读古诗。

谁能正确、流利地读这首古诗?(指名读,引导读准"清""明""行""杏"等带后鼻音的字。)

谁能节奏分明地读这首诗?(指名读,读好"4/3"节奏或"2/2/3"节奏。)

配合读:同桌互读、师生配合读。

3. 小结:一千多年前,唐代诗人杜牧用手中的笔写下这首诗,让我们至今还能透过这些文字了解那时的清明节,多么美好又多么奇妙!

〔设计意图〕导入环节结合本单元综合性学习的要求,引导学生根据节日习俗推测传统节日,既体现古诗学习的综合性,又创设了适恰的课堂学习氛围。在学生简单了解诗人后,初读环节先以后鼻音入手,根据学生朗读适时正音,再进一步引导学生读好古诗的节奏、韵律。整个环节注重教材资源的整合重组,使教学具有一定的整体性、系统性。]

板块二:质疑问难,想象画面

1. 出示前两句:清明时节雨纷纷,路上行人欲断魂。

(1) 读这两句的时候,你最不理解的是哪个地方?

预设1:"雨纷纷"是什么意思? 是说雨下得很大吗?

◇ 出示现代汉语词典中的解释:形容往下落的东西多而杂乱。

◇ 我们常用"纷纷"来形容雪花落下来的样子,那就是"雪花纷纷";也可以用"纷纷"来形容落叶飘下来的样子,可以说"落叶纷纷"。

现在诗句里说"雨纷纷",你觉得这是一场怎样的雨呢?(这场雨应该有点大;这场雨是春雨,应该很细、很密;不是大颗大颗的雨滴,而是像雪花那样很轻很柔的……)

引导:清明时节,已是春天,此时的雨细腻、温柔,密密地交织着,斜斜地飘洒着,如雾如烟,将整个人间轻轻拢在怀里。谁来读好这一句?(指名读,读出雨的密、细、柔。)

预设2:"欲断魂"是什么意思? 怎么会"断魂"呢?

◇ 了解"魂"的字源:会意字,左边一个"云"字,右边一个"鬼"字,表示人死后的灵魂像云气一般飘荡在空中。

◇ "魂"在现代汉语词典中有四个解释(见图4-15),想一想:诗中的"魂"的意思应该选哪个?

魂 hún ❶(～儿)灵魂。❷ 指精神或情绪:梦～萦绕|神～颠倒。❸ 特指崇高的精神:国～|民族～。❹ 泛指事物的人格化精神:花～|诗～。

图 4-15

诗中的"魂"表示情绪或精神状态,前面加上一个"断"字,你觉得"断魂"是一种怎样的情绪表现呢? 想一想,清明节的时候,人们要做什么?(清明节的时候,人们要上坟扫墓,祭祀祖先,心情是很低落、悲伤的,看上去一点精神都没有了。)

◇ 理解"行人"。

想象一下,这些"欲断魂"的行人中会有老人、小孩、农夫,还有谁?(有书生,有本村的渔民,有外地的商人、漂泊他乡的游子……)是的,不论年龄,不论身份,不论籍贯,人们在这个雨纷纷的清明里都是——欲断魂。

(2)朗读指导。

路上的行人在清明节本就因为想念去世的亲人、朋友而感到难过、伤心,再加上这纷纷落下的雨打在脸上、身上,冷冷的、冰冰的,心情就更加低落、哀伤了。你能读出这样的感觉吗?(指名读前两句,读出感伤之意。)

(3)情感引读。

清明时节,家家户户都要上坟扫墓,缅怀先人。想起亲人在世时的音容笑貌,想起亲人在世时的相亲相爱,可如今面对的只是一座冷冰冰的坟墓,内心倍感悲凉,这真是——清明时节雨纷纷,路上行人欲断魂。

想起逝去的先人,想起未尽的心意,无数思念涌上心头,却只能倒上一杯清酒,祭上一炷清香,这不正是——清明时节雨纷纷,路上行人欲断魂。

这清明的雨啊,飘飘洒洒,纷纷扬扬,似乎是思念亲人的泪,止不住、停不下,这可真是——清明时节雨纷纷,路上行人欲断魂。

[设计意图:古诗中的"雨纷纷"和"欲断魂"两处是学生理解上的难点,引入释义可帮助学生初步理解诗句。教师在此基础上创设情境,引导学生结合生活经验,想象在那春雨迷蒙的清明时节,路上行人的精神状态、心情感受等,从而进一步体会其心中的哀伤。从抓住关键词展开想象,由词语到诗句,再到脑海中的画面,一步一步让诗句中所描写的节日情景清晰化,同时,入情入境的朗读也体现出学生对古诗意境的领会程度。]

板块三:建构"借问"话题,探究诗境

1. 引发话题。

如果此时的你就是这路上的行人之一,淋着这样纷纷飘洒的雨,又怀着这样一肚子的思念、伤感,你最想做什么?(最想找个酒家歇歇脚;喝上杯热茶暖暖身子;吃碗热腾腾的面条也是享受;与身边的人聊聊天,抒发一下内心的思念……)

第四章 "致润"理念下的古诗词赏读与教学实例

2. 深入话题。

(1) 你们与一千多年前的古人想到一块儿去了。(出示"借问酒家何处有？牧童遥指杏花村",指名读。)

这是谁在借问谁？(行人问牧童。)

(2) 读着读着,你仿佛看到怎样的场景？(扫墓归来的人们神情忧伤,在春雨纷纷的日子里,他们想到小酒馆里歇歇脚、喝杯酒,可是四下张望并没有酒家的踪影。正好,不远处来了一个小牧童,他骑在一头老黄牛上。路人便走上去问："小牧童,你可知道附近有没有酒家？"牧童一听,挺直身子,抬起右手一指,道："有啊,有啊,就在那边的杏花村里。")

指导朗读：看来,路上的行人想喝酒消愁啊！谁能读出这种感觉？(指名读。)

(3) "借问酒家何处有"的目的只是为了喝酒消愁吗？借助下面的学习资料(见图4-16),小组合作探究一下。

学习提示：① 独立阅读资料；② 思考"借问酒家何处有"的目的还可能是什么？③ 小组讨论,说明自己的看法。

【资料一】 清明原本是二十四节气之一,古人将春分后的这一节气称为"清明",是由于"物至此时,皆以洁齐而清明矣"。到了唐代,清明节气已发展成为节日,拥有十分丰富的习俗活动,成为富有特色的节日之一。大体而言,唐代清明节的习俗主要有扫墓、踏青、斗鸡、荡秋千等,并包括一定的饮食和农事习俗。

【资料二】 杜牧才华横溢,个性张扬。好美食、美酒,也爱寻访美景胜地。他路过寒山,看到弯弯曲曲的石头小径忽现忽隐地延伸至山顶,白云升腾的地方隐隐约约有几户人家,枫叶的鲜艳胜过二月里开放的花朵,不由得因为喜爱这深秋枫林的晚景而停下马车,而后写下名篇《山行》。

图 4-16

(4) 集体反馈、交流。

预设1：行人"借问酒家何处有"不一定是为了借酒消愁,清明节的习俗不只有上坟扫墓,还有各种饮食活动。

预设 2：清明时节虽然细雨纷纷，但这个时候，桃红柳绿，景色优美，行人"借问酒家何处有"很有可能也是扫墓归来有空闲，想要找个酒家喝酒赏景。

预设 3：路人的行人虽然"欲断魂"，但诗人不一定也"断魂"，他本就喜欢饮美酒、赏美景，在这个细雨纷纷的天气里，正好找个酒家坐下来，慢慢饮、慢慢品，多么惬意、潇洒。

小结：同学们的感受很丰富、体会很独到，在这样的一个"气清景明、万物皆显"的日子里，怎能让悲伤和哀愁占据生活的全部呢？在思念亲人之余，人们还有很多有意义的事要去做，要趁着大好的春光去完成啊！我们一起读：借问酒家何处有，牧童遥指杏花村。

（5）情境表演：接下来，让我们把这千年前的一幕表演出来，可以先与同桌合作，准备准备。

出示"斗笠""牛鞭""扇子"等道具，请两个学生上台演一演"借问"的场景。一个学生扮书生，一个学生扮牧童。

生 1：这清明时节就是雨多，这一下，下了好几天了。不过，好在雨下得不大。现在正是春季，田野里麦苗青青、菜花金黄，小河边杨柳垂枝、桃花盛开。如果能找个酒家，喝点小酒，歇歇脚，又能赏赏景，那多好啊！

生 2：我是一个小牧童，牛儿是我的好伙伴，天天放牛去河边，吃饱青草肚儿圆。呦——呦——

生 1：（惊喜状）呀，这里来了个小牧童，我正好问问他。（走上前）唉，这位牧童小兄弟，你好啊！

生 2：你好，有事吗？

生 1：我经过这里，觉得风光迷人，但天下着雨，很想找个小酒馆歇一歇，喝一杯，暖暖手。你可知道这附近有没有小酒馆啊？

生 2：原来是这么回事！你是问对人了。哎，顺着我手指的方向，有一个叫杏花村的地方。那里就有一个小酒馆，卖的正是主人自家酿的杏花酒，据说味道一点都不比城里大酒店卖的酒差。

生 1：（拱手）太好了，这正是我要找的酒家呀！谢谢小兄弟，咱们后会有期！

生 2:(拱手)好嘞,后会有期,后会有期。

(6) 小结:这雨中一问一答的画面,让千年前的清明节定格。让我们牢牢地记住了这个可爱的牧童和这个问路的行人!

[设计意图:这里抓住关键词"借问",通过探究"谁向谁借问",了解"借问"的人物关系,让学生转换身份想象诗句中所描写的场景,并用戏剧的方式加以演绎。引入相关资料后,小组合作探究"为什么借问",在读、思、议的过程中,让学生理解"借问酒家何处有"的目的不仅可能有借酒消愁,还可能是与友人共酌、寻访美景美食等等,在思辨中不断丰满"借问"的内涵,探索"借问"缘由的可能性。]

板块四:诵读清明诗词,积淀节日文化

1. 多种形式诵读《清明》:指名读,领读,齐声配乐读。

2. 学习吟唱版《清明》。

3. 拓展清明诗句:清明节,作为我国的传统节日之一,有无数的文人墨客为它写诗作词——

帝里重清明,人心自愁思。车声上路合,柳色东城翠。(唐·孟浩然《清明即事》)

佳节清明桃李笑,野田荒冢只生愁。(宋·黄庭坚《清明》)

清明天气醉游郎。莺儿狂。燕儿狂。翠盖红缨,道上往来忙。(宋·秦观《江城子·清明天气醉游郎》)

梨花风起正清明,游子寻春半出城。(宋·吴惟信《苏堤清明即事》)

(1) 自由读这些诗句。

(2) 找一找诗句中讲到的节日习俗。

(3) 交流扫墓祭祖、踏青郊游的习俗。

(4) 课外作业:收集更多有关清明节的或其他传统节日的诗词。

板块五:制作书签,默写古诗

1. 出示书签(如图 4-17 所示),说明写的要求:在方格中认真默写古诗,注意书写端正、整洁、匀称。

致润:古诗词教学的另一种模样

图 4-17

2. 展示交流,评价书写。

[设计意图:该环节以书写、朗诵、吟唱、同主题诗词拓展为抓手,从更多元的角度增强学生对诗词学习的认同感,进一步提高审美能力。此外,节日习俗的交流也进一步完成了综合性学习中"了解中华传统节日习俗"的学习任务,激发学生对传统节日文化的探究兴趣。]

板书示意图

```
     清    明
雨纷纷   欲断魂
借问     遥指
```

图 4-18

第9例《出塞》:听懂来自边塞的感叹与呼唤

出　塞①
[唐]王昌龄

秦时明月汉时关,
万里长征人未还,
但使龙城飞将在,
不教胡马度阴山。

【诗歌赏读】

赏读王昌龄的《出塞》

《出塞》是统编小学语文教材四年级上册第七单元《古诗三首》中的第一首古诗,为唐代著名诗人王昌龄的代表作,意境开阔,大气雄浑。同一课中的另两篇古诗为王翰的《凉州词》和李清照的《夏日绝句》,均为表达爱国情怀的名家名篇。这与本单元的人文主题"天下兴亡,匹夫有责"一脉相承。

在这样的单元主题烛照之下,诗歌中存在的一些较为负面的情绪(比如对朝廷连年征战的不满等)便要淡化,甚至舍弃。而诗歌中积极向上的一面要发扬光大,以确保教学中紧紧扣住培养学生家国情怀这一目标。

《义务教育语文课程标准(2022年版)》对于第二学段古诗文教学的要求是诵读优秀诗文,注意在诵读过程中,引导学生体验情感,展开想象,领悟诗文大意。因此,教学要在引导学生体验诗人情感、想象人物形象、领悟诗歌大意,培养学生的爱国情怀等方面做好文章。但纸上谈兵易,实际作战难。古诗本就离学生生活遥远,边塞诗对其而言更是陌生。如何才能让学生真正听懂诗人的感叹与呼唤呢? 教师得先读懂这首边塞诗。

---

① 选自统编小学语文教材四年级上册。

先看诗题。即使未读内容,仅从诗题便可知晓这定是一首边塞诗。《出塞》是乐府旧题,属于横吹曲辞,是用鼓角在马上吹奏的军乐。

《出塞》一诗为王昌龄在入仕之前(27岁左右)赴西北边关时所作。当时正值盛唐,诗人亦值青壮之年,这首诗表达出一种慷慨激昂的自信和建功立业的渴望。虽然在历史上提到边塞诗的代表人物,王昌龄与高适、岑参齐名,但王昌龄深入边塞游历时,高适尚未开始边塞生活,而岑参年仅十来岁。所以无论是从资历,还是从创作水平上而言,王昌龄都当之无愧是盛唐边塞诗领域的翘楚。

《出塞》开篇以"秦时明月汉时关"起,表现了诗人极高的艺术才华。"秦时明月汉时关",以明月、关城为组合意象,勾勒出一幅苍茫、清冷的边塞图景,又以秦时、汉时为时间轴的起点,通过朝代的更替,使历史的凝重感、沧桑感透纸而来。"秦时明月汉时关",可不是秦朝时的明月、汉朝时的关,在理解的时候需要将"秦""汉""明月""关"联系起来,意思是从秦汉起,这一轮明月一直照耀着边塞,这一座关城一直矗立在边塞,这样的情景历经千年一直延续到了王昌龄所在的唐代。这一互文见义的手法历来被诗评家誉为神来之笔。明代的杨慎在《升庵诗话》中称,"此诗可入神品"。而李攀龙更是将此诗誉为全唐七绝的压卷之作,可见其艺术地位之高。

如何让学生真正明白这短短一句诗中包含着的无限意韵呢?搭建支架。教师需要开发并运用类似《学诗小册》之类的助学工具,采用微课呈现、反复引读等教学策略,引导学生一步步走进古诗,走进唐代,走进边塞。

为什么要开发《学诗小册》? 研读教材可以发现,《出塞》一诗的前两句诗没有一处注释,可真正难懂的就在这两句诗。什么是"秦",什么是"汉",什么是"关",什么是"长征"? 学生的心中充满了问号。因此,教师要积极地拓展教材,将必要的注释补充在《学诗小册》之中。

有了《学诗小册》,诗句的表面意思,学生基本可以明白。但互文见义的手法如何深入浅出地让学生明了呢? 教学的策略是运用课件调整文字,并配以解说的方式完成第一次感知。紧接着,通过一个再现战场情景的微课,将从秦代至唐代朝代变换、战火不息的历史画面加以呈现,让学生进一步明晰关于朝代、战场等的概念。

之后,教师仍以微课为基础,不断地询问学生看到什么、它们还在吗。学生反馈"我看到了战车在行驶""我看到了战马在奔腾""我看到了战旗在飘扬"……但是,它们还在吗?它们早已不在,所有的回答最终指向的只有"一轮明月"和"一座关城"。随即,可通过反复的情感引读,以及有关明月、关山诗句的拓展,将"月"与"关"这一组边塞诗中最为典型的意象牢牢地烙印在学生心间。

面对这亘古不变的明月、这矗立不倒的关城,诗人不禁联想起自秦汉以来无数献身边疆、至死未归的将士们,因而发出这样的感叹——"万里长征人未还"。边塞诗常常也会状写成边将士的乡愁、家中思妇的别离之情,比如:李白《关山月》中的"由来征战地,不见有人还。戍客望边邑,思归多苦颜。高楼当此夜,叹息未应闲";高适《燕歌行》中的"铁衣远戍辛勤久,玉箸应啼别离后。少妇城南欲断肠,征人蓟北空回首";王昌龄的《从军行》(其一)中也有"更吹羌笛关山月,无那金闺万里愁"。在这里,诗人为边塞战乱不断、为将士们不能还家而悲愤而感伤而哀叹,也是对国无良将、边关不定的不满与愤慨。但教学中不能对这些低落郁郁之情做过多的解读,而应该把那份积极的爱国之情加以凸显。因此,我们可以采取软性支架——口语交际,通过一连串的询问、追问,把将士有家不能还的无奈、哀伤转化为一份保家卫国的责任与担当。这样的"人未还",就少了一份被迫、多了一份主动,就更是家国道义上的"不能还",因为保国有我、强国有我!

为了让"万里长征人早还",诗人笔锋陡转,希望时代出现良将,就像李广那样"一夫当关,万夫莫开"。可是李广是谁?他凭什么可以"不教胡马度阴山"?书上的注释没有具体说明,学生对李广的印象便只有一个模糊的轮廓。因此,支架再次搭建。继续翻开《学诗小册》,将表现李广神勇威猛、足智多谋、用兵如神的三个小故事带入课堂。如此,李广是个怎样的人便立体起来、形象起来了。再回到诗句中找最能体现李广气概的关键词"但使""不教"——只要有飞将军李广镇守边关,敌人就绝不能越过阴山来侵略国土!学生对于诗意的把握就能基本完成。顺着这样的形象感知、情感体验,学生在教师的引读下,就读出一个威风凛凛的李广,读出一个宛若天神的李广,读出一个英勇无畏的李广。

"龙城飞将"到底是谁？有的人从"龙城"二字得出应是卫青,有的人从"飞将"二字认为应是李广。其实,李广一生从未到过龙城,到过龙城的是卫青。所以,此处的理解要从实到虚,从具象到群象。诗人之所以这样写,是借曾经的飞将来呼唤当代的良将。故而,以诗带诗,出示《出塞》(其二),诗人呼唤的是怎样的良将,渴望的是怎样的帅才？"城头铁鼓声犹震,匣里金刀血未干"做了最好的注解。

不过,我们的心中还有个疑问——真有这样的良将吗？答案是肯定的,有！当一员员为大唐守疆护土的良将出现,学生爱国情怀的积淀和激发才真正达到一个更高的程度。而这已不仅仅是一般情感的体验了！

再回过头来,说说诗人。王昌龄号称"七绝圣手",还被称为"诗家夫子",说得通俗点,就是王昌龄写诗(尤其是七言绝句)的本领可以当其他诗人的老师了。这评价是否适恰、中肯,多读几遍《出塞》便可给出定论。

【诗歌教学】

《出塞》教学设计

(共1课时)

教学目标

1. 读准多音字"塞""教",通过多种形式的朗读,能正确、有节奏地诵读古诗,并积累古诗。

2. 借助《学诗小册》、战争微课、想象画面等方式理解古诗大意,能有感情地朗读古诗。

3. 通过抓关键语句,阅读相关资料等途径,初步体会诗人同情战士、渴望良将的情感,体会诗人对将士们坚守边境、保家卫国豪壮情怀的赞颂之情。

教学重点

正确朗读古诗,初步了解边塞,领悟诗歌大意。

教学难点

从古诗描绘的景象中体会诗人同情战士、渴望良将的情感,以及对将士们坚守边境、保家卫国豪壮情怀的赞颂之情。

教学过程

板块一:了解边塞,认识诗人

1. 读准诗题。

今天我们要来学习一首新的古诗,那就是《出塞》。谁来读诗题?(指名读,随机评价,重点关注"塞"的声调。)

2. 读懂诗题。

同学们都读正确了出塞的"塞"字,那你们知道"塞"的意思吗?

预设1:学生对"塞"有所了解。

生:塞就是国家的边疆。

师:很不错,"塞"是祖国的疆土,所以"塞"的下面有一个"土"字。

出示资料:"塞"指国家的边疆,那里有军队驻扎,筑有关城,用于防御敌人入侵。

预设2:学生不知道"塞"的意思。

师:没关系,来看这则学习小提示,自己读一读。

出示资料:"塞"指国家的边疆,那里有军队驻扎,筑有关城,用于防御敌人入侵。

师:现在你知道"出塞"的意思了吗?

生:出了边关。

师:对,因为"塞"指的是祖国的边疆,"出塞"就是出了边关。

3. 简介作者。

(1)《出塞》的作者是王昌龄,谁能简要地介绍一下王昌龄?(学生介绍。)

(2)课件出示王昌龄的资料。

王昌龄,唐代著名的边塞诗人,被称为"诗家夫子"。他的代表作《出塞》和《从军行》七首等都是边塞诗中的名篇。

(3)小结:王昌龄写过很多边塞诗,今天学的是其中最为著名的一首。再读诗题。

[设计意图:《出塞》为小学阶段第一首边塞诗,因此"塞"字的正音尤为重要,通过正音进一步揭示该字读此音时表示的意义,学生对于诗题的理解就能精准到位。此环节分别预设学生对于"塞"字理解的两种情况,可体现依据学情、顺势而导的教学理念。在介绍作者方面,此处只凸显他在边塞诗创作领域的艺术成就即可,其他信息可略去,以聚焦边塞诗。**]**

板块二:初读古诗,读好古诗

1. 古诗需要慢慢读、细细品。自己读一读,把这首诗读准确、读流利。

2. 指名读,落实多音字"教"的读音。出示图4-19。

> 教　jiào ①使;令
> 　　　jiāo ①把知识或技能传给别人

图4-19

在诗句中,"教"应该怎么读?(引导学生根据意思确定读音。)

3. 读出节奏:指名学生读,引导其关注朗读节奏。(根据学生的朗读,从节奏角度进行评价:这位同学不仅读正确了,还读出了古诗的节奏。)

"4/3"节奏:秦时明月/汉时关,万里长征/人未还。

"2/2/3"节奏:秦时/明月/汉时关,万里/长征/人未还。

4. 读出韵律:教师读前四字,学生读后三字;教师读一句,学生读一句;男生、女生对读。

[设计意图:以多音字"教"的读音为指导重点,让学生根据意思确定读音,培养其据义定音的能力,由此也突破了诵读的教学重点。诵读节奏的指导亦体现对学生已具备的基础的把握,而后采用随机点拨的方式跟进,尊重差异,尊重学情。**]**

板块三:望明月孤城,感征人情思

1. (出示"秦时明月汉时关,万里长征人未还")这两句诗读起来容易,想要读懂可不简单。请同学们在《学诗小册》的帮助下,先自己学一学。

2. 学习活动要求:

① 读一读这两句诗。

② 圈一圈诗中写到了哪些景物。

③ 看一看《学诗手册》中的注释,试着说说这两句诗讲了什么。

3. 学生汇报:有明月,有关,有人。(这里的人指的就是出征的战士。)

4. 现在能说说这两句诗讲了什么吗?

预设:秦朝的明月照着汉朝的边关,出征的将士还没有回来。

看来同学们基本上明白了这两句诗,但要注意的是第一句诗中的"秦""汉""明月""关"在理解时要组合起来,即"秦汉明月秦汉关",意思是从秦汉时起,这一轮明月一直照耀着边塞,这一座关城一直矗立在边塞,这样的情景历经千年,一直延续到了王昌龄所在的唐代。

5. 播放战争微课,感知朝代更替。

从刚才的微课中你看到了什么?(引导学生从战车、士兵、战马等战争场面来描述。)

6. 激情引读。

师:一年又一年,边塞上秦朝的战车、汉朝的战车、魏晋的战车隆隆驶过,但它们还存在吗?

生:不在了。

师:如今剩下的只有那——

生:一轮明月和一座关城。

(女生齐读"秦时明月汉时关"。)

师:一朝又一朝,边塞上秦时的战马奔腾过,汉时的战马嘶吼过,南北朝的战马浴血过,但它们还存在吗?

生:不在了。

师:如今剩下的只有那——

生:一轮明月和一座关城。

(男生齐读"秦时明月汉时关"。)

师:一代又一代,在边塞地区,一个朝代一个朝代的战旗飘扬过、染红过,可如今剩下的只有——

生:那一轮明月和一座关城。

师:历史的车轮滚滚向前,朝代不断更替,但明月依旧、边关仍在,让我们齐读——秦时明月汉时关。

7. 拓展:天上这一轮明月和人间这一座关城,也成为边塞永远的象征,许多诗人在写到边塞的时候会把它们写进诗中。出示:

关山夜月明,秋色照孤城。(南北朝·王褒《关山月》)

明月出天山,苍茫云海间。长风几万里,吹度玉门关。(唐·李白《关山月》)

8. 小结:一轮淡淡的明月,一座孤独的关城,总让人思绪万千。怪不得王昌龄目睹此情此景时写下:秦时明月汉时关,万里长征人未还。(学生齐读。)

[设计意图:《出塞》首句似乎不难,实则暗藏玄机。其互文见义的手法体现作者非凡的艺术才华。此处,为突破理解难点,借助《学诗小册》提供的注释,学生从字面上初步了解大意。再以课件演示、教师讲解的方式进一步澄清"秦""汉""明月""关"四大意象之间的组合关系,学生对诗句的理解就清晰明确了。为了让学生进一步感悟首句在勾勒纵横交错的维度时所呈现的历史沧桑感,这里采用激情导读的方式,让学生读出面对浩大时空的深切感怀。]

9. 口语交际,释"长征未还"。

(1) 如果你就是守边的士兵,望着这一轮明月,你会想些什么?

预设:

生:想念家乡的亲人。

师:可是你为什么不回去呢?

生:因为我要保卫国家。

师:为了国家安宁、老百姓安居乐业,你宁可忍受思乡之苦。

师:这位士兵,你已经几十年没回家了,你想回家吗?

生:想。

师:那你为什么又不回去呢?

生:因为我要守卫边关,不让敌人来犯。

师：多么忠诚的卫士，舍小家为大家。

师：这位将军，你想回去吗？

生：想。

师：但你能回去吗？

生：不能，因为我要守卫边关。

师：是的，保家卫国是你光荣的使命。

（2）小结：保家卫国是将士们的担当，但思念家乡亲人亦是人之常情。在这一轮明月下，诗人也有了几分淡淡的忧伤——秦时明月汉时关，万里长征人未还。（指名读，再齐读。）

［**设计意图**：首句写景，对景必生情。诗人面对此月此关，发出"长征未还"的叹息。为了让学生读懂诗人的这声叹息，此环节采取口语交际的策略引领学生自然入境，以"为什么不还家"为话题推进对话。学生在情境中想将士所想、感将士所感，自然流露将士们的心声——保家卫国不能还！由此，在领悟诗意诗情中，彰显本单元的人文主题"国家兴亡，匹夫有责"。］

板块四：唤良将何在，抒报国情怀

1.（出示后两句诗）虽然"万里长征人未还"，但是诗人也想让这些将士们早日还乡，所以他提出了一个解决问题的良方。（学生齐读后两句诗。）

诗句里的"飞将"指的是谁？（李广。）

2.小组合作，认识李广。

（1）李广是谁？他有怎样的本事？请同学们小组合作，了解李广将军。

（2）小组合作读《学诗小册》中关于李广的故事（见图4-20）。互相交流，说说这是一个怎样的李广？你是从哪里感受到的？

致润:古诗词教学的另一种模样

【故事一】
　　汉朝有许多骁勇善战、抗击匈(xiōng)奴的名将,李广就是其中之一。李广勇敢机智,善于骑射。他用兵灵活,让敌人捉摸不透。敌人都称呼他为"飞将军",躲着李广。只要李广在的地方,他们数年不敢入侵。

【故事二】
　　一次,李广率领百名骑兵追击敌军,亲自射杀其中两人,生擒(qín)一人。他刚把俘(fú)虏(lǔ)缚(fù)上马,敌军的数千骑兵赶来。李广令士兵下马解鞍(ān),对方搞不清他们的意图,果然不敢攻击,只派一人出阵试探。李广飞马抢到阵前,将他射落马下,然后从容归队。对方以为有埋伏而慌忙逃跑。

【故事三】
　　有一天晚上,李广和部下外出打猎归来,忽然看见路旁草丛中卧着一个庞然大物,定睛一看,竟是一只大老虎。李广连忙张弓搭箭,使出千钧之力,只听"嗖"的一声,射中了那只大老虎。大家跑过去一看,中箭的原来不是老虎,而是一块其状如虎的巨石。再看那支箭,早已连同羽毛一起,射进坚石,拔都拔不出来。

图 4-20

（3）集体交流,进一步感受李广的气概。

3. 再读这两句诗,诗句中的哪个词也让你感受到李广将军的厉害、了不起呢?（但使。）

引读:

只要李将军在,胡人就不敢来犯,读——但使龙城飞将在,不教胡马度阴山。

只要李将军在,边关就能安宁,读——但使龙城飞将在,不教胡马度阴山。

只要李将军在,百姓就能安居乐业,战士们就能早日还家,读——但使龙城飞将在,不教胡马度阴山。

[**设计意图:**要读懂诗的后两句,作为关键人物的李广不得不提。为了进一步了解李广,《学诗小册》中的三则小故事成为学生自学探究的重要学习资源。通过阅读、交流,学生对李广形象的认知由粗疏到精细,他的骁勇善战、决胜千里让学生深深折服,从而化作钦佩之情从诵读中表达出来,学生对于"但使""不教"两处带有诗人强烈情感的关键词的体会便水到渠成。]

4. 以诗带诗,呼唤良将。

师:（出示阴山地形图,此处略）看,这就是阴山。它连绵起伏,纵横千里,像一道屏障,保护着唐朝国土。阴山之外的其他少数民族经常骑着马翻过阴山来骚扰百姓,使老百姓的生命安全都得不到保障。这个时候李广已经不在了,但是诗人心中多么希望有这样一个将军出现啊!(出示图 4-21。)

出塞(其二) [唐]王昌龄 骝马①新跨白玉鞍②, 战罢沙场月色寒。 城头铁鼓声犹震, 匣里金刀血未干。③	注释: ① 骝马:黑尾红马 ② 白玉鞍:马鞍装饰美丽 ③ 城头铁鼓声犹震,匣里金刀血未干:城头上催战的鼓声还在战场上回荡,将军早已胜利归来;刀匣里的钢刀血迹还没有干

图 4-21

从哪里看出这个将军很厉害?("匣里金刀血未干",说明这位将军很厉害,战争才开始一会儿,就胜利归来了。)

再次引读:

是啊,这些饱受侵扰的老百姓多么希望有这样一个厉害的大将军来保护他们,读——但使龙城飞将在,不教胡马度阴山。

那些抗击外敌入侵的士兵们多么希望有这样一个厉害的大将军带领他们冲锋陷阵,将外敌赶回阴山——但使龙城飞将在,不教胡马度阴山。

5. 在唐代的历史上,确实出现了一员员守护祖国边疆的良将,看——这是薛仁贵,这是张守珪,这是郭子仪……他们在不同的年代、不同的地方守护着大唐的国土,保卫着百姓的家园。再读——但使龙城飞将在,不教胡马度阴山。

[设计意图:李广再是神勇威猛,终归早已成为历史。诗人要借李广来呼唤的是当代的良将。他所渴望的当代良将的形象就活在他的另一首诗作《出塞》(其二)当中。因此,以诗解诗,诗人呼唤的当代良将就是"城头铁鼓声犹震,匣里金刀血未干"中的良将,学生读后,对"良将"这一意象的理解更进一步,认知上更为深入。当良将一一呈现时,学生内心的渴望得到巨大的满足,对其家国情怀的培植和涵养更上一个境界。]

板块五:读写结合,积累古诗

1. 诵读全诗。

(配乐)这月,这关,见证了从古至今多少边关将士浴血奋战、保家卫国的丰功伟绩。全体起立,一起诵读《出塞》。

2. 背诵古诗。

那轮明月,那座孤城,那一代又一代保家卫国的征人值得我们永远记在心里。谁能背诵这首诗?(指名背。)

3. 吟唱古诗。

同学们,这首诗不仅可以读、可以诵,还可以唱呢!一起听一听。(播放视频,学生跟唱。)

4. 抄写古诗。

(1) 现在,请你任选《出塞》中最喜欢的两句诗,认认真真、端端正正地默写在书签上。

(2) 分享学生的作品,对书写进行评价。

板块六:激情结课

同学们可以将这页书签送给自己的好朋友或者敬爱的师长,让更多的人记住这轮明月、这座关城和守边的征人。下课!

[**设计意图**:没有国何来家。这也正是历朝历代无数将士远赴边疆的使命所在。所以,最后的结课环节,以歌咏、书签等形式,进一步将这万古不变的朗朗明月、这一脉相承的爱国情怀加以彰显,使之留驻于学生的唇齿间,更烙印于学生的心灵里。]

板书示意图

图 4-22

第 10 例《凉州词》：盛唐下，一曲悲壮豪迈的沙场战歌

凉州词[①]

[唐] 王　翰

葡萄美酒夜光杯，
欲饮琵琶马上催。
醉卧沙场君莫笑，
古来征战几人回？

【诗歌赏读】

赏读王翰《凉州词》

黄沙漫天，冷风呼啸，军旗猎猎，战马嘶鸣……自汉魏时起，西北边塞就通过一场场战争走入人们的视野。历朝历代，多少西出关外的将士在这里建功立业，又有多少可歌可泣的沙场故事被这里的漫漫黄沙掩藏。

说起边塞，不得不提及在边塞诗中频频露脸的凉州。凉州，位于今天的甘肃省武威市一带，河西走廊的东端，因"地处西方，常寒凉也"而得名。"凉州三月半，犹未脱寒衣。"阳春三月，江南已是草长莺飞，而凉州却还是冬天的模样。凉州素有"天下要冲，国家藩卫"的美称，历来是兵家必争之地。也正因为如此，王翰、王之涣、王昌龄、高适、岑参等大诗人的边塞诗中都有凉州的身影。

"凉州词"又称"凉州曲"，是唐代起源于凉州的一种曲调名。据统计，唐代以《凉州词》为题或以凉州为背景的诗就有 100 多首，这些诗中有抒发爱国情怀的，有表达思乡之情的，有描述战争苦难的，有描写异域风光的，其中最为人们所熟知的，要数王翰和王之涣的《凉州词》了。统编小学语文教材也将这两首《凉州词》选入其中。王翰的《凉州词》编排在四年级上册第七单元《古诗三

---

① 选自统编小学语文教材四年级上册。

致润:古诗词教学的另一种模样

首》中,王之涣的《凉州词》编排在五年级下册第四单元语文园地的"日积月累"中。这两首诗所在单元的人文主题皆是"家国情怀"。学生在学过王翰的《凉州词》后,再接触王之涣的《凉州词》,相信会有更深的体悟。

王翰这首《凉州词》虽家喻户晓,但作者王翰却不常被人提起。其实,作为与王昌龄同时期的盛唐诗人,他年少时就才智超群,二十来岁便考取进士。王翰家资富裕,性格豪放,不拘礼节,常以酒为伴,在他身上你能看到盛唐最极致的风流。这样的性情使他仕途坎坷,连遭贬谪;可也正是这种不羁与旷达的性格,造就了他的创作才华。他的诗正如他的性情一般,情感奔放,气度不凡。但令人惋惜的是,王翰这样一位富有才气的诗人,《全唐诗》仅收录其诗作14首,最有名的便是这首《凉州词》。王翰任驾部员外郎时,去过西北前线。"驾部"是专门负责往前线输送物资的,在此期间,他对边疆战士的生活有了一定的了解。可见,他能写出这首流传千古的《凉州词》,也绝非偶然。

诗的首句共写了两个意象,第一是酒,第二是酒杯。这是什么样的酒呢?西域特产的葡萄美酒!王翰还有一首专门写葡萄酒的诗,诗题就叫《葡萄酒》。诗中写:"揉碎含霜黑水晶,春波滟滟煖霞生。甘浆细挹红泉溜,浅沫轻浮绛雪明。"这葡萄酒犹如琼浆玉液,滴滴如金。这是什么样的杯子呢?相传是周穆王时代,西域人用玉石制成的薄如蝉翼、在夜间能够发光的酒杯!首句这七个字,主要就写了一个事物——美酒,因为这酒特别好,盛酒的杯子也极其名贵。在这里,诗人把酒和酒杯突出地置于首句,就像影片的开头,先来一个大大的特写镜头,强烈地吸引了读者的注意力。这样的场面不禁让人想起李白《客中作》中的诗句:"兰陵美酒郁金香,玉碗盛来琥珀光。"一杯杯清爽甘冽的葡萄酒,一个个盛着美酒的珍器,带我们回到了那个遥远的时代,回到了那个广袤无垠的边塞战场,回到了那场五光十色的宴会。此情此景,美酒似乎无须多饮,人们也要被这热烈的宴饮气氛感染而酣醉了。

"欲饮琵琶马上催",正要举杯痛饮,却听到马上弹奏起琵琶的声音。琵琶奏响,是在催什么?对于"催"字的理解,向来争论颇多,但主要有两种不同的见解:一种理解为"催饮酒",即催促将士们快快开怀痛饮;一种理解为"催出征",即正要开怀痛饮,就催着出征了。

第四章 "致润"理念下的古诗词赏读与教学实例

先来看第一种理解——催饮酒。上海辞书出版社出版的《唐诗鉴赏辞典》一书，便解读为此意。学者认为，此句中的琵琶音乐是在助兴，急促、欢快的音乐催促将士们开怀畅饮。在古代，琵琶又称"批把"，汉代刘熙《释名·释乐器》中写道："批把本出于胡中，马上所鼓也。推手前曰批，引手却曰把，象其鼓时，因以为名也。"意即"批把"最早是胡人的乐器，是游牧民族在马上弹奏的。演奏时向前弹出称作"批"，向后挑进称作"把"，根据它演奏的特点，命名为"批把"。书中认为"琵琶马上催"，是在渲染一种热闹的宴饮场面，而第一句极力写酒好，也正是为第二句"催饮酒"做铺垫。

再来看第二种理解——催出征。这是比较主流的理解，包括课本中的注释也写道："正要举杯痛饮，却听到马上弹起琵琶的声音，在催人出发了。"军乐队在马上奏乐，这琵琶声一响，说明前线有情况，要催促将士们赶紧集合，准备出发。琵琶常能奏出肃杀之感："只愁拍尽'凉州破'，画出风雷是拨声。"（张祜《王家琵琶》）听过琵琶曲《十面埋伏》的人定能想象，这军乐队以琵琶齐奏，该是何等震撼人心！开始，宴饮的场面还是如此欢快，谁知道，急切的琵琶声一响，"催"字一出，让整个气氛尽变，人们也一下子紧张起来。军乐队激越、急促地拨动着琵琶，和上句描写的觥筹交错的欢乐景象，形成了强烈的对比，也让读者感受到将士们内心强烈的变化。

那么教学时，我们取何解呢？再回过头来看句首的"欲饮"。欲饮，就是将饮未饮之时，作者巧妙地捕捉到将士们"欲饮"这一瞬间的状态。"欲饮"，说明手执酒杯，却还没有放到嘴边。这样写，不仅突出手上的这杯酒，更突出了将士们内心的冲突。军乐响起，琵琶紧催，战事告急，手上这酒，是喝还是不喝？此时，有的将士可能一心杀敌，会毫不犹豫地说："大敌当前，怎能在此豪饮？兄弟们，快放下酒杯，别喝了。"是啊，等杀敌归来，再继续痛饮吧！有的将士可能会说："如此好酒，让我们先喝上一大杯吧。酒下肚，胆更壮，正好杀他们个人仰马翻、片甲不留。"是啊，已经拿起酒杯，岂有不喝之理？犹豫片刻，有的将士猛然仰头豪饮一杯。无论饮或未饮，和着琵琶急促的节奏，放下酒杯，昂首阔步走出帐外的这群将士，其视死如归的形象早已展现得淋漓尽致。

诗无达诂，关于"催"字的理解，见仁见智。但就诗歌的结构和意境来看，窃以为,"催出征"的解读似乎更符合诗意。

再来看诗的第三句。这话像极了出征前战士们的互相调侃。表面上,说得颇为轻松:"如果我喝醉了,睡在战场上,那是很正常的事,诸位可千万不要见笑,嘲讽我酒力不佳啊!"其实,这里面还包含着另一层意思,那就是"如果我不幸牺牲,你们便当作我喝醉了酒,睡在沙场上,不回来了"。把"战死沙场"看作"醉卧沙场",这是何等悲壮与豪迈啊!

将士为何会这么说? 最后一句道出了原因:"古来征战几人回?"诗人以反问的句式作结,着实耐人寻味。而"古来"二字,让这句话颇具历史感。就如"秦时明月汉时关"(王昌龄《出塞》)中的"秦"与"汉",二字一加,让这幅月照关塞图,变成了时空中的图画,给遥远的边塞抹上了一层悠悠的历史感。正如王翰所写,自古以来,将士们一旦上了战场,就准备好了要踏上不归路——"将军百战死,壮士十年归"(乐府民歌《木兰诗》),"由来征战地,不见有人还"(李白《关山月》)……历朝历代的戍边将士们,用宝贵的生命书写了一篇篇不朽的英雄史诗。

"醉卧沙场君莫笑,古来征战几人回?"诗的后两句,说得何等悲壮,何等深沉,又何等慷慨! 这群边关战士,似乎把生死看得十分平常,面对死亡,他们并不害怕,但思想感情是复杂的。略带戏谑的语气充满了豪气,也蕴含着悲凉。边塞遥远,生活清苦,他们深知战争的残酷,可如果难免一死,不如豁达一些,把这看作"醉卧沙场"算了。对于戍边战士,"醉卧沙场"和"战死沙场",又有何分别? 边疆战事无常,也许美酒还没入口,战情就来了。战士们手上的兵刃与马上的琵琶相互照应,让边塞豪情尽显。刀剑虽无情,美酒却能让边疆战士们笑看生死。

《凉州词》中所展现的无畏旷达,多少折射出盛唐诗人王翰的"生死观",从他的其他诗句中,我们也可窥出一二:如"人生百年夜将半,对酒长歌莫长叹。情知白日不可私,一死一生何足算"(《古蛾眉怨》),再如"落花一度无再春,人生作乐须及辰。君不见楚王台上红颜子,今日皆成狐兔尘"(《春女行》)。可见,面对生死,他是豁达的。正因为有这般及时行乐的旷达情怀,才有了《凉州词》中视死如归的英雄豪气,而这种豪放壮勇的精神风貌,也最足以表现盛唐气象。

古往今来,文人看客对这首《凉州词》所传递的情感多有分歧。有人认为,全诗散发着行乐主义思想与乐观精神;也有人认为,王翰是在用豪放之笔书写难以生还的悲凉。窃以为,这首诗,是在豪迈中夹杂着悲情,把悲壮寓于豪迈之中,也正因为它能以简洁却极具感染力的描写表现如此复杂的情感,所以清代宋顾乐在《唐人万首绝句选评》中评价此诗"气格俱佳,盛唐绝作"。

【诗歌教学】

《凉州词》教学设计

(共1课时)

教学目标

1. 通过个别读、师生对读、男女生合作读等多种形式的朗读,感受古诗的节奏和韵律,积累古诗。

2. 通过借助注释、联系上下文、展开想象等方法理解诗意,体会诗歌表达的情感。

3. 围绕"君莫笑"构建话题,借助资料进行拓展,比较学习王昌龄的《出塞》,感受将士以身报国的豪情壮志。

教学重点

诵读古诗,通过多种形式理解诗意,积累古诗。

教学难点

理解诗句,感受戍边将士的豪情壮志。

教学过程

板块一:逐步递进,解析诗题

1. 由"州"导入,激发兴趣。

(出示"州"的象形字)猜一猜这个字。(指名回答)"州"的本义,指水中的陆地,后来指行政区划。现在,不少城市的名字中依然带有"州"字,比如?(杭州、苏州、扬州、郑州……)

2. 结合地图,认识"凉州"。

(出示标有凉州位置的地图,地图略)今天,我们要去个远一点的地方——

凉州。通过注释中可知,凉州在今天的甘肃武威。你瞧,它是中原通往西域的必经之地,是古代的军事要塞,在这里发生过许多战争。

3. 了解"凉州词",导入古诗。

凉州也是个诗词之地,许多文人墨客在这里留下了千古名作。今天我们就来学习一首古诗《凉州词》。(板书)请同学们齐读诗题。"凉州词"是唐代起源于凉州这一带流行的曲调名。

[设计意图:借"州"的象形字引出"凉州",进而导入诗题,既充分调动了学生对字理源流的兴趣,又营造了古香古韵的课堂氛围。而"凉州"地图及注释的呈现,意在让学生初步了解其偏远的地理位置,同时也为之后结合战争资料解读诗意的环节做好铺垫。]

板块二:初识诗人,分层朗读

1. 预习反馈,初识诗人。

这首《凉州词》的作者是王翰。知道王翰吗?谁来简单介绍一下他。(学生介绍,教师相机补充。)

看来同学们对王翰已经有了一定的了解。王翰性格豪放,他的诗也如他的性情一般,气度不凡。这首《凉州词》就是他的代表作。

2. 读对字音。

大家课前已经预习过这首诗了,谁来读?(请学生朗读《凉州词》。)

提醒:诗中有两个在现代汉语中带轻声的词——葡萄、琵琶,在古诗中最好读它原本的音。(请一个学生再读诗的第一、二两句。)

3. 读好节奏。

诗,不光要读正确,还要读出节奏。这是一首七言诗,该怎样停顿来读出节奏呢?(请学生再读《凉州词》。)

4. 读出韵味。

老师也想跟你们配合着读,谁愿意?(请一个学生读,教师读前四字,该学生读后三字。)

把后三个字读得比前四个字慢一些,就更能读出一些韵味。同桌配合读,男生、女生配合读。

[**设计意图**:结合预习情况,借学生之口简介诗人王翰,教师进行相机补充,以此过渡到诗歌朗读。在此过程中,学生充分调动已有的知识储备,积极、主动地投入古诗学习的情境中。古诗的诵读主要依照三个层次逐步推进,先读得正确,再读好节奏,然后读出韵味,并将自由读、个别读、合作读融入其中。通过多层次、多形式的诵读,学生能真正感受与体悟这首古诗的音韵特点。]

板块三:巧用方法,理解诗意

1. 这首诗语言简练,并不难懂。请大家借助注释,联系上下文,自主理解诗意,然后与同桌说一说。(出示"学习任务一",见图4-23。)

教师巡视,查看学生理解诗句的情况。

> **学习任务一**:借助注释,理解古诗大意。
> 借助注释,联系上下文,自主理解诗意,然后与同桌说一说。

图4-23

2. (请学生交流对诗意的理解,教师相机补充关于"琵琶"的资料)琵琶又称"批把",古书中是这样解释的:"批把本出于胡中,马上所鼓也。"你们看,(出示马上弹琵琶的图片)批把本是骑在马上弹奏的乐器。"推手前曰批,引手却曰把,象其鼓时,因以为名也。"这句的意思是说,向前弹出称作"批",向后挑进称作"把",根据它演奏的特点,命名为"批把",也就是"琵琶"。

[**设计意图**:此板块的设计,一方面,意在引导学生巩固借助注释理解诗意的方法,落实学法;另一方面,把学习的主动权交给学生,先让学生自主探寻诗意再相机补充引导,践行"生本课堂"。而有关"琵琶"的资料,又为学生进一步的诗意理解提供了有效的学习资源。]

板块四:展开想象,品读诗句

1. 品读第一句:葡萄美酒夜光杯。

(1) 葡萄美酒夜光杯,将士们在干什么呢?(喝酒、宴饮。板书:宴饮)喝的什么酒呀?(葡萄美酒。)

凉州往西就是新疆的吐鲁番,那里的葡萄品质很好,酿出的酒便是葡萄美酒。如此美酒,自然要配上这精致的酒杯——夜光杯。想看看夜光杯吗?

资料引入:相传公元前七世纪的周穆王时代,西域人用玉石制成酒杯。这杯子晶莹剔透、薄如蝉翼,当杯中斟满红葡萄酒时,月光下,酒水闪闪发亮,夜光杯由此而得名。

(2)此时,你的眼前出现了怎样的画面?

预设:盛大的酒宴上,有很多夜光杯盛满了香甜的葡萄酒,酒席上摆满了丰盛的食物,很多将士在举杯欢庆,还有人在跳舞,场面非常热闹。

是啊,有欢笑声、碰杯声……他们开怀畅饮,谈笑风生。带着你的想象,把这个画面读出来。(学生结合想象,朗读诗句。)

(3)创设情境,师生对话。

一杯杯美酒芬芳扑鼻,斟满在精致的酒杯中。我们现在就是这场上的将士,此刻,你会说些什么?

预设:"将军,敬你,让我们喝个痛快!""兄弟,来,让我们一醉方休!""今天,我定要痛饮三百杯!"

2.品读第二句:欲饮琵琶马上催。

(1)兄弟们,让我们举起酒杯,不醉不归!(播放急促的琵琶声)听,快听,你听到了什么?这声音仿佛在说什么?

预设:"有情况紧急,敌军来犯啦。""兄弟们快去集合,快去库房拿兵器。"

学生配乐朗读诗句。

(2)"葡萄美酒夜光杯,欲饮琵琶马上催。"这阵急促的琵琶声,催促着正待宴饮的将士们重回战场、准备战斗。让我们对比着读一读。

(3)此时,听到这急促的琵琶声,正要饮酒的将士们,你们又会说些什么呢?

预设1:大敌当前,怎能在此豪饮?兄弟们,快放下酒杯,别喝了。等我们杀敌归来,再继续痛饮。

预设2:如此好酒,让我们先喝上一大杯吧。喝点酒,胆更壮,正好杀他们个人仰马翻,片甲不留。

追问:这是一群怎样的将士?(勇敢的、无畏的、视死如归的。)

小结:是啊,将士们视死如归,早已将生死置之度外!

3.品读第三、四句:醉卧沙场君莫笑,古来征战几人回?

第四章 "致润"理念下的古诗词赏读与教学实例

(1) 聚焦"君莫笑",建构话题。

① 过渡:这样的英勇气概,王翰也感受到了,你们看,他说——醉卧沙场君莫笑,古来征战几人回?(板书:沙场。)

② "醉卧沙场君莫笑。""醉卧沙场"可笑吗?为什么?(板书:君莫笑。)

③ 引导学生完成学习任务二(见图4-24)。

学习任务二:借助资料,探究"莫笑"之因。

1. 读一读:仔细阅读资料。
2. 注一注:在你体会比较深的地方做简单的批注。

【资料1】从秦朝至唐朝,西北边地遭受外族侵扰,战事不断。秦汉时期,匈奴入侵;魏晋时期,"五胡"(匈奴、鲜卑、羯[jié]、羌[qiāng]、氐[dī])入侵;隋唐时期,突厥[jué]、奚[xī]、契[qì]丹、回纥[hé]入侵……边境百姓生活动荡,民不聊生,苦不堪言。而唐朝的边境问题尤为突出,战争频发——与突厥的战争历时100多年;与奚、契丹的战争历时100多年;与回纥的战争历时约71年。

【资料2】据统计,唐朝中期,战士人数达10万人以上的战争约有36次,战士人数1万人以下的战争约有110次。不计其数的将士奔赴沙场,浴血奋战。

【资料3】中国古代,兵役制度几乎属于强制性质,青壮年、老年人都有可能被征召入伍。战国时期,男子服兵役的年龄大约从15到60岁;秦朝时所有年龄达到17岁的青年男子,就自动成为国家的军队预备役成员,服役至60岁;唐朝,服役年龄为20岁至60岁,服役期间如遇征战,将直接编为作战部队,参加战斗……按照古人的寿命年限来看,可以说,男人一生都处于随时被征调入伍的状态。

图 4-24

④ 师生交流,小结:他们放下妻儿,离开故土,奔赴战场,从青年到暮年,从青丝到白发,一次次无畏出征,一次次浴血奋战……我们不会笑,我们岂敢笑,我们怎能笑!

(2) 以诗解诗,以诗促解。

① 战争是多么残酷,正如诗人王昌龄所说——(引导学生回忆)秦时明月

汉时关,万里长征人未还。这明亮的月光仍然像秦汉时期那样照着边关,一批又一批的将士远离家乡,来到千里之外的边关,却迟迟未能返还。将士们,你们为何久久不还?

预设:有可能战死沙场,有可能老死边关,还有可能长期驻守边疆。

提问:你想不想还啊?

预设:想啊,边塞条件太艰苦了,在这里只有戈壁和黄沙;我想回到故乡,与家人团聚,陪伴家人;我想念家乡的美食,母亲烧的菜太久没尝了。

追问:边塞困苦,思念成疾。将士们,这仗咱们不打了,回家吧!

预设:不行,如果不打了,敌人就会继续侵犯,边疆会不得安宁。

朗读引导:是啊,人未还,难以还。所以王翰才会这样反问——(引导齐读)古来征战几人回?他才会强调——(引导齐读)古来征战几人回?他才会写诗呐喊——(引导齐读)古来征战几人回?

② 历朝历代的将士们,用血与泪书写了一篇篇不朽的英雄史诗。出示:

将军百战死,壮士十年归。(乐府民歌《木兰诗》)

捐躯赴国难,视死忽如归!(曹植《白马篇》)

夜战桑乾北,秦兵半不归。(许浑《塞下曲》)

由来征战地,不见有人还。(李白《关山月》)

黄沙百战穿金甲,不破楼兰终不还。(王昌龄《从军行》)

学生配乐朗读。

(3) 几人回?征战几人回?自古征战几人回?这样的结局,将士们,你们心中清楚吗?自古以来皆是如此,你们知道吗?那你为什么还要去?

追问:你年迈的父母还在盼着你,你为什么还这样义无反顾?你的妻儿正在家里等着你,你为什么还这样视死如归?

小结:是的,"天下兴亡,匹夫有责!"何为匹夫?是你,是我,是我们每一个人。所以,为了家人,为了家乡,为了祖国,他们义无反顾、视死如归、战死沙场、马革裹尸,他们却把这看作——醉卧沙场。这是何等悲壮与豪迈啊!

(4) 将你此刻的感受融入朗读。(指名朗读。)

(5) 这短短二十八个字,就将战士们豪迈的形象,淋漓尽致地展现在我们眼前。(出示全诗)一起读。

从你们的朗读中,我听到了战士们的心声——卫国戍边,死得其所!为国献身,死有何惧!

[**设计意图**:欲解诗情,先入诗境。此处借助想象画面、创设情境等方式,引导学生理解古诗的前两句。聚焦"君莫笑"这一关键词,建构核心话题:"醉卧沙场"可笑吗?为什么?由此,引导学生借助资料展开联想和思考。其后,通过以诗解诗的方式,进一步引导学生深入体会边关战场马革裹尸的惨烈悲壮以及戍边战士保家卫国、视死如归的豪迈气概,在充分的诵读、理解、感悟中回应本单元"天下兴亡,匹夫有责"的人文主题。]

板块五:誊抄诗句,永留心间

1. 王翰的《凉州词》气格俱胜,为历代书法家所钟爱,留下了许多墨宝。(出示书法作品,学生欣赏。)

2. 下面让我们拿起书签,共同书写下这历久弥坚的文字——醉卧沙场君莫笑,古来征战几人回?

3. 书写展示,点评反馈。

4. 总结:这首《凉州词》与王昌龄的《出塞》,都被誉为唐代七绝的压卷之作,值得我们反复吟诵。同学们,就让这豪情壮志深深烙印在我们心中吧!

[**设计意图**:诗的后两句是全诗点睛之句,也是情感升华之处。誊抄诗句,不仅落实了课堂书写的环节,更加深了学生对诗意诗情的体会。课末《凉州词》的激情诵读,将学生心中的澎湃热血与家国情怀推至情感体验的高潮。]

板书示意图

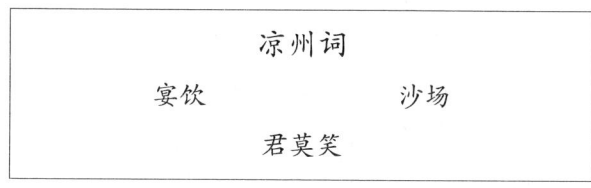

图 4-25

第 11 例《夏日绝句》:问世间,谁是英雄

夏日绝句[①]

[宋] 李清照

生当作人杰,
死亦为鬼雄。
至今思项羽,
不肯过江东。

【诗歌赏读】

赏读李清照的《夏日绝句》

《夏日绝句》这首诗与王昌龄的《出塞》、王翰的《凉州词》一起被编入统编小学语文教材四年级上册《古诗三首》中。与前两首豪迈雄健的边塞七绝诗相比,《夏日绝句》虽为五绝,但气势格局并不逊色。在实际的教学中,这首诗却很容易被忽视,常常一读二讲便了之。究其原因,一是因为诗作本身文句直白浅显,无须多言;二是因为作者本人不以诗作见长。可是这首诗的的确确是不能被忽视的。理由很充分,因为作品与作者都有着不可撼动的诗坛影响力,而这份影响力是由诗中所蕴含的英雄气概铸就的。

《夏日绝句》的作者是李清照,她是统编小学语文教材选编的古诗词中唯一一位女性作者。李清照"自少年便有诗名,才力华赡,逼近前辈",在尊男抑女的古代,能从一众大家级、大师级男性诗(词)人中脱颖而出,实非易事。

提及李清照,世人最津津乐道的是她的词作。确实,奠定李清照文坛地位的是她的词。作为婉约词派的代表人物,她流传下来的词作有不少是我们在学生时代就熟读成诵的,比如《如梦令·常记溪亭日暮》。

---

① 选自统编小学语文教材四年级上册。

第四章 "致润"理念下的古诗词赏读与教学实例

《如梦令》

常记溪亭日暮,沉醉不知归路。

兴尽晚回舟,误入藕花深处。

争渡,争渡,惊起一滩鸥鹭。

彼时的李清照还是一位十六七岁的娉婷少女,与一众好友外出游玩,兴尽而归,却因为美酒微醺,醉意朦胧中一时找不到回家的路,把那小舟驶入了莲花丛生之处,引得已归栖的鸥鹭纷纷飞起……一时间,众人的惊呼声、欢笑声,鸥鹭的鸣叫声、扑翅声,船桨轻叩船舷的撞击声……各种声音此起彼伏。这明媚鲜妍的生活,怎不令人心驰神往?李清照也因为这首词在京城声名鹊起,才华初露。

这样无忧无虑的生活离不开富足的家世支持。李清照出生于书香世家。父亲李格非进士出生,因创作风格、成就受到苏轼赏识,被苏轼收为弟子,为"苏门后四学士"之一。李格非的两任妻子均出自高门显贵,有出色的文学造诣与见地。李清照自幼便读书习文,受到良好的教育,耳濡目染间,积淀了深厚的文学底蕴,也培养出远超普通闺阁女子的见识与气度。

少女时代是快乐而幸福的。很快,李清照到了议亲的年龄。李清照出众的才华与优渥的家世自然得到不少青年才俊的青睐。谁能胜出,入得了才华横溢又俏皮美丽的李清照的眼呢?是赵明诚。赵明诚乃当朝吏部侍郎赵挺之的儿子,是太学生,可谓学识渊博、前途无量,他还是金石字画鉴赏家、收藏家。才子佳人互相倾慕,因此,即使父辈在政见上对立,但当时朝廷新旧两党矛盾有所缓和,子女情投意合,大人也乐见其成,一对佳偶终得喜结连理。恋爱的美好与甜蜜,从这首《点绛唇·蹴罢秋千》中可略窥一二。

《点绛唇》

蹴罢秋千,起来慵整纤纤手。

露浓花瘦,薄汗轻衣透。

见客入来,袜刬金钗溜。

和羞走,倚门回首,却把青梅嗅。

健康灵动的少女一大早起来就在院子里荡秋千。一摇一晃间,青春的气息扑面而来。玩得累了、尽兴了,下了秋千,也慵倦地去揉揉有些酸痛的手腕。此时,晨露浸润着尚未开的花骨朵儿,少女身上出了汗,把轻薄的衣衫也湿透了。正想在院里歇歇,不料客人进来了。她忙不迭地要去躲起来,慌乱间鞋也来不及穿上,就穿着袜子逃开去,金钗掉了,头发也散乱了,可哪里顾得上呢?接下来,最让人怦然心动的一幕出现了——少女带着羞涩跑到院门边,却又想回过头看看那个思念的人儿,可怎么好意思呢,于是灵机一动装作在轻嗅那青梅的味道……这嗅的哪里是青梅,分明是爱情的芬芳呀!

李清照与赵明诚婚后的日子是和美惬意的。可惜好景不长,随着蔡京的上台,朝廷党争日益尖锐,赵、李两家亦陷入党争风波。两夫妻的感情遭受严峻考验。李清照作为元祐党人的子弟不得在京居住,被迫回到济南老家,与丈夫两地分居。处境愈凄苦,李清照对赵明诚的思念愈浓烈。词作《一剪梅·红藕香残玉簟秋》就是李清照饱受相思煎熬的写照。

《一剪梅》

红藕香残玉簟秋。轻解罗裳,独上兰舟。
云中谁寄锦书来?雁字回时,月满西楼。
花自飘零水自流。一种相思,两处闲愁。
此情无计可消除,才下眉头,却上心头。

由此可见李清照对赵明诚的感情之深。其中的"一种相思,两处闲愁""此情无计可消除,才下眉头,却上心头"已然成为表达相思之情的名句。

后来,元祐党人平反,李清照夫妻终可团聚。但随着赵家的败落,赵明诚和李清照只得离开汴京,回到山东青州老家。夫妻二人相亲相爱、相知相敬,度过了人生中最舒心的岁月。

但是,比党争更为凶险的厄运即将来临。1125 年,金兵南下,1127 年掳走宋徽宗、宋钦宗及大量皇亲、朝臣等,京城被洗劫一空,北宋宣告灭亡,这便是历史上著名的"靖康之难",也成为刻在每一个宋人心头永难磨灭的惨痛回忆。

南宋朝廷任用赵明诚为江宁知府,官位相当于今南京市的市长,可谓重用。上任一年后,御营统制官王亦要在江宁城内起兵作乱。赵明诚的部下,江东转运副使李谟,得到消息后禀报了赵明诚。万万没有想到的是,赵明诚以自

第四章 "致润"理念下的古诗词赏读与教学实例

已已卸任江宁知府任湖州知州为由,采取不作为的态度。更令人发指的是,叛军作乱的当晚,赵明诚竟然和另外两个江宁府的高级长官从城楼上悬下绳索逃走了。这样的懦夫行径是多么可悲、可耻、可痛啊!

  国家危难存亡之际,赵明诚不仅没有拿出誓死保家卫国的勇气,还在战乱中弃城而逃,连妻子都不管不顾。李清照对丈夫的行为感到十分失望和不满,认为他违背了国家大义,对不起全城百姓。李清照宁愿丈夫为国为民血洒战场,也不愿他当一个苟且偷生的"亡国奴"。爱之深,则责之切。李清照对丈夫的爱意有几何,如今的失望就有几何。也因此,有了这首豪气凌云、气魄宏伟的咏史诗——《夏日绝句》。

  先看前两句"生当作人杰,死亦为鬼雄",起笔就凌厉高亢,气势逼人。活着,就应建功立业、报效国家;死了,定要慷慨就义、为国捐躯。这才是李清照心中的大丈夫、真英雄。一般而言,诗的起句不宜过高,过高的话,后面的诗句就很难承接得住。所以,无论是边塞诗、送别诗、咏史诗,开篇往往先描绘环境,烘托一定的氛围,为后面要写的句子蓄势。比如,与《夏日绝句》编排在一课中的《出塞》《凉州词》,都先写边塞的景物或场面,再表达诗人的感想与观点。那什么情况下诗人会在一开头就亮出观点或抒发情感呢?答案是这份情感汹涌澎湃且酝酿已久。国破家亡之际,李清照亲眼看见朝廷的无能、官员的软弱,甚至连自己最亲近的丈夫都做出临阵脱逃、毫无担当的事,一腔悲愤郁结于心,却又无可奈何。如今,她站在乌江边,望着滚滚奔腾的江水,想起了那个力拔山兮气盖世的西楚霸王。一个是置国家百姓于不顾苟且偷生,一个是赤胆忠心视死如归,两相比较,"生当作人杰,死亦为鬼雄"的豪壮之言劈空而来,直击人心。有用字的机巧吗?没有!有运句的斟酌吗?没有!全然没有!当然,这两句中也用到了典故:一是"人杰",汉高祖刘邦曾称赞开国功臣张良、萧何、韩信是人杰;二是"鬼雄",出自屈原《国殇》中的"身既死兮神以灵,魂魄毅兮为鬼雄"。但即使一字不识的老妪、不知典故出处的孩童,也依然能听得懂、读得懂这两句诗!

  项羽,名籍,字羽,楚国名将项燕之孙。关于项羽,有人认为他刚愎自用,只有匹夫之勇;有人认为他不懂权谋、不善用人,是个鲁莽之徒。无论如何,项羽行事光明磊落,不屑阴谋诡计,坦率豪迈而不擅虚与委蛇,具有典型的"英雄人格"。

项羽年少时志向远大,逃亡吴中时见秦始皇巡游,初生牛犊不怕虎,竟脱口而出:"彼可取而代也!"这令其叔项梁惊叹不已,遂悉心培养。

巨鹿之战,项羽面对悬殊兵力毫不胆怯,下令凿沉全部船只,砸烂所有饭锅,烧毁军旅帐篷,每名士兵带足可供三日果腹的干粮,要和秦军决一死战。在项羽的激励下,将士们轻装上阵,个个士气高昂,视死如归,以雷霆万钧之势包围了秦将王离的军队,阻截了秦军运送军粮的通道,最终大败秦军。霸王威名震慑四方。

彭城之战,项羽身先士卒,亲率三万精兵大战前来偷袭的刘邦大军。刘邦军队伤亡惨重,只能带着几十人慌忙逃路。此战留下战争史上以少胜多的佳话。

垓下之战,项羽部队被刘邦大军包围。四面楚歌的绝境之下,项羽依然带领八百余人成功突围。在乌江边,他遇见了当初送他北渡的乌江亭长。亭长劝他回到江东,以再振军威,卷土重来。但项羽想到了当初跟随自己征战天下的八千江东子弟,想到了自己当初踌躇满志立下的豪言壮语,自觉无颜去见江东父老,最终自刎告谢。

一代伟人毛主席曾留下"宜将剩勇追穷寇,不可沽名学霸王"的教诲,但他亦号召我们要学项羽的英雄气节。确实,从气节、风度而言,项羽当得起一声"英雄"。当人人嘲笑项羽不懂政治、不懂权术的时候,只有李清照理解项羽为什么"不肯过江东"。非"不能""不得""不可",而是"不肯",仅"不肯"二字,一派浩浩然"可杀不可辱""死不惧而辱不受"的英雄豪气力透纸背,扑面而来。这首诗也成为一代霸王辉煌人生的最好挽联。

全诗简短二十字,连用三个典故,却无堆砌晦涩之感,全凭诗人的真情真意。李清照借古讽今,以抨击南宋朝廷的软弱行径,她的正气凛然、慷慨雄健,让人折服。

李清照不仅以"一代词宗"的文坛地位让世人瞩目,更以其敢爱敢恨的独立人格、宁折不弯的民族气节令后人景仰,以至于每每读到这首《夏日绝句》,都会情不自禁道一句:果真女中豪杰、巾帼英雄也!

第四章 "致润"理念下的古诗词赏读与教学实例

【诗歌教学】

《夏日绝句》教学设计

教学目标

1. 读准古诗,读出绝句的节奏、韵律,能熟读成诵,会默写。

2. 以"英雄"为核心话题,借助资料、注释等开展探究活动,了解古诗大意,感受李清照的内心情感,体会其具有的民族气节。

3. 通过对具有民族气节人物的聚焦,进一步感受中华民族的精神品格,树立文化自信,涵养家国意识。

教学重点

了解古诗大意,感受李清照的内心情感。

教学难点

体会李清照的民族气节,初步树立家国担当意识。

教学过程

板块一:关联所学,读好新诗

1. (凸显"英雄"一词)伸出手指,与老师一起端正书写"英雄"一词,并响亮朗读。

2. 在王昌龄的眼中,戍守边塞、不教胡马度阴山的万里征人是当之无愧的"英雄",读——但使龙城飞将在,不教胡马度阴山;无独有偶,王翰《凉州词》中称颂的英雄亦是那征战沙场、上阵杀敌的边塞将士,读——醉卧沙场君莫笑,古来征战几人回?

3. 那么在被誉为"千古第一才女"的宋代词人李清照的心中,怎样的人才是真英雄呢?(教师揭题,学生读题。)

4. 读好古诗。

这是一首五言绝句,谁能清楚、响亮地读一读?(指名读。)

在读正确的基础上,谁能读出五言绝句的节奏?(指名读,齐读。)

[设计意图:古诗所在单元的人文主题为家国情怀,单元开篇《古诗三首》选编了《出塞》《凉州词》《夏日绝句》三首古诗,前两首为边塞诗,后一首为咏史

诗,虽然诗歌体裁不同,但核心都指向"英雄"。因此,以"英雄"为话题建构三首古诗之间的关联,在同一个主题"探究英雄内涵"之下,开展新诗的学习,目标更为集中,学习路径更为明确。]

板块二:借助典故,了解英雄

1. 明确何为英雄。

(1) 诗的前两句,李清照就旗帜鲜明地亮出自己对英雄的定义,齐读——生当作人杰,死亦为鬼雄。她心中的英雄是怎样的?谁能用自己的话来说一说。

(2) 交流反馈。

预设:李清照认为英雄应该是这样的——活着的时候,要当人中豪杰,死了也要做鬼中英雄。

随机点拨,并板书"作人杰""为鬼雄"。

◇ 人杰,人中豪杰——汉高祖刘邦曾称赞开国功臣张良、萧何、韩信是"人中豪杰"。

◇ 鬼雄,鬼中英雄——出自屈原《国殇》:身既死兮神以灵,魂魄毅兮为鬼雄。(将士们佩长剑夹强弓征战沙场,身虽死但精神不会泯灭,魂魄刚毅是鬼中英雄。)

(3) 若生,就要建功立业;若死,定要为国捐躯。这才是李清照心中的大丈夫、真英雄。(情感引读。)

[**设计意图**:《夏日绝句》不同于一般诗歌由眼前景抒心中情的写法,而在开头就直抒胸臆,亮明观点——生当作人杰,死亦为鬼雄。这就是李清照心中的英雄。诗句不难理解,可以让学生直接用自己的话语说说诗人心中的英雄是怎样的。在学生讲述中适时穿插、渗透"人杰""鬼雄"的典故,以更为具体的人、事助力学生形象感知"人杰""鬼雄"的内在含义。]

2. 聚焦英雄是谁。

(1) 生是豪杰,死是鬼雄,纵观历史,在李清照心中只有谁才称得上这样的大英雄?(引导学生回答"项羽"。)

(2) 出示后两句诗提问:谁能简单介绍一下项羽?(指名介绍。)

(3) 微课呈现:项羽,史称"西楚霸王",为中国历史上最强武将之一,古人对其有"羽之神勇,千古无二"的评价。秦末,项羽率领楚军参加了反秦战争,最终推翻了秦朝的统治。但项羽与刘邦争天下失败,自觉愧对江东父老,自刎于乌江。

(4) 讨论:项羽给你留下怎样的印象?(项羽活着是如张良、萧何一般的人中俊杰,死了也是刚毅勇敢的鬼中英雄;他英勇无畏、力大无穷、光明磊落……)

(5) 若这样改诗句,可行吗?理由是什么?(随机出示:至今思项羽,不能过江东。)

预设:"不能过"是一种被迫无奈的选择,显得气势低沉;"不肯过"是一种主动的抉择,更具有英勇气概。

读后两句诗,读出项羽的无所畏惧、视死如归。

(6) 无论是人杰还是鬼雄,为人在世,应当做一个顶天立地、铁骨铮铮的大丈夫,齐读古诗。

[设计意图:教与学的过程顺应诗歌的创作思路。诗人在开头直截了当地提出了对英雄的定义,后两句则进一步明确了谁才符合"生当作人杰,死亦为鬼雄"的英雄标准。选取表现项羽英雄事迹的典型材料制成微课,让学生对其生平、经历有一个整体上的认识,是走进人物的良好开端。但微课的支架搭建尚在诗外,要入诗还要从文字切入。学生在比较、品鉴中,理解、感悟"不肯"与"不能"虽只一字之差,却带给读者迥然不同的人物印象,从而品读出一个无所畏惧、视死如归的英雄形象。]

板块三:拓展诗歌,辨析观点

1. 李清照认为项羽以身殉国,是英雄。在李清照之前,不少诗人对项羽自刎于乌江事件就提出过自己的看法,(出示《题乌江亭》与《乌江亭》)比如唐朝的杜牧、宋代的王安石。诗人的观点是什么?你支持哪种观点?小组讨论,说明理由。

2. 交流汇报。

◇ 杜牧:忍辱负重、重振雄风的才是英雄。

◇ 王安石:兵败如山倒,项羽失去人心,即使回到江东也难东山再起,非良将、非帅才。

3. 读诗句。

［**设计意图**：项羽功过历来仁者见仁、智者见智，有人说他刚愎自用、唯有武力，有人说他易受蛊惑、任人不贤。此处出示杜牧的《题乌江亭》和王安石的《乌江亭》，抛出思辨性话题"诗人的观点是什么，你支持哪种观点"，让学生从诗家、史家的角度去辨析项羽的自刎行为，更全面也更深入地了解项羽。但思辨的最终目的并非争项羽之功过，而是为无论他人如何评判项羽，李清照心中却独尊项羽为真英雄，对项羽自刎以告谢江东父老、江东子弟的气度给予高度认可做好铺垫。］

板块四：联结背景，感悟内心

1. 无论杜牧、王安石这些前人如何评价项羽，李清照却坚持自己的观点，读——至今思项羽，不肯过江东。

2. 李清照为什么会发出这样的感慨与呼喊？阅读资料（见图4-26），寻找原因。

> 公元1127年，金兵攻破东京（今河南开封）。次年4月，宋徽宗、宋钦宗父子及后宫嫔妃、官员等，被当作牲畜一般押往金兵根据地。中原大地再次陷入混乱之中。这就是中国历史上著名的"靖康之难"。
>
> 国难当头，那些平日里养尊处优的士大夫们，张皇失措，气节全无。有的卑躬屈膝缴械投降，有的不顾家国安危只想逃跑，甚至还有为了活命直接抛妻弃子的……
>
> 李清照看到国难来临时那些大宋官员的丑态，心中悲愤交加。
>
> 后来，李清照路过乌江，望着滔滔江水，不由想到：项羽能推翻秦朝建立功业，即使后来失败，也能从容赴死，如此英勇无畏、大义凛然的男人才是英雄。一时间，李清照心潮起伏，怀着满腔激愤和豪情写下了这首《夏日绝句》。

图4-26

3. 交流李清照发出如此感慨的原因：悲国家灭亡、恨朝廷无能、痛丈夫懦弱、惜自己不能上阵迎敌。

4. 引导填空：李清照虽为弱女子，但有一腔爱国之心、报国之志，若她是一名男子，定当＿＿＿＿＿＿，定当＿＿＿＿＿＿，定当＿＿＿＿＿＿。

点评：李清照虽不能上战场杀敌，但她的壮志豪情、勇敢无畏当得起"女中豪杰"，当得起"巾帼不让须眉"。

5. 只可惜，当时的李清照只能站在乌江边上，借项羽的故事来诉说、来表达、来激励、来批判。我们该怎样读，才能读出她当时复杂的心境呢？（学生自由读。）

6. 指名读，相机点评：豪气干云中有着无可奈何；国难当头，有谁能如项羽一般激战沙场，视死如归；问世间，英雄何在，英雄何在啊！

7. 学生齐读诗歌。

［设计意图：《夏日绝句》便是在金兵入侵、北宋灭亡背景下创作的。为了让学生读懂诗人心声，提供相关背景资料，以进一步理解诗人心中之悲愤、痛恨、苦楚，理解诗人是借项羽的英雄气概对不作为的朝廷、官员，乃至自己的丈夫进行无情的批判与讽刺。］

板块五：贯通当下，赓续精神

1. 作为中国历史上著名的词人，李清照以其婉约、清新、自然、真挚的创作风格令人称道。她在国破家亡之际，所表现出的坚贞不屈的民族气节，也令人敬仰。

2. 这样的民族气节在中国历史上从未消失，也正是这样的民族气节，使中华民族历经无数磨难依然岿然屹立。（出示人物图像）你们看——

屈原：宁可投江而死，也不愿让清白之身蒙受世俗玷污。

岳飞：面对金朝的侵略，他率领岳家军英勇抗敌，屡建奇功。

文天祥：在国家危亡之际起兵反抗，被俘后坚贞不屈，留下了"人生自古谁无死？留取丹心照汗青"的豪迈诗句。

于谦：明朝名将，土木堡之变后他挺身而出，挽救明朝于危难之中。

左宗棠：击败了侵略军，收复新疆失地，维护了中国的领土完整。

秋瑾：中国近代史上伟大的女英雄，为民族解放和妇女解放事业付出了自己的生命。

周恩来：鞠躬尽瘁，死而后已，为中华之崛起奋斗终生。

梅兰芳：蓄须明志，拼死拒演，堪称德艺双馨的艺术大师。

钱学森：放弃国外优厚待遇、条件，冲破重重困难，毅然回国。

3. 情感引读。

每每国家危难存亡之际，仁人志士心中便响起这样的诗句——生当作人杰，死亦为鬼雄。

历史长河中，无数人为了保家卫国，抛头颅、洒热血，虽九死而不悔，因为他们的心中有这样的信念——生当作人杰，死亦为鬼雄。

活要活得堂堂正正、顶天立地，死也要死得清清白白、重于泰山，这才是我们中国人心目中大英雄、真英雄的"作为"——生当作人杰，死亦为鬼雄。

4. 书写名句。

（1）让我们把这首诗收入"英雄榜"之诗歌篇。

（2）指导、展示。

5. 就让这样的英雄气概、民族气节，流响于我们的耳畔，铭刻在我们心中。全体起立，齐诵《夏日绝句》。

[设计意图：中华民族的气节，是中华民族千百年来民族精神的结晶。它表现为不屈不挠，坚韧不拔，始终坚守正义与真理的决心。在面对外敌入侵、列强霸凌时，无数仁人志士以民族气节为支撑，甘愿舍生取义，战胜一切艰难险阻。这种气节激励着一代又一代的中华儿女为民族复兴而努力奋斗。因此，在最后的学习活动中，聚焦民族气节，以承前启后的民族精神赓续为脉络，贯通古今，激励学生在新的时代背景下铭记民族气节，传承民族精神，为中华民族的伟大复兴积淀力量。]

板书示意图

```
英  雄
作  人杰
为  鬼雄
```

图 4-27

第12例《芙蓉楼送辛渐》：体会万分深情，理解一颗冰心

芙蓉楼送辛渐[①]

[唐] 王昌龄

寒雨连江夜入吴，
平明送客楚山孤。
洛阳亲友如相问，
一片冰心在玉壶。

【诗歌赏读】

赏读王昌龄的《芙蓉楼送辛渐》

在赏读《出塞》这首古诗时，我们已经介绍过王昌龄，知道他是边塞诗的重要代表人物，与高适、岑参齐名。《芙蓉楼送辛渐》也是王昌龄的代表作。这绝非虚言。唐代文人薛用弱的《集异记》就曾记载过与这首诗有关的故事。

据说王昌龄与好友王之涣、高适闲居长安。在一个雪花飘飘的日子，三人一起到旗亭饮酒。把盏言欢之间，梨园班子的十余名子弟也登楼聚会宴饮。宴饮之余，这些梨园子弟开始表演节目。有四个打扮得非常漂亮的年轻姑娘开始演唱。乐曲随之奏起，都是当时有名的曲子。王昌龄等三人便悄悄约定："我们几个在诗坛上也算有点儿名气，平时分不出高低，今天就来打个赌吧，看这四个姑娘唱谁的诗多谁就算赢。"

第一位姑娘出场就唱："寒雨连江夜入吴，平明送客楚山孤。洛阳亲友如相问，一片冰心在玉壶。"王昌龄用手指在墙壁上画一道："此乃我的一首绝句。"第二位姑娘唱："开箧泪沾臆，见君前日书。夜台今寂寞，犹是子云居。"她唱的是高适的诗。第三个姑娘接着上场："奉帚平明金殿开，且将团扇共徘徊。

[①] 选自统编小学语文教材四年级下册。

玉颜不及寒鸦色，犹带昭阳日影来。"王昌龄听了十分高兴，说："又是我的诗。"这时候，王之涣有点负气，说："前面几位唱的不过是'下里巴人'之类不入流的歌曲，那'阳春白雪'之类的高雅之曲哪里是她们唱得了的！"他又指着第四个姑娘说："这个姑娘最漂亮，如果她不唱我的诗，我这辈子就不和你们争高下了。"没过一会儿，就听这位最漂亮的姑娘唱道："黄河远上白云间，一片孤城万仞山。羌笛何须怨杨柳，春风不度玉门关。"这正是王之涣的《凉州词》，三人一听，开怀大笑。

  这个故事就是有名的《旗亭画壁》。姑且不论诗作的高下，从女伶人开口就唱《芙蓉楼送辛渐》这个细节，我们就可以充分感受到王昌龄诗作的受欢迎程度。

  《芙蓉楼送辛渐》是一首非常典型的送别诗。送别诗的题目一般会有一个表示辞别的字，如"赠、别、送"，形式上会由"什么地方，送谁到哪里去"组成。比如，王维的《送元二使安西》、李白的《黄鹤楼送孟浩然之广陵》、高适的《别董大》、王勃的《送杜少府之任蜀州》等。《芙蓉楼送辛渐》也不例外，诗题就告诉我们送别的地点是芙蓉楼，送别的对象是辛渐。

  诗的前两句"寒雨连江夜入吴，平明送客楚山孤"，点明了送别的时间和环境。什么时候呢？是"平明"时分，就是天刚亮的时候。诗人在天刚刚亮的时候，送朋友启程了。但令人费解的是，第二句中说是"平明送客"，可第一句中还有一个表示时间的词，那就是"夜"。怎么夜里在送，平明时分还在送呢？其实，《芙蓉楼送辛渐》有两首，是组诗。第一首写的是第二天清晨诗人在江边送别辛渐的情景，也就是统编小学语文教材选入的这首。第二首写的是第一天晚上诗人在芙蓉楼为辛渐饯别的情景，名气虽没有第一首那么大，但也情真意切，值得一读。诗云："丹阳城南秋海阴，丹阳城北楚云深。高楼送客不能醉，寂寂寒江明月心。"丹阳，在今江苏省南部，属镇江市，即芙蓉楼所在地。诗的意思是说：我站在丹阳城的高楼放眼远眺，只见江水浩渺，烟波苍茫，心情也如同那阴沉沉的云一样凝重。对你的依依不舍之情难以言表，心中充满了酸楚，以致酒不尽兴，不能酣醉。满腔的惆怅、寂寞仿佛流之不尽的寒冷的江水。一轮明月高悬，我们之间的情意就像它一样清亮、纯洁。此诗寓情于景，也是一首不可多得的佳作。

回到我们先前提的问题上来,为什么诗人会在夜里和清晨送朋友呢?这就要了解一下当时诗人所任之官职。王昌龄当时正担任江宁(今江苏南京)县丞一职,他的朋友辛渐即将由润州渡江,取道扬州,北上洛阳。王昌龄得知这个消息后,便一路送行到了润州,从江宁到润州有一百五十多里路。到达润州的第一天晚上,诗人在芙蓉楼为好友设宴饯行。第二天清早,又在江边送其登船渡江。这才有了夜里相送,平明又送的两处送别场景。由送别时间之久、送别路程之长,我们可以很清楚地感受两人的情深意长。

诗的前两句中不仅仅只有表示时间的词语让我们感受到这份真挚的友情,我们还可以从环境的描写中读出这份深情厚谊。你看,"寒雨连江",沉沉的夜幕中,迷蒙冰冷的雨笼罩着整个吴楚大地,与浩渺宽阔的江水连成一片,没有涯际。当自然界中的"雨"进入诗歌,寄托了诗(词)人的情感后,这"雨"便也有了情绪。尤其是"雨"与诗(词)人的愁苦心境相遇,便成了表达惆怅与感伤的文学符号。"青鸟不传云外信,丁香空结雨中愁",李璟笔下的雨是一份郁结不散的苦闷。"耿耿残灯背壁影,萧萧暗雨打窗声",白居易诗里的雨是一份孤寂漫长的痛苦。"试问闲情都几许? 一川烟草,满城风絮,梅子黄时雨",贺铸词中的雨是一份寂寞无奈的不得志。王昌龄诗中的"雨"也同样凝结了他心中无尽的凄清和忧伤,再加上一个"寒"字作为前缀,更让人觉得彻骨的寒凉。更何况,这"寒雨"还与滚滚流淌的江水连成一片,无边无际,不就象征着诗人送别友人时的伤感、忧愁、悲苦、无奈,也是这样的无边无际吗?

除了"寒雨",还有哪里也体现诗人的这份心境呢? 正是"楚山孤"。楚山泛指长江中下游北岸的山。它们层层叠叠、连绵起伏,又怎么会觉得孤独呢? 这份寂寞分明就来自诗人的内心。楚山的沉默难言,就是诗人的沉默难言。借景抒情正是送别诗的一大特点。一场"寒雨",一片"楚山",悄然传递了缕缕情思。

一般而言,送别诗接下来会写些什么呢? 诗人可以直接赞美与友人的深情,比如李白《赠汪伦》中的后两句诗:"桃花潭水深千尺,不及汪伦送我情。"内容可以是目送朋友,比如,李白《黄鹤楼送孟浩然之广陵》中的后两句诗:"孤帆远影碧空尽,唯见长江天际流。"内容也可以是喝酒饯别,比如,王维《送元二使安西》中的后两句诗:"劝君更尽一杯酒,西出阳关无故人。"那么这首《芙蓉楼送辛渐》呢？王昌龄写的是:"洛阳亲友如相问,一片冰心在玉壶。"

此时,这首诗中的最为经典意象已然出现,是什么呢？"冰心玉壶"。这一意象的提出,始于南朝鲍照,他在《代白头吟》中写道:"直如朱丝绳,清如玉壶冰。"其以"玉壶冰"来比喻高洁清白的品格。唐玄宗时名相姚崇作《冰壶诫》,对"冰壶"这一概念进一步加以强化:"冰壶者,清洁之至也,君子对之,示不忘乎清也。夫洞澈无瑕,澄空见底,当官明白者,有类是乎？故内怀冰清,外涵玉润,此君子冰壶之德也。"此后诗人李白、王维、崔颢都有以"冰壶"自喻的诗句,来表明自己光明磊落、表里澄澈的君子风骨。而王昌龄也借此表达自己的品格和操守。

那么,我们想要追问的是,王昌龄在送别友人之际,不表难舍之情却言自己的品性,这是为何呢？这就与王昌龄一贯的行事风格有关了。《唐才子传》中说王昌龄"不矜小节,谤议腾沸,两窜遐荒,使知音者喟然长叹"。"不矜小节,谤议腾沸"具体指什么事,资料语焉不详,大致上应是指王昌龄也曾努力致仕,却升迁无望。官场失意后的表现就是不拘小节、放浪形骸,意气用事的后果便是授人以柄,因而招致无数的争议与诽谤。而送别辛渐之时,也正是王昌龄处于流言蜚语的风口浪尖之时。一方面是好友要离去,另一方面是遭受无端的谤议,王昌龄内心的苦楚自不必言。也正因如此,才有了"洛阳亲友如相问,一片冰心在玉壶"的郑重嘱托。正因王昌龄的这首《芙蓉楼送辛渐》的最后两句没像一般的送别诗那般再抒依依惜别之情,而是借"玉壶冰心"巧妙地表达了自己的心志,自成高格,自有境界。

王昌龄是不是具有高洁品格和磊落气度,千年后的我们不能擅作论断。我们就说说与他交好的大诗人吧。第一位,孟浩然。王昌龄返回洛阳途中经襄阳看望孟浩然。孟浩然高兴之余将不能吃河鲜的医嘱抛于脑后,导致疮毒发作,终至旧病复发,猝然逝世。第二位,李白。王昌龄再贬为龙标尉时,李白闻讯立刻写诗安慰,留下一首流传千古的《闻王昌龄左迁龙标遥有此寄》,诗曰:"杨花落尽子规啼,闻道龙标过五溪。我寄愁心与明月,随君直到夜郎西。"第三位,岑参。王昌龄被贬江宁,岑参写下一首《送王昌龄赴江宁》,为王昌龄的不得重用打抱不平:"对酒寂不语,怅然悲送君。明时未得用,白首徒攻文。"还有我们在前面讲过的《旗亭画壁》中的王之涣、高适等。俗语有云"物以类聚,人以群分",王昌龄其人如何,从他所交之人便可知一二!

王昌龄一生存诗一百多首,其边塞诗、送别诗、宫怨诗可谓精品迭出。明代文学家王世贞评价他:"七言绝句,王少伯(王昌龄字少伯)与太白争胜毫厘,俱是神品。"王昌龄的诗作格调高洁,不流于俗,也许正是因为他一生都保护着自己的那颗"玉壶冰心"不受外界非议、攻讦的玷污吧!

【诗歌教学】

《芙蓉楼送辛渐》教学设计

(共1课时)

教学目标

1. 通过先读后导、情境体验等方式,正确、流利、有感情地朗诵诗歌,积累诗歌。

2. 通过研读关键字"夜""平明"知晓送别时间和方式,并通过想象画面、交流感受,初步了解送别诗借景抒情的创作特色,感受友人之间深厚的情谊。

3. 通过补充资料、讨论探究等方式理解"冰心""玉壶"的深层含义,理解诗人不会因横遭谤议贬谪而改变气节的心志。

4. 通过艺术形式的多样态呈现,进一步明确诗歌的历史价值和流传程度。

教学重点

初步了解送别诗借景抒情的创作特色,感受友人之间深厚的情谊。

教学难点

理解"冰心""玉壶"的深层含义,理解诗人不会因横遭谤议贬谪而改变气节的心志。

教学过程

板块一:明确题材,初读古诗

1.(出示《别董大》)同学们,还记得这首诗吗?一齐高声诵读。(学生齐读)这是一首送别诗,是高适送别董大时所作的。

2. 在交通不便的古代,亲友一旦分别,便不知何日相见,因此,诗人们往往会写诗话别。我们今天要学的这首诗也是一首送别诗。(出示诗题《芙蓉楼送辛渐》。)

3. (指名读诗题"芙蓉楼/送/辛渐",根据停顿点评)从同学们的朗读停顿中,我知道你们读懂了送别的地点是芙蓉楼,送别的对象是辛渐。

4. 初读古诗,读好节奏。

(1) 能正确地朗读这首古诗吗?(自由读;指名读,关注"龄""平明"等字词的后鼻音。)

(2) 读出"4/3"节奏或"2/2/3"节奏。(指导评价:用这样的节奏读很有味道;古诗就要这样娓娓而读。)

(3) 多形式配合读。

5. 同学们已能够按一定的节奏来读古诗,但要读得入情入境还要走进这首诗,走进诗人的心里。

[设计意图:学生在四年级上册语文园地的"日积月累"中学过《别董大》一诗,虽然在学习目标上积累重于理解体会,但对于送别诗这一诗歌类别已有初步的了解。《芙蓉楼送辛渐》也是一首经典的送别诗,这里需要对送别诗的概念进行适当澄清。故导入环节以旧诗引出新诗,通过"送别人物""送别地点"等要素的点明,自然夯实学生对送别诗的体认。之后,通过不同层次的诵读要求,引导学生对诗歌的音韵、节奏进行整体的把握。]

板块二:品读关键,体会深情

1. 出示前两句诗:寒雨连江夜入吴,平明送客楚山孤。

(1) 这次送别是什么时候?是怎样送别的呢?(引导学生抓住"夜""平明",理解是从前一天开始送,一直送到第二天。)

(2) 为什么夜里相送,平明时分还在送呢?

出示示意图(略),简介:这是长江,这一带是长江中下游地区,古时曾先后被楚国、吴国统治过,因此又称为吴地、楚地。这一天,诗人的朋友辛渐即将启程到洛阳去。正在江宁(今江苏南京)任职的诗人一路将其送到了润州。到达润州的第一天晚上,诗人在芙蓉楼为好友设宴饯行。第二天清早,又在江边送其登船渡江。

(3) 听了介绍,你有什么感受?(送别时间长,说明两人的友情很深厚。)

[设计意图:该诗的前两句在写景的同时揭示了送别的时间,即"夜"和"平明"。这样就产生了一个问题:怎么会夜里送,清晨也送?于是,教师适时介入地图示意,讲清送别的背景,学生自然就感受到长时间的连续送行中所蕴含的深情厚谊。]

2. 细读诗句,还能从哪些字词中体会到诗人与朋友的惜别之情?

预设:

◇ 寒雨:秋天的雨会带给人冰凉、凄清的感觉;寒雨绵绵不断,让人倍觉忧伤。

◇ 孤山:楚山不会孤独,这份孤独表现了诗人内心的孤独,因为朋友要离开了。

3. 这寒冷的雨,这孤独的山,分明是诗人的忧伤和不舍。作者是借这寒雨、这孤山来表达自己的情感啊!

4. 你能读出这样的不舍、这样的忧伤吗?(指名朗读,跟进评价:你的朗读让我们感受到友人之间的依依不舍;你读出了诗人离别时的失落和难过。)

[设计意图:送别诗的写作特色之一就是"借景抒情",此诗也不例外。诗人借漫天的寒雨诉说内心的百般不舍,借楚山的孤独表达友人离去后的万分惆怅。"借景抒情"这一写作手法作为语文要素出现在五年级上册第一单元。因此,教学中要柔化处理这一写作手法,引导学生充分品读、体会"寒雨""孤山"这两个意象,并给予评价点拨,于潜移默化中让学生深入体会诗人内心的孤寂和伤感。]

板块三:合作探究,解读心志

1. 诗的前两句,诗人通过寒雨、孤山表达惜别之情。诗的后两句会像高适的诗那样,劝慰远行的朋友吗?(出示诗的后两句。)

(1) 这两句诗在表达什么呢?请按要求进行学习——

① 借助注释,理解诗句大意。

② 小组交流,推选同学汇报。

(2) 指名汇报交流。

(3) 观看微课,增进对"冰心玉壶"的了解:古人常用"心若怀冰"来比喻心地的纯洁,用"玉壶""冰壶"等形容操守的高洁、做官的廉洁奉公。

(4) 与好友离别之际,没有祝福,没有安慰,有的却是请求转告的嘱托,这是为什么呢?我们来看看王昌龄的做官经历。

出示资料:王昌龄,29岁时在朝廷做官,后遭到一些同僚诽谤,多次被贬官。后在江宁做官时,他依然遭受诽谤与争议。

你读懂了什么?(不被理解、做官不顺、不受重用等。)

2. 感情朗读。

(1) 自由读,指名读,相机评价:这番托付是郑重其事的,诗人的内心依然坚定,等等。

(2) 引读。

师:辛渐啊辛渐,如果我的亲人问起我,你一定要转告我的心志——

生:一片冰心在玉壶。

师:辛渐啊辛渐,如果我的朋友问起我,你一定要转告我的心志——

生:一片冰心在玉壶。

师:辛渐啊辛渐,洛阳亲友如相问——

生:一片冰心在玉壶。

3. 再多的指责也不能改变自己的初心,再苦的处境也不能削减自己的骨气,王昌龄借"玉壶冰心"巧妙地表达了自己高洁、坚定的心志。

[设计意图:本单元的人文主题是"人物品质",《芙蓉楼送辛渐》的后两句诗所表现的诗人高洁、清廉的心志和开阔、疏朗的胸怀正符合这一人文主题的内涵。就诗句的字面意思而言并不难懂,学生借助注释便可明白。但诗人别出心裁地以"冰心玉壶"自喻作为送别时的殷殷嘱托,其中的深意是很值得深入探究的。该环节通过充分的小组合作学习,完成对"玉壶""冰心"的初步了解;再以微课形象揭示其中的象征含义,以文字资料补充诗人的困顿处境。层层深耕之下,学生对"冰心玉壶"象征意义的理解更为深刻,激发对诗人高尚气节、博大胸襟的由衷钦佩,落实了教学目标。]

板块四：积累古诗，传承文化

（1）多种形式读：指名读，领读，小组合作读。

（2）多种层次背：指名背，上台背，全班合作背。

（3）古诗、名诗是中华民族的文化瑰宝，有许多书法家为这首诗留下墨宝，我们来观赏一番。

（4）这首诗流传到现在，不仅书法家钟情于它，一些著名的作家、文学作品也青睐于它。（出示图片并介绍）这位老人叫谢婉莹，她的笔名就出自"一片冰心在玉壶"；再如一些小说、散文也常会以"一片冰心在玉壶"为名。

（5）让我们也把这首千古名句端端正正地书写在纸笺上，印刻在心里！

（6）反馈学生作品，点评并加盖"冰心玉壶"章。

〔**设计意图**：积累古诗是为了传承文化。多种形式的读和背是常规的积累形式，不可偏废，但古诗教学更要在文化的熏陶、浸润上做足文章。通过观赏书法作品、知晓作家笔名的由来及书名的出处、在纸笺上端正书写等方式，学生关注名篇、名句，这既营造出了浓厚的文化氛围，又增进了学生对此诗价值的体认。〕

板块五：适度拓展，诵读结课

1. 送别诗中的名篇名句还有很多，除了我们非常熟悉的《别董大》之外，还有李白的《黄鹤楼送孟浩然之广陵》、王维的《送元二使安西》等。（点红并引导学生齐读这三首诗的后两句。）

2. 小结：送别诗中的经典名篇总是这样深入人心、代代流传。

〔**设计意图**：送别诗中的名篇佳作甚多，选耳熟能详的几首略加拓展，既是对相关主题的有益补充，也是学习的良性延展。〕

板书示意图

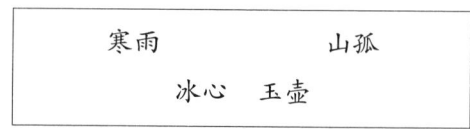

图 4-28

（《芙蓉楼送辛渐》课堂教学获 2016 年教育部优课，此处有改动。）

第13例《墨梅》:"清"致不凡 "气"韵高华

墨 梅①

[元]王 冕

我家洗砚池头树,
朵朵花开淡墨痕。
不要人夸好颜色,
只留清气满乾坤。

【诗歌赏读】

谈统编教材中的梅花诗及梅花意象的理解

梅,贵为"花中四君子"之首,又独以花的身份入选"岁寒三友",可见,中国人对梅的推崇和青睐。的确,自古以来,中国文人就有种梅、赏梅、品梅的习惯,这样的习惯之下催生了大量的咏梅诗篇。在艺术创造中,梅花的象征意义得以不断丰富和发展。

诗人陆凯在《赠范晔诗》中云:"折花逢驿使,寄与陇头人。江南无所有,聊赠一枝春。"这里的梅是传达友人之间纯真情意的信物。盛唐诗人王维曾作《杂诗三首·其二》,其中就有借梅问询之句:"君自故乡来,应知故乡事。来日绮窗前,寒梅著花未?"这里的梅是故乡人事的缩影和乡情的寄托。进入宋代,文人对梅的吟咏更侧重在其高标孤洁的品性上。如,林逋的"众芳摇落独暄妍,占尽风情向小园。疏影横斜水清浅,暗香浮动月黄昏",把梅花的孤高风骨、俊逸神姿表现得淋漓尽致。

但在众多写梅花、赞梅花的诗篇词作中,表现梅花不畏严寒、傲霜斗雪之

---

① 选自统编小学语文教材四年级下册。

精神的作品更为世人所称道,其蕴含着的深刻的教育意义也得以不断地传承和发扬。统编小学语文教材就收录了四首梅花诗词,为王安石的《梅花》、卢钺的《雪梅》、毛泽东的《卜算子·咏梅》和王冕的《墨梅》。

细细品读,不难发现,教材中收录的四首梅花诗词有着各自的创作特色和功能担当。王安石的《梅花》属于五言咏物诗,凸显梅花凌寒而开的特点,侧重表现梅的自然属性;卢钺的《雪梅》是一首七言哲理诗,通过梅与雪的争春之说来表现梅、雪各自独具的优点;毛泽东的《卜算子·咏梅》是一首词,大气磅礴、热烈奔放地赞美梅花冰雪怒放、笑迎春天的坚强乐观;而王冕的《墨梅》,其述梅花身上凝聚着的人的情志、信念更为鲜明和浓烈,需要得到更充分的挖掘。

为什么《墨梅》中的梅化精神更值得深度研究和发扬?因为教材对这四首诗词的教学定位是不同的。王安石的《梅花》和毛泽东的《卜算子·咏梅》都被安排在语文园地的"日积月累"部分,要求学生背诵积累,能在一定的语境中运用即可。卢钺的《雪梅》一诗被编入四年级上册第三单元,单元的人文主题是"连续观察",即此诗的教学重在了解诗人观察到的梅和雪所独具的优势。相较之下,王冕的《墨梅》则显得非同一般。不一般在哪里呢?

第一个不一般,当然是诗作出处的不一般。《墨梅》是一首题画诗,是王冕亲自题写在他的经典画作《墨梅图》上的,可谓缘画而作。不过图上题写之诗与课文中的略有不同,为:"吾家洗砚池头树,个个花开淡墨痕。不要人夸好颜色,只留清气满乾坤。"个别用字上有出入,但诗的意蕴和气象依然不变。诗歌的主旨紧承单元人文主题,承担着"体会人物优秀品质"的教学功能。

第二个不一般,在于诗人身上有着诸多传奇故事。王冕是元朝著名的诗人、画家、篆刻家,从小就表现出非同一般的天才特质。据传,王冕未满周岁便能言说,三岁即能与人对答如流,被宗族乡亲称为神童,被来往宾客赞为"汗血驹"。而他的天才纵逸更表现在学习经历上。七八岁时,王冕便常因入学堂听课而忘了放牛。寄住寺庙后,又常常独自一人坐在佛像膝盖上,就着长明灯高声诵读。不过几年,便有小成。而在绘画领域,王冕的成就也全靠自学。池塘边、草地上、青山脚下,皆是王冕习画之所。凭着非凡的天资,仅数月之后,王冕画的花卉图已为众人追捧,争相购买。不满二十岁,王冕在天文、地理、经史上无一不能贯通。

第三个不一般,当然是这首诗的诗格着实不一般。

你看第一句"我家洗砚池头树",清浅直白一如口语。但再细读,分明有缕缕情愫萦绕字里行间。一个"我家"直截了当、干脆利落,毫不客套掩饰,向世人大声宣告:这是我家的,而非他家。一份发自心底的自豪、骄傲之情于张口处应声而来。我家的梅树长在何处呢?"洗砚池头"。万不可忽视了这个"洗砚池头"。这里用到了东晋大书法家王羲之"临池学书,池水尽黑"的典故。我们知道,诗中用典往往是作者要借一些历史故事、人物传说等来表达自己的某种意愿或情感。那么王冕想借这个典故表达什么情感呢?我们可以从两者的相似处去探寻答案。王羲之、王冕都姓"王",故曰"我家"。王羲之苦练书法,留下墨池传说,而王冕亦以前人为榜样,勤习书画,练就本领。因而,王冕用典正是表明自己要像王羲之一样——刻苦练习,终成大家。再则,洗砚池是王冕每日洗砚洗笔必到之处,这生长在洗砚池头的梅树与他朝夕相伴,早就被他视若好友、知己。这样读,就读出了诗句背后隐藏着的诗人的心意。

再读第二句"朵朵花开淡墨痕"。"朵朵花开"四字一出,你的眼前是不是立马出现繁花簇簇、竞相盛开的景象?但尚未等你驻足欣赏这一派明艳娇丽,转头"淡墨痕"三字似黑白滤镜,将原先的鲜红嫩粉转化为黑与灰的调子,这不合常理的一幕不禁让人纳闷:为何画的是墨色的梅花?是王冕不擅长着色吗?肯定不是。犹记得,《王冕学画》一课中,少年王冕就能把荷花画得像刚从湖里采来的一样。更何况,王冕还能自己研制上色颜料,使画作更为鲜活生动。

既然如此,王冕缘何要画墨色的梅花呢?答案似乎就在诗的后两句"不要人夸好颜色,只留清气满乾坤"中。"我画的梅花不需要别人来夸奖它有多么好看、漂亮,我只想让它把清气散满整个天地。"真是简单又直白,明明确确地告诉了我们,一点都不藏着掖着。真有这么简单吗?别的不说,只这"清气"二字就值得我们反复琢磨、细细思量。

从字面上看,清气即梅花之清香之气。具有清香之气的花甚多,王冕为何独钟情于梅?我们以他的另一首名作《白梅》来做注解。"冰雪林中著此身,不同桃李混芳尘。"王冕爱梅花的冰清玉洁,不畏严寒。"忽然一夜清香发,散作乾坤万里春。"王冕更爱梅花经历风欺雪压之后依然坚贞自守、不随流俗的高尚节操。原来,王冕要赞美的梅花清气正是梅花傲霜斗雪、坚贞不屈的秉性啊!

但《墨梅》是一首题画诗。在解读诗歌的过程中,我们还必须对画作本身投以关注。王冕的这幅《墨梅图》是他的代表画作,画上之梅,花密枝繁,坚劲有力,气韵浑然,自成风骨。中国画梅之风兴起于宋代,北宋的释仲仁首创墨梅画法。诚然,王冕以墨画梅必定受前人的影响,但他的画别有气象。前人画梅,以折枝为多,稀疏瘦劲为佳;王冕则不同,他画的梅往往千丛万簇,千花万蕊,更显梅花之秀脉清骨,开创了被称为"万玉"的墨梅画的新图式。可见,王冕的《墨梅图》是他心中梅的外在表现,是自我心灵的真实反映,绝非亦步亦趋的附和之作。如此充满个性的心灵诉求也在诗的后两句中加以昭示。为何用淡墨作画,因为"不要人夸好颜色",为何画朵朵花开,因为要让梅之清气"满"乾坤。

王冕之所以能开创"千花万蕊"的墨梅画法的新图式,之所以能书写"不要人夸好颜色,只留清气满乾坤"的铿锵之言,表现出与众不同的审美理想和生命追求,与他独特的人生经历息息相关。

王冕的一生可谓特立独行。他时常戴高帽,披绿蓑衣,穿木齿屐,提木制剑,引吭高歌,往返于市中。著作郎李孝光欲推荐其任府吏,王冕对道:"我有田可耕,有书可读,难道还要整天抱着文卷站在官府里让人奴役吗?"游大都,老友秘书卿泰不华欲荐以官职,王冕力辞不就。游历中,他亲见社会之黑暗、腐朽,毅然放弃功名利禄而隐居会稽九里山,种豆栽树,劳作不辍,卖画度日,终老田园。

王冕作为平民出身的文人,身上兼具出世与隐逸的双重倾向。一方面,受儒家文化的熏陶,他怀抱经世济民之志,期待拥有施展抱负的机会。另一方面,面对无道的社会现实,王冕也表现出对统治者的强烈不满和对老百姓的无比同情,但他最终只能选择清苦的隐逸生活来成全自己的人格自由和心灵自由。

在王冕心中,梅花是高洁飘逸、清雅脱俗的象征。他把自己的情操和理想依附于梅花的形象加以表现和外化,从而向世人宣告自己的心志。这样的心志、信念行于笔端的便是"不要人夸好颜色,只留清气满乾坤"的浩然之句。由此,我们便能明了,王冕爱梅花之高洁品格,但更要借梅花的高洁品格来为自己发声，表明自己的心志和操守。

当然，若把"清气"局限在王冕个人，格局略小。五年级的课文《梅花魂》中有这样一段话："这梅花，是我们中国最有名的花。旁的花，大抵是春暖才开花。她却不一样，愈是寒冷，愈是风欺雪压，花开得愈精神，愈秀气。她是最有品格、最有灵魂、最有骨气的！几千年来，我们中华民族出了许多有气节的人物，他们不管经历多少磨难，不管受到怎样的欺凌，从来都是顶天立地，不肯低头折节。他们就像这梅花一样。一个中国人，无论在怎样的境遇里，总要有梅花的秉性才好！"是的，这股梅花的清气，堂堂正正，浩浩荡荡，从古至今便充满整个华夏民族的朗朗乾坤。司马迁、文天祥、于谦……哪个不是一身正气、大义凛然，哪个不是笑对困境、视死如归？这样的清气要不要传承，要不要弘扬？当然要！所以，我们还可以贯通古今，在课后让学生找寻、收集历史中具有梅花清气的人物，了解其事迹、故事，进一步具化并充实"清气"的内涵，激发学生对更多的像梅花一样有品格、有灵魂、有骨气的中华英雄（也包括无名英雄）的崇敬和仰慕。

综上所述，梅花作为中国古典诗词中的一个经典意象，其精神内涵博大深远，仅是告知、教给便硬生生地撕裂、毁坏了它所具有的文化特性和审美特性。《墨梅》一诗的教学，当以涵泳、感受、体会为主要的学习策略，让学生通过对诗人生平的了解、对《墨梅图》的观赏、对"清气"内核的把握，在层层推进的领会、体悟中完成对梅花精神的真正理解。

【诗歌教学】

淡墨痕间"清气"弘

——统编教材四年级下册《墨梅》课堂实录及评析

执教：浙江省杭州市拱墅区教育研究院　王红霞
点评：浙江省杭州市上城区教育学院　杨中原

一、教学过程

（一）以旧入新，初识诗人生平

师：同学们，自古以来中国人就种梅、赏梅、品梅。看，王安石这样咏梅，墙

第四章 "致润"理念下的古诗词赏读与教学实例

角数枝梅——

生：凌寒独自开。遥知不是雪,为有暗香来。

师：而卢钺则为争春的梅与雪做了评判,一起读——

生：梅须逊雪三分白,雪却输梅一段香。

师：一代伟人毛泽东这样热情地咏颂梅花,风雨送春归——

生：(齐)飞雪迎春到。已是悬崖百丈冰,犹有花枝俏。

师：而今天我们要学的这首诗也是写梅花、赞梅花的。一起读诗题——

生：(齐)《墨梅》。

师：知道墨梅的意思吗？你来说。

生：梅花上有墨的斑点。

师：有不同意见吗？这位男生。

生：用淡墨勾勒出来的梅花。

师：准确地说就是用水墨画的梅花。是的,这是一首题画诗。它的作者是——

生：王冕。

师：知道王冕吗？谁能简单介绍一下他？

生：王冕出生于 1310 年。

师：知道了他的出生时间。你说——

生：王冕一生是非常喜欢梅花的。他不仅写过很多咏梅诗,还画过很多关于梅花的画。

师：他的一生和梅花结下了深厚的渊源。

生：王冕,字元章,号煮石山农,亦号梅花屋主。

师：看来我们班的同学对王冕已经有了一定的了解。确实,王冕诗画双绝,堪称一代大师。我们今天要学的这首诗《墨梅》就是他的代表作。同学们已经预习了这首诗,谁能大方自信地读一读这首诗？

生：我家洗砚池头树,朵朵花开淡墨痕。不要人夸好颜色,只留清气满乾坤。

师：很好！每一个字的字音都读得很准确,声音也很响亮,尤其读好了这首诗中的这个新词"乾坤"。我们一起读——

生:(齐)乾坤。

师:知道它的意思吗？一起说——

生:(齐)天地间。

师:真好！那么哪一个字表示"天",哪一个字又表示"地"呢？

生:"乾"字表示天,"坤"字表示地。

师:有没有理由呢？和大家分享一下。

生:因为这个"坤"字是土字旁的。

师:非常好。我们通过偏旁可以推测字的意思。读其音,更要知其义,这样才能更好地掌握。一起再来响亮地读一遍——

生:(齐)乾坤。

师:请同学们伸出手,我们一起来写一写这个词语。

(教师板书"乾坤",学生书空。)

师:一笔一画书写汉字,堂堂正正屹立乾坤。再次齐读——

(学生齐声再读"乾坤"。)

师:现在,谁能节奏分明地读这首诗？

(一个学生读整首诗。)

师:掌声送给她。这位同学读诗的时候,不急不躁,娓娓而读。诗就要这样读。现在老师想跟你配合着读,可以吗？我先读。我家洗砚——

生:池头树。

师:朵朵花开——

生:淡墨痕。

师:不要人夸——

生:好颜色。

师:只留清气——

生:满乾坤。

师:真好,这样读诗真有味道。同桌之间也这样配合着读一读。

(同桌配合读。)

师:同学们读得都很认真,现在我们男生、女生配合着读。

(男生、女生配合读。)

师:我们已经能把这首诗读得有板有眼,但要读得入情入境,还要用心地去感受、去体会。

(二)探知画面,感受墨梅形色

师:用墨画梅,王冕到底画了一幅怎样的墨梅图呢?读读这两句诗,想一想,然后和同桌轻轻地交流一下。

(出示:我家洗砚池头树,朵朵花开淡墨痕。学生边读边想象。)

师:谁来说一说,王冕到底画了一幅怎样的图?

生:他画了一幅淡淡的墨梅图。

师:用淡淡的墨色来画的。谁来补充?

生:他画了一幅开满朵朵梅花的墨梅图。

师:花开朵朵,墨痕淡淡。还有谁愿意说?

生:我认为是在一个洗砚池旁长了一棵梅花树,上面的梅花有着点点墨痕。

师:刚才的几位同学都不约而同地关注到了这个词,一起读——

生:(齐)淡墨痕。

师:好,你来读。

生:淡墨痕。

师:你读。

生:淡墨痕。

师:我们一起读。

生:(齐)淡墨痕。

师:同学们看到过淡墨痕的样子吗?

生:淡墨痕就是颜色非常淡雅,比浓墨要浅一点点,非常有艺术感的那种颜色。

师:这种颜色给你什么感觉?

生:感觉上面有很多水,有种朦朦胧胧的美感。

师:其实,以墨代色是中国画的绘画技巧,一般分为焦墨、浓墨、重墨、淡墨和清墨。你们想不想看一看王冕的这幅《墨梅图》?

(学生仔细观赏画作动态视频。)

师:(适时解说)这幅《墨梅图》是王冕的经典之作。梅树的主干是深色的,用的是较浓的墨,给人坚劲有力之感。而一朵一朵梅花则用淡墨勾勒、点染,显得典雅朴素。

师:同学们看得很专注,那谁能把自己的感受用朗读表现出来。

(指名读诗句。)

师:梅花开得很多很密,颜色却是淡淡的。

(指名读诗句。)

师:每一朵,每一瓣,都是淡淡的墨色点染,很是清雅、素净。同学们,王冕画得真好,那是因为他下了很大的功夫,诗句中有没有告诉你?

生:我家洗砚池头树,这句话的意思是王冕常常洗砚,池里全变黑了。

生:他引用了典故,晋代大书法家王羲之"临池学书,池水尽黑"。

师:真了不起,真会读诗!同学们,这个洗砚池可不一般,结合注释,我们可以知道王冕也像大书法家王羲之一样苦练本领,这才有了"朵朵花开淡墨痕"的绝世画作。我们一起来读。

(学生齐读前两句诗。)

(三) 紧扣"清气",感怀诗人品性

师:同学们,梅花明明是娇艳明丽、光彩夺目的,王冕却要用墨色画梅,是他不会着色吗? 肯定不是! 请默读这则资料(见图 4-29)——

> 王冕擅长着色,曾研制出用红石粉配以草汁来调制上色颜料,使画作色彩更为艳丽饱满,形象更为鲜活生动。

图 4-29

师:现在一定有一个问题萦绕在你心头,谁想说?

生:王冕既然擅长着色,为什么只用墨色画梅,而不用彩色呢?

师:我也想这样问。王冕明明是绘画的圣手,此番只画墨色的梅花,这是为什么呢？请你读这两句诗。

生：不要人夸好颜色，只留清气满乾坤。

师：知道原因了吗？

生：因为他不要人家只夸奖梅花的颜色，而要夸梅花默默地把香味挥洒天地之间。

师：王冕不想别人夸奖梅花那娇艳的颜色，他要夸赞的是梅花的清气。

（板书：清气。）

师：同学们，梅花的清气是什么？

生：是梅花的清香、香味。

师：那王老师不明白了，很多花也有清香，王冕为什么只夸梅花的清香呢？

生：因为其他的花是在春天、夏天、秋天那些比较温和的季节里开花的，而梅花是在寒冷的冬季开花的，有一种独特的清香。

师：原来梅花的清香是经历了冰霜苦寒才释放的。

生：梅花不像桂花香味那么浓。它是淡淡的，它默默地把自己的香味释放在天地间。

师："默默"这个词用得真好，这就是它的品性啊！还有没有同学要补充？

生：作者是喜欢它不畏寒冷、坚持、勇敢的品质。

师：看来同学们已经读懂了梅花的清气。这梅花的清气就是梅花的品格、梅花的精神啊。你们看，梅花是不畏严寒的，一起读——

生：（齐）墙角数枝梅，凌寒独自开。

师：你们看，梅花是勇敢顽强的，一起读——

生：（齐）已是悬崖百丈冰，犹有花枝俏。

师：你们再看，梅花是坚贞不屈的，一起读——

生：（齐）零落成泥碾作尘，只有香如故。

师：即使粉身碎骨也要坚守自我。王冕要留住的就是这样的梅花的清气。谁来读好王冕的心声？你来——

生：不要人夸好颜色，只留清气满乾坤。

师："不要""只留"，态度坚定。你来读——

生：不要人夸好颜色，只留清气满乾坤。

师：一个"满乾坤"，寄托了诗人对梅花多少的喜爱与赞美之情，我们一起读——

生：（齐）不要人夸好颜色，只留清气满乾坤。

师：王冕赞美梅花的清气，也带着如此清气做人做事。请同学们拿出学习单，快速读一读这些资料（见图4-30），然后小组合作，讨论一下：王冕的清气是什么？用1—2个词语概括，写在词卡上。

【话题】王冕的清气是什么？

【资料一】　王冕生活在元朝，亲眼看见统治者残酷剥削、欺压汉族同胞，无比愤慨，常常借写诗来表达内心。他在一首题画诗中写道："冰花个个团如玉，羌笛吹它不下来。""冰花"就是梅花，"羌笛"暗喻元朝统治者，诗句要表明的就是自己像梅花一样无所畏惧，统治者休想使他低头屈服。

【资料二】　王冕所处的时代腐败、黑暗，他认为考取功名成为朝廷命官毫无意义，所以毅然放弃功名利禄，隐居于浙江绍兴九里山的水南村。在这里，他白天参加田间劳动，晚上在灯下作画，生活非常清苦，常常连饭都吃不饱，但他始终没有踏入黑暗的官场半步。

【资料三】　王冕做山农以后，生活越来越窘困，甚至到了无法维持生计的地步，父亲生病也无钱医治。他的朋友想推荐他去做府吏，王冕生气地说道："我有田可耕，有书可读，难道还要整天抱着文卷站在官府里，让人奴役吗？"

图4-30

（学生默读，教师巡视。）

师：王老师看到有些小组已经读完，可以开始讨论了。

（学生小组讨论。）

师：有的小组已经讨论好了，我们选代表来汇报。来，先请你们组。

生：我们组总结出来的两个词是无所畏惧、内心坚定。

生：我们组写的两个词是永不屈服、大义凛然。

生：我们总结出来的两个词是永不屈服和无所畏惧。

生:我们总结出的两个词是无所畏惧和正气凛然。

生:我们组写出了一个词,就是"正气",因为他一生正直,不想去做官拿那么多钱财。他只想默默地坚守自己的正气。

师:王冕不是不愿意做官,如果当时政治清明,他也希望能为国家、为百姓做事。他不愿为这样残酷的统治阶级服务。

生:我们组认为王冕的清气就是"淡泊名利"。

师:同学们,王冕的清气就是他的淡泊名利,就是他的无所畏惧,就是他的永不屈服啊!王冕的清气不正是梅花的清气吗?他甘于贫困,淡泊名利。女生读——

生:(齐)不要人夸好颜色,只留清气满乾坤。

师:王冕的清气不正是梅花的清气吗?他胸怀家国,心系百姓。男生读——

生:(齐)不要人夸好颜色,只留清气满乾坤。

师:王冕的清气不正是梅花的清气吗?他一身傲气,一身正气,一身骨气。我们一起读——

生:(齐)不要人夸好颜色,只留清气满乾坤。

师:王冕就是这样,他绘梅之清气,写梅之清气,也践行梅之清气。清代著名的文学家吴敬梓用这四个字来评价他——

生:嵚(qīn)崎(qí)磊落。

师:我们一起读。

生:(齐)嵚崎磊落。

师:这是赞美王冕品格非凡、胸怀坦荡啊!

(四) 古今贯通,传承清气品格

师:同学们,一首品格高洁的诗,让我们认识一个品格高洁的人。现在你能入情入境地读好这首诗吗?

(指名读。)

师:无须他人的夸赞,只要内心的坚守,你们读懂了诗人的心。让我们一起背这首诗。

(学生起立,配乐背诵全诗。)

师:请坐,一首《墨梅》,流芳百世。人们读它、吟它,也作词作曲歌唱它,听——

(学生边听歌曲,边欣赏王冕代表画作。)

师:让我们将这千古名句端端正正地写在纸笺上。王老师也怀着对诗人深深的敬意,很努力地写下了这幅字,相信你们能写得更好。

(课件展示教师的书法作品;教师巡视,拍照、反馈学生书写作品。)

师:我们404班的同学们书写得非常认真、非常投入,一笔一画都在表达着自己内心的敬意。王老师也拍了一些同学的书写作品。我们一起来看一看。

(展示学生的书写作品。)

师:这些同学一笔一画、端端正正地把这两句诗写下来,王老师要为大家加盖"清气乾坤"章。同学们,让梅花的清气、人生的清气,充盈于我们的心间,弥漫在天地之间吧,下课。

二、教学评析

"五月榴花照眼明,枝间时见子初成",非常高兴,王红霞老师的"致润语文"研修工作室在古诗词教学领域取得可喜的成绩,正如五月的石榴花一样灿然开放,恰似繁茂枝间的果子一样累累硕大。

王老师致力于通过话题建构的方式开展教学,一改传统古诗词教学字字落实、句句串讲的教学模式。课堂教学充分体现了学生的自主性,学生有时间、有空间自由地探究古诗词深层的内涵。课堂大气、清雅,又富有教学的节奏感和层次感,确实具备"致润""求美"的气质。

(一)话题的选择和展开,精准妥帖

整堂课,王老师在深度解读文本的前提下,精心选取了两个话题作为展开教与学过程的支点。

前两句诗以"王冕画了一幅怎样的墨梅图"构建话题,通过学生的想象、描述自然聚焦墨梅图最为鲜明的特征——淡墨痕。随后,以"淡墨痕"一词为依托,介绍以墨代色的中国画绘画技法,并引出对《墨梅图》细腻的细节观察,学

生从而感知梅之淡然、梅之素净、梅之清雅。紧接着,王老师又通过两处质疑——"是王冕不会着色吗""会着色,为何只画墨色的梅花",引发学生深度思考,由此教学峰回路转,瞬间入佳境。

而后两句诗的教学更显王老师的功力。如何将这一单元所倡导的人文主题弘扬。王老师独具慧眼,瞄准诗眼、"要词",以"清气是什么"为核心话题,引领学生走进梅花、走进王冕。这一板块,王老师巧妙搭建支架,引导学生勾连生活,以诗词解诗词,铸就梅花的清气,继而提供诗人生平主要事迹,让学生全方位地感悟王冕的人生清气。

在一连串的铺垫、酝酿、蓄势后,学生走进了诗人的内心,看到了王冕的那幅"墨梅图",也悟到了那"墨梅"背后的充满乾坤的"清气"。一路审美,一路感悟,诗格、品格、人格达到了高度统一。

(二) 诵读的推进和呈现,精彩动人

诵读是古诗词学习最为传统也是最为有效的方法。王老师的课,始终以诵读为最主要的教学手段,在形式上与情感上呈现出迤逦而行、登高览景的美感。

入课以学过的三首梅花诗(词)为引,第一时间就创生出浓浓的读诗、学诗的"境"。而后,以预习为基础,指点学生读得准确、读好节奏、读出韵律,简洁清晰,既体现古诗词教学的特点,又为后续的深入学习做好扎实的铺垫。

在教学的主体环节,学生的诵读明显表现出内化理解后的个体感悟。"我家洗砚池头树,朵朵花开淡墨痕",是舒缓、悠远中带着淡淡的自豪和孤傲,学生读得好;"不要人夸好颜色,只留清气满乾坤",是表明鲜明态度的掷地有声、铿锵有力,学生更是读到了心坎里。这样有品质的诵读,无不体现出教师在情感体验上搭建支架的实效。

这堂课的亮点还有不少。如,"乾坤"一词的教学,颇有章法。通过让学生说"乾坤"之义,猜"乾""坤"如何对应"天""地",夯实音与形之间的联系。然后,师生一起书写"乾""坤"二字,识记、理解便水到渠成。诗人王冕的一身"清气"也在这"乾坤"之中萌芽、孕育、生发。

古诗教学听过不少,有些亦如"庭前芍药妖无格",有些亦如"池上芙蕖净少情",但王老师所开的诗词教学之花,窃以为抵达了心灵。

附板书示意图:

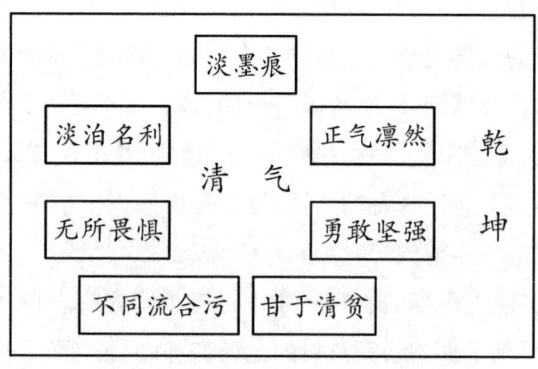

图 4-31

第14例《示儿》：一生的悲与痛都系"中原"故土

示　儿①

［宋］陆　游

死去元知万事空，
但悲不见九州同。
王师北定中原日，
家祭无忘告乃翁。

【诗歌赏读】

赏读陆游的《示儿》

《示儿》是陆游临终时的遗嘱。诗人辞世前念念不忘的就是收复中原、统一国家，其真挚而又强烈的爱国情怀感人至深，与这一单元的人文主题"爱国情怀"高度契合。

《示儿》是一首绝笔诗，为陆游于病榻上所作。前两句写的是诗人临终未见祖国统一的遗憾和悲哀，后两句是对儿子们的叮嘱和托付，无论是"元知万事空"的无奈，还是"不见九州同"的悲叹，抑或"家祭无忘告"的提醒，都表达诗人拳拳的爱国之情，表现其对王师终有"北定中原日"的坚定信念。整首诗哀伤中有豪情，低沉中显壮志。

整首诗既无具体景，又无具体事，有的只是临终老人的一番发自肺腑的心里话。那么，诗人将满腔的情感寄托在哪个意象之中呢？诗中的意象是"中原"。现代汉语词典定义"中原"是黄河中下游地区，包括河南的大部分地区、山东的西部和河北、山西的南部。诗中的"中原"仅仅只是一个地理概念吗？不是。它是百姓赖以生存的根，是诗人生命里的重中之重，是无数爱国人士心

---

① 选自统编小学语文教材五年级上册。

中永不磨灭的家园、故土……

"中原"一词与"江南"一样,虽然都表示一个地理范围,但都属于地域意象。"中原"意象并不仅仅指中原这一特定的地域位置,更是指中原这一地域内的风土人情被写入作品后呈现出的虚拟的意象群,主要由自然意象和社会意象两大方面构成。

那么,"中原"这一意象有着怎样的发展和内涵呢?

"中原"最初并非地域名词,只作为一般的方位名词使用,表示"原野之中"。据文献资料,"中原"一词最早见于《诗经》,《小雅·吉日》有曰:"瞻彼中原,其祁孔有。"意思是说遥望原野漫无边,地方广大物富有。《小雅·小宛》中又曰:"中原有菽,庶民采之。"这在说田野长满大豆苗,众人一起去采摘。《左传·僖公二十三年》记云:"晋楚治兵,遇于中原。"这些作品里的"中原"都是"原中"的意思,意为"原野之中",指那些平坦、空旷的地方,并非特指某一地理区域。

翻阅三国时期的一些典籍,可以发现"中原"一词一方面沿袭"原野"之意,另一方面也正式成为地域名词。北齐史学家魏收在《魏书·匈奴刘聪》中记载:"魏文奄有中原,于是伪孙假命于江吴,借刘盗名于岷蜀。""魏文奄有中原"就是说曹魏占有全部的中原地区。唐代史学家杜佑在《通典》中也有这样的文字:"魏武据中原,刘备割巴蜀,孙权尽有江东之地。"

那么,陆游诗中的"中原"有着怎样的地域范围呢?参考相关文献可知,当时中原的大致范围包括陕西、山西、河北、河南、山东、北京、安徽等地。南宋初年,中原的南界是伏牛山。至金代,中原地区以河南为中心,北至燕山,向西延伸至山西全境。

公元 1126 年,金兵攻破东京(今河南开封)。次年 4 月,徽、钦二宗和宗室、后妃等数千余人被金兵俘虏北上,北宋宣告灭亡,这便是"靖康之难",也是刻在每一个宋人心头难以磨灭的惨痛记忆。1127 年,康王赵构在南京(今河南商丘南)称帝,他不图国家复兴,只求自身安逸,最终定都临安,史称"南宋"。与此同时,金兵在中原地区烧杀抢掠,实行暴力统治,北方百姓深受其辱,苦不堪言。当时多数文人历经丧国的切肤之痛与逃亡之旅的艰辛,对于故土更是心心念念,难以忘怀。那曾经繁华安逸的帝都生活,已凝结为满含悲情与壮志的"中原"意象,成为南渡时期文学作品中一个鲜明而突出的特色。此时文人笔下的"中原"意象已超越了地域的概念,在某种程度上已成为北宋王朝及其盛世文化的缩影,是诗人复杂情感的寄托,蕴含着浓厚的家国民族意识,成为一种精神象征。

《示儿》全诗用语质朴,不加雕饰,但诗中所蕴含和积蓄的情感又是如此深厚、强烈,一如大地之下火热、滚烫,随时要喷薄而出的岩浆。明代胡应麟在《诗薮》中有这样一番评述:"忠愤之气,落落二十八字间。……每读此未尝不为滴泪也。"而这二十八字间的爱国情感何以如此感人,正是学生理解的难点,也是教学的重点。欲体会诗人字里行间悲之切的爱国深情,引起学生心灵的共鸣,先须知爱国之人。因此,"知人论世"是解读《示儿》的重要策略。

如何知人论世?就从《示儿》一诗中的"中原"切入吧。"中原"一词饱含着对故国的回望与怀念,对故国沦丧的悲叹和伤感,以及立志收复故国的信念与希冀。教师可以通过中原生活的前后比照、写不同社会现象的诗歌比照、不同人物的行为比照等一系列的学习活动,将"中原"浓墨重彩地一笔笔勾勒,反复渲染、建构,在学生心头立起来、扎下来,从而使学生对诗人强烈的爱国情怀有深切的体会,对诗人"中原未定,难以瞑目"的无限悲痛有超越年龄、超越时代的感同身受。这也正好契合了本单元的语文要素"结合资料,体会课文表达的思想感情"。

【诗歌教学】

《示儿》教学设计

(共1课时)

教学目标

1. 通过多种形式的朗读,感受诗歌的节奏和韵律,积累古诗。

2. 以诗中关键词"悲"为情感话题的抓手,从"中原"一词入手了解诗歌创作的背景,正确把握诗歌的大意,体会诗人要表达的思想感情。

3. 结合课前整理的相关资料,拓展诗人的生平经历及各个时期的诗词作品,进一步感受诗人浓厚、深沉的爱国情怀。

教学重点

通过对关键词、意象的理解,正确把握《示儿》的大意,体会诗人要表达的思想感情。

教学难点

结合相关资料,感受诗人浓厚、深沉的爱国情怀。

教学准备

学生:分组搜集北宋灭亡及南宋建立的历史、北宋时期的汴州风貌、陆游的人生经历、陆游多个阶段的爱国诗等相关资料。

教师:制作相应课件,准备学生书写的板贴,整理学生搜集的资料。

教学过程

板块一:创设情境,点明诗题

1. 情境导入。

公元1210年的冬天,一位老人重病在床,奄奄一息。(出示图片)弥留之际,他留下了一首绝笔诗,作为遗嘱。这份遗嘱,几百年来一直被世人所传诵,它就是我们今天要学的古诗。(板书诗题,学生齐读。)

2. 理解诗题。

《示儿》的意思就是写给儿子看,而这位即将离开人世的老人就是陆游。

3. 临终之时,还有什么事让陆游放心不下,需要写下这份特殊的遗嘱作为交代呢?让我们来看看这份特殊的遗嘱吧!(出示《示儿》全诗。)

[设计意图:课堂伊始,教师运用语言、图片等,还原诗人临终前创作诗歌的情境,拉近与学生之间的心理距离,使之产生共鸣。"临终之时,还有什么事让陆游放心不下,需要写下这份特殊的遗嘱作为交代呢?"的疑问,更引发学生的好奇,激发其探究的欲望。]

板块二:分层朗读,读好古诗

1. 读准确、读通顺。

请同学们自由朗读,要求读准字音,读通诗句。(学生自由读)谁来试一试?(指名读,随机点评:读得字正腔圆;最后一个字读得很标准,"翁"是后鼻音,一起读。)

2. 读好节奏。

诗,不光要读准确,还要读出节奏,这样诗才有韵味。这是一首七言诗,该怎样停顿,才能读出节奏呢？自己读一读,体会一下。谁来读？(请一位学生读。根据学生的朗读随机指导,如:这位同学按照"2/2/3"这样的节奏来读,听起来很有感觉。我们像他这样,一起读;读古诗的时候,要适当放慢语速,让人更清楚地听出它的节奏,谁再来读一读?)

[设计意图:书读百遍,其义自见。这里以丰富多样的诵读形式引导学生读准字音、读出节奏、读出韵味。每一次读的要求有指向、有递进、有提升,将学生朗读实践和适时反馈相结合,将个别朗读指导和集体朗读体验相结合,为之后学生理解诗意、熟读成诵打下基础。]

板块三:借助注释,理解诗意

1. 这首诗的语言极为朴素、简单,并不难懂。请大家默读词句,借助注释,联系上下文,自主理解诗意,然后与同桌说一说。

2. 谁来说说,这首诗写了什么内容？

指名说,重点关注以下字词的理解。

◇ "元":"元"同"原",就是"原来、本来"的意思;调换词序,更符合我们现在的说话习惯。

◇ "但":现在的意思是"但是",而在古代它是"只是"的意思,古今表达的意思不一样了。

◇ "九州":"九州"就是全国。

◇ "家祭":家庭祭祀祖先,表达对先人的哀思。

3. 抓住这些关键字词,借助注释,就能更好地理解古诗的意思。

4. 现在,谁能连起来把陆游的遗愿向大家说一说？(指名说,随机点评:说得非常清楚、明白,看来已经明白了古诗的意思了。)

[设计意图:唤醒学生已有的学习经验,引导学生梳理、理解古诗大意的方法,既凸显学习的自主性,又强调合作的重要性。关注诗意理解的难点,借助图片介绍"九州"与"中原"的地理位置,为学生之后的深入学习做铺垫。]

板块四：紧扣"悲"字，读诗品句

◇ 品读：死去元知万事空，但悲不见九州同。

1. 聚焦"悲"字，建构话题。

（1）这首诗中有一个字，非常明显地向我们传递了陆游当时的情感，你能找出来吗？（板书：悲。）

（2）是的，就是这个"悲"字，它是这首诗的诗眼。陆游的"悲"从何而来？学习古诗文，一个很重要的方法，就是要了解写作背景。知道这首诗是诗人在什么情况下写的，对于理解诗句的意思、体会诗歌的情感很有帮助。

（课件出示学生搜集的背景资料）课前，第一、三小组的同学查找了这首诗的写作背景，老师选取了小雨搜集的资料，请小雨同学来读一读。

资料：宋朝是中国历史上一个强盛而繁荣的王朝，开国时都城在汴梁，也称汴州。1126年，北方的金兵入侵中原，宋军节节败退，最后都城和北方的大片土地被金兵占领，从此山河破碎。

宋朝当权者逃到江南，建立南宋政权，定都杭州。生活在战乱中的老百姓期盼着南宋王朝的军队挥师北上，收复中原，但南宋王朝苟且偷安，不思复国，始终没有发奋图强，未能收复失地。

从这段资料中，你得到了哪些重要信息？（金兵入侵中原，占领汴州和北方的大片土地；当权者建立南宋政权却苟且偷安，没有收复失地）很棒，你说的这些信息就是诗中写的"不见九州同"。

（3）按理说，一个85岁的老人，在临终之前，让他感到悲伤的事情会有很多。想象一下，现实生活中，一位即将逝世的85岁老人，会为什么而悲？（提问3—4人，随机点拨：但悲不见亲人面／但悲生命易流逝／但悲不闻天下事／但悲钱财要空空／但悲无福来享受……）

2. 感受"悲痛"，展开话题。

（1）可是，陆游唯独想不开、放不下的却是"不见九州同"。这是他一生的心愿，临终前却未实现，此刻他的心情是怎样的？我们可以用"悲"来形容。是啊，陆游此刻是多么悲痛！（板书：悲）就让我们一起读一读这两句诗，去体会他老人家内心的这份悲痛。（学生齐读。）

(2) 作者渴望"北定中原",那么金兵入侵前的中原是怎样一番景象呢?(课件出示学生搜集的资料)小林同学在课前搜集了北宋时期都城汴州的景象,请他为大家介绍介绍。

资料:宋朝的都城汴州是当时的"世界上第一大城市",物产丰富,经济、文化发达。城内四河流灌,道路宽敞,是全国水陆交通中心。汴州当时人口达100多万,街上商铺林立、车水马龙,热闹非凡。

(3) 多么繁华的汴州啊,画家张择端还用画笔记录下了当时的景象,创作了名扬中外的《清明上河图》。但是,这一切的一切,从金兵攻破了城门的那一刻起,就不复存在了。(播放视频。)

你看到了一幅怎样的景象?请用一两个词写一写。(山河破碎、城市萧条、兵荒马乱、流离失所、家破人亡、哀鸿遍野、民不聊生……)

你看到了什么?谁来具体说一说。(学生说好后,将词卡贴于黑板上。)

预设1:老百姓们穿着破烂,没有安身的地方,到处流浪。(板贴"流离失所"。)

预设2:我看到金兵在烧杀破坏,老百姓家破人亡,十分悲惨。(板贴"哀鸿遍野"。)

(4) 我们仅仅通过资料了解到这些,可陆游是亲眼看见了这一切、亲身经历了这一切,他的心中该是多么悲痛!他把所有的悲痛,都融入了这短短的诗行。谁来读?(指名两个学生,进行朗读指导:你把"悲"字重读,让我们感受到了陆游的"悲痛";读得有声有色,让我们体味到了陆游当时的心境。)

(指贴的词卡)是啊,想到百姓们流离失所、家破人亡,在金兵的铁蹄下备受折磨,已经85岁的陆游,躺在病榻上悲痛地说——死去元知万事空,但悲不见九州同。

3. 激于"悲愤",深入话题。

(1) 同学们,当百姓们处于水深火热之中时,南宋的王师、官员、皇帝在干什么?(出示《题临安邸》一诗)请看——

(2) 课前我们对这首诗进行了预习,知道王师、官员、皇帝在干什么吗?(请2—3个学生回答)这是一幅怎样的画面?你仿佛看到了怎样的画面?(贪图享乐、寻欢作乐、苟且偷生、花天酒地、烂醉如泥、纸醉金迷、不思复国、不思进取)把你说的写下来,贴在黑板上。

(3) 老百姓们忍饥挨饿、衣不遮体,他们却——(指词卡)"寻欢作乐",中原地区哀鸿遍野,他们却——(指词卡)"花天酒地"。

引读:

诗人林升不由得质问——西湖歌舞几时休?

普天下的老百姓齐声质问——西湖歌舞几时休?

我们更想大声质问——西湖歌舞几时休?

(4) 西湖歌舞几时休?面对质问,南宋王朝无人理会,仍然笙歌艳舞。想到这些,看不到九州同的陆游还仅仅是悲伤吗?(板书:悲愤。)

(5) 陆游一边看到的是南宋的权贵醉生梦死丢江山,一边看到的却是北宋的遗民死不瞑目盼统一。想到这些,他悲愤地说——死去元知万事空,但悲不见九州同。

[**设计意图**:抓住诗眼"悲",引导学生体会陆游的感情。从一开始的悲痛,到悲愤,再到陆游至死不渝的爱国深情,不断挖掘,层层递进,将抽象的感情具象化,帮助学生更好地感受诗歌所蕴藏的感情。在体验感情的过程中,以"中原"意象为抓手,进行多次比照教学,不仅把北宋时期的"中原"和金兵入侵后的"中原"、北方的遗民和南宋的权贵进行对比,还比较两首诗,以诗解诗,使得"中原"这一地域意象化作具体可感的生活场景。]

板块五:了解生平,感受情怀

◇ 品读:王师北定中原日,家祭无忘告乃翁。

1. 即便陆游心中有万分悲痛和悲愤,他心中仍坚信"九州同"!所以他在临终之时,嘱托儿子——王师北定中原日,家祭无忘告乃翁。

2. "家祭"是我们中国人的传统习俗,每当清明节、农历七月十五、过年之时,我们都会祭祀祖先,祭祀时你会说什么?(走到学生身边,随机问2—3人。)

可陆游却嘱咐儿子在日后的祭祀时,不要忘了告诉他什么?

3. 王师北定中原日,究竟是哪一日,我们知道吗?不管是哪一日,陆游都会在九泉之下苦苦等着、盼着,因为他对收复失地有着一份信念、一份渴望。因为这份信念、这份渴望、这份未了的心愿,他念念不忘地嘱托着——王师北定中原日,家祭无忘告乃翁。

这可是他临终时唯一的牵挂啊,所以他一再叮嘱,(慢、低沉)王师北定中原日,家祭无忘——告乃翁。

4. 可是,陆游啊陆游,"死去元知万事空",你明知人死之后万事皆空,为何还念念不忘地叮嘱儿子?(随机请学生回答。)

这一切,都源自陆游心底深深的爱国之情啊!(板书:爱国。)

5. 从古至今,爱国诗人灿若星辰,可大文豪朱自清却说:"过去的诗人里,也许只有他(陆游)才配称为爱国诗人。"为什么呢?

其他小组还搜集了关于陆游的生平资料,下面,我们有请小墨为大家介绍一下。

资料:陆游出生于北宋灭亡之际,从小深受家庭爱国思想和中国传统文化的熏陶。国家的不幸、家庭的流离,给他幼小的心灵烙下了不可磨灭的印记。

他一生立志北伐收复中原,曾从军积极抗金,但因坚持抗金而屡遭南宋主和派官员的排斥,仕途不顺。及至老年,陆游依然怀有强烈的报国之情。

从这段资料中,我们可以知道,陆游之所以有如此浓厚的爱国之情是因为什么?(指名回答。)

是的,陆游对祖国统一的渴盼,不仅仅是他临终的愿望,更是他一生的追求和梦想。小乐同学还收集了陆游在不同的阶段写下的爱国诗词,请她来分享。

上马击狂胡,下马草军书。——《观大散关图有感》

位卑未敢忘忧国。——《病起书怀》

遗民泪尽胡尘里,南望王师又一年。——《秋夜将晓出篱门迎凉有感》

胡未灭,鬓先秋,泪空流。——《诉衷情》

引读:

陆游希望自己有一天能亲临战场,亲手杀死疯狂残害百姓的胡人。(引导学生读:"上马击狂胡,下马草军书。")

他才当上了朝廷中的一个小官,但遭到主降派的排挤,他仍然坚定地说——位卑未敢忘忧国。

他悲痛于北方人民在敌人的铁蹄下苦苦挣扎,一句"遗民泪尽胡尘里,南望王师又一年"道尽多少辛酸!

英雄空有一腔热血却报国无门,眼看自己青丝变白发,只能将满腹凄凉化为一句——胡未灭,鬓先秋,泪空流。

如今他再也不能"上马击狂胡,下马草军书",只得在临终时写下《示儿》。让我们一起深情地吟诵这首如泣如诉的感人诗篇。(学生齐读《示儿》。)

[**设计意图**:欲进一步引导学生体会字里行间浓厚的爱国深情,须了解诗人生平,因此,"知人论世"是学生深入解读本诗的一把钥匙。这正好契合了本单元的语文要素。关注陆游一生的报国壮志及相关诗词,将使学生对诗人的爱国情感有更为完整而深刻的体会。]

板块六:想象写话,告慰诗人

1. 那么陆游一生向往的王师北定中原后的九州同,将会是怎样的画面呢?请你试着写一写。(配乐,学生写作。)

预设1:早晨百姓们坐在门前听着小贩的吆喝声,夜晚他们带着家中老人,牵着小孩高兴地去逛逛灯火通明的夜市。

预设2:大宋国泰民安,四海人民亲如一家,城市夜不闭户、路不拾遗,国库里的铜钱把绳子都压断了。

2. 陆游是多么渴望见到这样的景象,难怪他在临终前还这样嘱咐——王师北定中原日,家祭无忘告乃翁。

在陆游的有生之年,他万事不悲,唯悲九州不同;九泉之下,他万事不盼,唯盼北定中原。几百年来,我们被陆游的这首诗感动着、震撼着、影响着,让我们再次细细地品味它,感受陆游这份执着、热烈、真挚的爱国深情。(学生齐读《示儿》。)

[**设计意图**:基于课中对陆游生平与创作背景的深入了解,引导学生想象王师北定中原后的九州同是怎样的画面,为诗人圆一次梦,这既是语言实践活动,也是理解诗情的教学手段。课末,引导学生熟读成诵,与诗人炽热的爱国

情怀产生共鸣,实现情感的升华。]

板书示意图

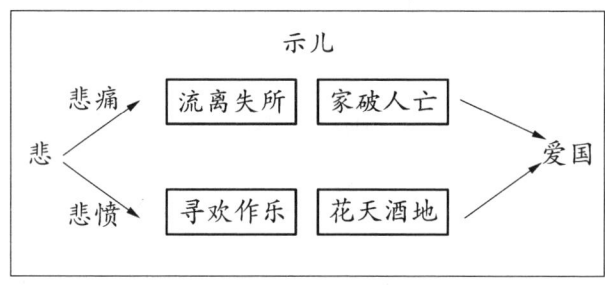

图 4-32

第15例《山居秋暝》:"空"山一座,自可"留"下

山居秋暝[①]

[唐] 王 维

空山新雨后,
天气晚来秋。
明月松间照,
清泉石上流。
竹喧归浣女,
莲动下渔舟。
随意春芳歇,
王孙自可留。

【诗歌赏读】

赏读王维的《山居秋暝》

统编小学语文教材五年级上册第七单元的人文主题为"四季之美",篇章页上的导语为"四时景物皆成趣",语文要素为"初步体会课文中的静态描写和动态描写"。单元开篇选编了《山居秋暝》《枫桥夜泊》《长相思》这三首脍炙人口的诗词。诗词创作的时间跨度从盛唐、中唐至清朝。

提及唐代诗人,世人常以太白、子美为最,但在山水田园诗领域,王维则独树一帜。《山居秋暝》为王维隐于辋川别业时所作。已步入不惑之年的王维每当拖着被尘世侵袭得千疮百孔的身体回到辋川别业这一方净土,呼吸便能顺畅,心灵便能宁静。可以说,在辋川别业的日子像射进深林的一道阳光,照耀着王维的生活。

---

① 选自统编小学语文教材五年级上册。

晚年的王维就在终南山下过起了隐居生活——其实是半官半隐,王维晚年虽担任尚书右丞的官职,但不太参与实际政务。那么为什么王维最终会选择半官半隐的生活方式来度过余生呢?这便要对王维的生平进行一番简单的介绍。

王维,出身名门望族,父族为太原王氏,母族为博陵崔氏。王维自小接受的就是贵族教育,父亲教授诗文,母亲教授绘画、佛经。在家庭良好的教育熏陶之下,王维从小就表现出相当的艺术才华,诗、书、乐、篆刻,无一不通。但无忧无虑的生活,在王维9岁时便戛然而止——父亲意外去世,母亲变卖家产,遣散家仆,举家搬迁至蒲州,以便得到其娘家的关照。王维读书之余,常作书刻章到街市上售卖以补贴家用。

不过,珍珠终会闪现其盈盈光彩。15岁,王维辞别亲人,游历长安,以一首《少年行》叩开长安贵族的大门:"新丰美酒斗十千,咸阳游侠多少年。相逢意气为君饮,系马高楼垂柳边。"如此豪气万丈!17岁,王维在长安作"独在异乡为异客,每逢佳节倍思亲。遥知兄弟登高处,遍插茱萸少一人",初出茅庐,即展露出不凡的才华。19岁,王维通过京兆府试。21岁的王维进士及第,正式步入仕途。

但命运之神的眷顾似乎突然停止。作为新晋太乐丞的他因伶人跳黄狮子舞而被贬为济州司仓参军。好不容易得到皇帝大赦天下,王维辞去官职与家人团聚,爱妻却难产而死。从此,他孤寂一生,再未娶妻。

王维心伤初愈,写信自荐并得到贤相张九龄的赏识,擢为右拾遗。可惜,仅仅过了两年,张九龄被罢相。王维后以监察御史的身份出使凉州。边塞诗名作《使至塞上》便创作于此时。

当王维再次被调回京城,却赫然发现一切都变了。当时,对王维有知遇之恩的张九龄已病故,与他惺惺相惜的孟浩然亦逝,再加上朝政愈发昏庸、腐败,令他更生辞官隐居之心,但未能如愿。从此,王维开始悉心经营他位于终南山的辋川别业,以青山绿水来抚慰内心。

中国文人的悲秋情结自宋玉的《九辩》始,对"秋天"与"哀愁"这一对季节与情绪的关系有了敏锐的审美甚至哲学层面的主观感受。悲秋情结之下,也

致润:古诗词教学的另一种模样

涌现了大量优秀的诗文,如曹丕《燕歌行》中的诗句"秋风萧瑟天气凉,草木摇落露为霜",传为李白所作的"秋风清,秋月明,落叶聚还散,寒鸦栖复惊",杜甫的"万里悲秋常作客,百年多病独登台",柳永的"多情自古伤离别,更那堪,冷落清秋节"……但清朗俊逸、淡泊儒雅的王维却在这凄清寒生、万物凋零的秋天的深山里看到了蓬勃的生机,《山居秋暝》便自然创生。那清新的山雨、润泽的空气、皎洁的明月、潺潺的流泉、嬉笑玩闹的浣女、顺流而下的渔舟……无不催发着诗人的愉悦和怡然之情。因而,即使《楚辞》里说"王孙兮归来,山中兮不可久留",我们却似乎隐隐听到诗人发自内心的呼唤——不如留下,不如留下!

苏轼赞王维:"味摩诘之诗,诗中有画;观摩诘之画,画中有诗。"《山居秋暝》不正是最好的注解吗?诗中描绘的清幽恬静的山居生活不正是处于喧嚣尘世的我们最为向往的精神家园吗?

从字面看,要读懂古诗难度不大,"空山""新雨""明月""松间""清泉""浣女""渔舟""石""竹""莲"等,除"浣女"外无一个景物是学生未见不明的。而对于尾联的理解,借助注释也可明了。那么教师教什么,学生学什么呢?结合单元语文要素,我们要将古诗中的静态描写与动态描写的画面加以重点关注,引导学生充分感受不同描写的不同美感。这也将成为本课的核心教学目标。而选取什么策略来让学生充分感受诗中的动态美和静态美呢?展开想象,运用拟人、比喻等修辞手法将画面描述具体、生动应是上策。

2022年版课标提出第三学段古诗文学习方面的目标为诵读优秀诗文,注意通过语调、韵律、节奏等体味作品的内容和情感。也就是说,除了关注作品内容之外,还必须关注作品中传达的诗人的情感。关于诗人情感的体悟方面,如何展开教学呢?

就本诗而言,或许可以落在一个"空"字上。通观王维山水田园诗的创作,一个"空"字贯穿其中,如:《鸟鸣涧》中的"人闲桂花落,夜静春山空",《鹿柴》中的"空山不见人,但闻人语响",《终南别业》中的"中岁颇好道,晚家南山陲。兴来每独往,胜事空自知",《积雨辋川庄作》中的"积雨空林烟火迟,蒸藜炊黍饷东菑",《酬张少府》中的"自顾无长策,空知返旧林",《秋夜独坐》中的"独坐悲双鬓,空堂欲二更",《哭孟浩然》中的"借问襄阳老,江山空蔡州"。空,空,空,万境归空。在佛学上有着高深造诣的王维,在经历了生离死别、宦海沉浮之后,终于明白只有放下一切,才能获得内心的真正宁静。如果说一开始的"空"尚有些刻意,那么后来的"空"成为一种自发的状态。拓展相关有"空"字的诗句进行举象、造景,从而更为立体而深刻地理解王维其诗其人,才算得上是对一个生命的观照、对一段历史的观照。

【诗歌教学】

《山居秋暝》教学设计(第一稿)

(共1课时)

教学目标

1. 以旧带新,发现《山居秋暝》的特点,初步了解律诗,并通过对停顿、韵脚的关注,读出诗歌的节奏和韵味。积累并背诵诗歌。

2. 通过圈画词句,感受拟人手法的运用,聚焦景物,感受山林之动态美与静态美。

3. 通过小组合作的方式,借助课外资料了解王维生平,理解诗的最后两句的深层含义,读懂诗人向往宁静质朴生活的心境。

教学重点

发现诗歌的特点,借助停顿、韵脚等读出诗歌的节奏和韵味。

教学难点

感受山林之动态美与静态美,读懂诗人向往宁静质朴生活的内心。

教学过程

板块一:再识王维,感受才情

1. 话题引入。

在一千多年前的唐朝,诗歌艺术发展到了前所未有的高度,诞生了数以千计的诗人,其中就有我们非常熟悉的盛唐诗人王维。你了解王维吗?用1—2句话简单地介绍一下他。

2. 回顾旧诗。

我们已经学过王维的《九月九日忆山东兄弟》,也学过他的《送元二使安西》,时至今日,每每送别亲友,我们还是会情不自禁地吟诵"劝君更尽一杯酒,西出阳关无故人"。当时,王维任监察御史,出使边塞,已经历过人生的悲欢离合。

板块二:了解诗题,发现特点

1. 读题解字。

(1) 今天我们又要学习一首王维在四十多岁时创作的诗《山居秋暝》。(出示诗题,指名读。)

(2) 关注"暝"字。

音:后鼻音。

意:日落时分,天色将晚。

形:日字旁表示与时间有关;"冥"的造字字理就是两只手拿着一个大罩子将太阳遮盖起来,表示日光被遮蔽后的幽暗不明的景象;两部分合在一起更表明了时间是在傍晚。

2. 解题之意。

现在谁能用自己的话来说说诗题的意思?

预设:在山上居住时的一个秋天的傍晚;居住在山中时的一个秋天的日落时分。

评价:我们运用了逐字翻译、组织成句的方法来理解诗题,方法实用,理解正确。

3. 发现特点。

(出示全诗)跟我们学过的王维的前两首古诗相比,你发现了什么?

预设:句子多;诗长;有八句。

补充律诗的知识:律诗是中国传统诗歌的一种体裁,起源于南北朝,盛行于唐朝,通常每首为八句。律诗在押韵、平仄、对仗等方面有着严格规定,常见的有五言律诗和七言律诗。《山居秋暝》每句五字,属于五言律诗。

4. 读出音律。

(指名读,点评)既读得准确又读出了一定的节奏——空山/新雨后,天气/晚来秋。

请看这首诗中第 2、第 4、第 6、第 8 句诗的最后一个字,你发现了什么?(最后一个字的音大多发 ou 或 iu,它们都属于同一种韵脚。)

(指导学生读好"秋""流""舟""留")这样的声韵已经带给人一种悠悠然、幽幽兮的感觉了。

(师生读,生生读,集体读)读着读着,诗歌的美好已有所显露,让我们跟随王维的脚步,去那片幽幽的山林里,边走边赏。

板块三:修辞描绘,悦赏美景

1. 自学古诗。

(1) 读古诗,圈出景物。

(2) 看注释,理解诗句。

2. 集体反馈。

圈画景物:空山、新雨、明月、松、清泉、石、竹、浣女、莲、渔舟。

简单说诗意:王维的诗句质朴清浅,同学们借助注释已基本读懂了诗的意思。

3. 感受山景之美。

刚才同学们找到了诗中的山林景物,我们发现,这些景物都出现在诗的前六句。(出示前六句)自由读,想一想,这样的景给你怎样的感觉?(清幽、清新、美丽、幽静、安宁。)

你能用生动的语言把这样的感觉描绘出来吗?(出示范例:空旷的山林刚刚邂逅了一场清新的小雨,秋天带着丝丝凉意悄悄地来到人间。)

这样的描绘生动吗?生动在哪里?(运用拟人的手法,写出了山林的清新、宁静之美。)

你也能像这位同学一样,展开想象,用这样的语言来描绘其他几句诗吗?(先让学生自由说,再指名说。)

◇ 明月松间照,清泉石上流。

预设:一轮明月把清亮的光辉从松树的树枝间洒下,清清的泉水唱着淙淙的歌谣从岩石上跑过。

评:月光是朦胧的,泉水是欢快的,一静一动,相得益彰,请把这种感觉代

致润:古诗词教学的另一种模样

入诗中读一读。

◇ 竹喧归浣女,莲动下渔舟。

预设:竹林沙沙沙地说起悄悄话,洗衣服的少女们说说笑笑回来了,莲花们摇动起亭亭的身体欢迎渔舟驶过。

评:竹林喧喧、莲花曳曳,这是在用自己的方式诉说人们劳作归来的喜悦,请把这份喜悦读出来。

洗衣服的少女们一边走一边说笑,听,她们在说什么——你洗了多少衣服呀?下过雨的空气真新鲜呀!

再听,渔船缓缓驶来,船上的渔夫在说——今天运气不错,打了不少鱼呢!好好吃上一顿,把多余的挑到集市上去卖。

小结:山林之景,动中有静,静中有动,动静相宜,令人沉醉,我们一起读全诗。

板块四:合作探案,感悟情怀

1. 面对如此美景,你最想做什么?你愿意留下吗?你呢?看来,你们与诗人感同身受。(出示后两句诗。)

"春芳"就是春天的美景,"王孙"就是王维自己,连起来的意思就是——(指名说。)

2. 是啊,这般美景让王维禁不住感叹。可是,他只是因为这里的景美而不肯归去吗?《楚辞》中明明说道:"王孙兮归来,山中兮不可久留。"王维为什么要反其道而行,偏偏要留在山中呢?请同学们在组长的带领下阅读关于王维生平的资料,认真讨论。

3. 集体反馈。

预设:王维经历了太多的痛苦,不想再做官,所以寄情山水;官场太过险恶,王维不想与小人同流合污;王维把山水自然当作了自己的朋友、亲人,只想与山水在一起。

4. 拓展诗句,感悟情怀。

(1)是的,经历了人生的无常,看透了官场的黑暗,王维开始过上半官半隐的生活,写字作画,礼佛修禅,他悉心经营着自己位于终南山的辋川别业,用青山绿水来抚慰内心。在王维人生后期的诗歌创作中,有一个字频频出现,那就是"空"——

  人闲桂花落,夜静春山空。
  月出惊山鸟,时鸣春涧中。

——《鸟鸣涧》

  空山不见人,但闻人语响。
  返景入深林,复照青苔上。

——《鹿柴》

  中岁颇好道,晚家南山陲。
  兴来每独往,胜事空自知。

——《终南别业》

  晚年唯好静,万事不关心。
  自顾无长策,空知返旧林。

——《酬张少府》

当然少不了我们今天学的"空山新雨后,天气晚来秋"。

(2)从这一个又一个的"空"字中,你读出了王维内心的什么情感?(孤独、凄清、孤寂、哀伤、难过。)

而这样孤独的诗人,只有在山水之间才能得到慰藉、释怀啊,怪不得王维感叹道——随意春芳歇,王孙自可留。

(3)小结:这就是王维,当他放下了哀伤,放下了名利,他也就成了人们心中的"诗佛"。

板块五:全面评价,个性追忆

1. 王维一生创作了大量优秀的描写田园山林风光的诗歌,成为山水田园诗派的代表人物。

2. 他的诗作以细腻、清新的风格受到人们的喜爱,被人们争相传诵,有的还被谱成歌曲,比如这首《山居秋暝》。(播放歌曲《山居秋暝》。)

3. 同学们,如果让你用一种方式来记住这首古诗、纪念"诗佛"王维,你会选择哪种方式?(书法、音乐、绘画)无论用哪种形式来追忆王维,都是我们真诚的表达。

4. 王维用他手中的这支笔画山水、写山水,将千年前的自然之美带给我们,身处纷扰尘世的我们总是倾慕王维那份为人处世的空灵之美,所以,累了、烦了就读读王维的诗吧!

教学再思

此教学设计在课堂实践之后,整体教学效果尚可,但也存在一些不妥之处,可归纳为如下三点。

1. 律诗的知识点虽有涉及,但没有体现在预习中,韵脚的强调有所体现,但尚欠自然。

2. 以"空"字串起王维后期作品的特点,过于投射教师个体对诗人、诗作的深度解读,没有充分考虑学生的情感体悟水平和高度。

3 对于本诗名句文化的聚焦未曾凸显。

因此,要对教学目标进行微调,一般性的诗歌知识学习放在预习中,课堂教学着重引导学生更自主地进行主话题的建构与探究。

《山居秋暝》教学设计(第二稿)

(共1课时)

教学目标

1. 以旧带新,明确诗歌的体裁,初步了解律诗的特点,并通过对停顿、韵脚的关注,读出诗歌的节奏和韵味。积累并背诵诗歌。

2. 借助注释读懂诗歌,通过修辞手法的运用描绘景物,感受山林之动态美与静态美。

3. 借助资料了解王维生平,拓展相关诗句,理解诗人"留"恋山水的情感。

4. 通过书法欣赏、古诗吟唱等形式凸显诗中名句,得到审美的熏陶,传承诗歌文化。

教学重点

初步了解律诗的特点,能借助停顿、韵脚读出诗歌的节奏和韵味。积累并背诵诗歌。

第四章 "致润"理念下的古诗词赏读与教学实例

教学难点

感受山林之动态美与静态美,理解诗人"留"恋山水的情感。

教学过程

板块一:引出诗人,新旧连接

1. 话题引入。

一千多年前的唐朝,诗歌艺术发展到了前所未有的高度,出现了许多著名的大诗人,比如"诗仙"李白、"诗圣"杜甫、"诗佛"王维。

〔**修改缘由:**此处删去"用 1—2 句话简单介绍王维"环节,因为从预习结果看,学生对于王维并不陌生,知道他是山水田园诗派代表,精通诗、书、画、乐。〕

2. 回顾旧诗。

我们已经学过王维的《九月九日忆山东兄弟》,流传至今的名句是——独在异乡为异客,每逢佳节倍思亲。

我们也学过他的《送元二使安西》,时至今日,每每送别亲友,我们还是会情不自禁地吟诵——劝君更尽一杯酒,西出阳关无故人。

小结:这两首诗都表达了离别思念之情。

〔**修改缘由:**此处删去对王维诗歌创作年代的点评,目的是减弱以诗人不同年龄阶段的经历为教学暗线的设计,而从诗情的角度切入,为本诗的诗情把握做好铺垫。〕

板块二:读题解意,发现特点

1. 读题解字。

今天我们又要学习一首王维的山水诗《山居秋暝》。(出示诗题,指名读。)

指导"暝"字读音:后鼻音要读到位。

2. 解题之意。

(出示注释)谁能借助注释,说说诗题的意思吗?(在山上居住时的一个秋天的傍晚;居住在山中时的一个秋天的日落时分。)

很好,在注释的帮助下,你已经理解了"暝"的意思。王维在山上看到了秋天黄昏时分的美景,诗情涌动,写下了这首诗。

〔**修改缘由:**此处删去"暝"字的字理讲解,直接从读音的落实转到题目的理解,减少细枝末节的纠缠,避免诗歌主体的教学"迟迟不入"的问题。]

3. 发现特点。

(出示全诗)通过预习(预习单如图4-33所示),我们已经知道《山居秋暝》属于五言律诗。

《山居秋暝》预习单

1. 古诗小知识

绝句:每首四句,每句五字的叫五言绝句,每句七字的叫七言绝句。

律诗:通常每首八句,在押韵、平仄、对仗方面有严格规定。常见的有五言律诗和七言律诗。

2. 读了古诗小知识,我知道《山居秋暝》这首诗有<u>八</u>句,每句<u>五</u>字,属于<u>五言律诗</u>。

图4-33

律诗通常每首八句,每两句为一联,分别叫作——(课件出示)首联、颔联、颈联、尾联。

4. 读出音律。

自己读诗,一联一联读清楚。同桌之间交错着读,一人读一联。

指名读,点评:既读得准确又配合默契;联与联之间衔接紧凑,也读出了五言律诗的节奏。

(显红放大尾字)请读一读每一联的最后一个字,你发现了什么?(最后一个字的音大多发 ou 或 iu,它们都属于同一种韵脚)是的,每一联押韵,读起来便显得音韵和谐优美,所以读的时候要关注韵脚。

配合读:学生读单句,教师读双句;教师读单句,学生读双句。

小结:"秋""流""舟""留",真好听,这样的声韵已经带给人一种悠悠然的感觉了,这就是诗歌的韵味。

[修改缘由:《山居秋暝》是小学阶段出现的第一首律诗,对于律诗的特点理应关注。第一稿设计虽然让学生有了关于律诗概念的了解,但浮于浅表、流于形式。第二稿删去了律诗的知识性介绍,而将其放置于预习阶段,目的是通过翻转课堂提高学生的学习效率。与此同时,教学通过课件演示、多形式诵读

等途径,让学生加强了对律诗"联"和押韵特点的感知、体验,真正落实了对律诗特点的了解和把握这一教学目标。]

板块三:聚焦问题,描绘美景

1. 诗歌还蕴含着丰富的情感,这首诗中直接表达王维情感的诗句是哪句?(出示"随意春芳歇,王孙自可留"。出示书上注释及补充注释——随意:任凭;春芳:春天的花草。)

结合注释,我们可以知道这一联诗的意思。谁来说?(指名说。)

(板书:留)春花虽已经凋谢,我也要留在山中;任凭春天的美景已经消逝,我也要留在山中。"留"表达了王维强烈的情感。那么山中到底有怎样的美景,令他如此眷恋呢?

[**修改缘由**:《山居秋暝》一诗结构分明,前六句写景,后两句抒情。通过预习摸底,学生在确定直接表达作者情感的诗句上并无太大困难,正确率达90%以上。基于此,在充分感知律诗的音韵优美的特点之后,教学从"情感"入手,着重构建该诗值得探究的话题——为何"留"?]

2. 根据学习提示,自学古诗。

(1) 读古诗,找景物。

(2) 看注释,想画面。

(3) 思问题,说理由。

3. 集体反馈,总评:王维的诗句质朴清浅,同学们借助注释已基本读懂了诗的意思。

4. 感受山景之美。

如果要绘声绘色地描绘这些美景,又有什么好的方法呢?

(1) 出示范例。

空旷的山林刚刚沐浴了一场清新的小雨,秋天带着丝丝凉意悄悄地来到人间。

静静的山林里下起蒙蒙的小雨,像织起一张银色的丝网,密密的,柔柔的。雨停风止,凉凉的秋意随着日落降临人间。

这样的描绘生动吗?生动在哪里?(运用拟人的手法,写出了山林的清新、宁静之美;用了比喻的手法,写得更加生动;运用了叠词,使景物显得很可爱、很亲切。)

你也能像这两位同学一样,展开想象,绘声绘色地描绘山中美景吗?选择其中一联就可以。(学生自由写,指名读。)

(2)指名描绘。

◇ 明月松间照,清泉石上流。

预设:一轮明月把清亮的光辉从松树的树枝间洒下,清清的泉水唱着淙淙的歌谣从岩石上跑过。

评:月光是朦胧的,泉水是欢快的,一静一动,相得益彰,请把这种感觉代入诗中读一读。

◇ 竹喧归浣女,莲动下渔舟。

预设:竹林沙沙沙地说起悄悄话,洗衣服的少女们说说笑笑回来了,莲花们摇动起亭亭的身体欢迎渔舟驶过。

评:竹林喧喧、莲花曳曳,这是在用自己的方式诉说人们劳作归来的喜悦,请把这份喜悦读出来。

创设交际情境:洗衣服的少女们一边走一边说笑,听,她们在说什么——你洗了多少衣服呀?你明天打算穿什么颜色的衣服?穿这件衣服,阿生哥肯定喜欢。吃过晚饭,你打算做什么呀?

快瞧,渔船缓缓驶来了——阿生哥,今天打了多少鱼呀?今天运气不错,打了不少鱼呢!好好吃上一顿,把多余的挑到集市上去卖。

情感朗读:山里的生活多么安宁美好、多么令人向往啊,读——竹喧归浣女,莲动下渔舟。

5. 小结:山林之景,动中有静,静中有动,动静相宜,令人沉醉。

[**修改缘由**:自主学习探究环节没有太大的改动,调整的是"如何绘声绘色地描绘所见所想之景物"。"作为支架的拟人句"修改为"既可以运用拟人,也可以运用比喻,甚至更多,如叠词等"。句子也更贴近学生的表达习惯和水平,口语交际的对话引导更指向生活、更具交际性,以更好地助力学生生动描绘,深入体会山林的动态、静态之美。]

板块四：知人论世，提升情感

1. 面对如此美景，你最想做什么？你愿意留下吗？看来，你们与诗人已心灵相通。

2. 面对这般美景，王维禁不住感叹——随意春芳歇，王孙自可留。

他只是因为这里的景美而不肯归去吗？"王孙兮归来，山中兮不可久留。"王维为什么要反其道而行，偏偏要留在山中呢？请同学们在组长的带领下阅读各年龄阶段王维的重要经历的资料，认真讨论。

[修改缘由：如此修改，信息更集中，表达更浅显，更符合学生的认知水平。]

3. 集体反馈：他为什么要留在山中？（王维经历了太多的痛苦，不想再做官，所以寄情山水；官场太过险恶，王维不想与小人同流合污；王维把山水自然当作了自己的朋友、亲人，只想与它们在一起。）

4. 拓展诗句，感悟情怀。

（1）是的，经历人生的无常，看透了官场的黑暗，王维开始过上半官半隐的生活，写字作画，礼佛修禅，他悉心经营着自己位于终南山的辋川别业，用青山绿水来抚慰内心。在此期间，王维创作了大量的山水名篇。（出示《鸟鸣涧》等作品。）

（2）这些山水诗篇给你一种怎样的感觉？（美妙的，迷人的，宁静的，恬静的……）是的，远离世间的痛苦、官场的黑暗，留在山水之间才能得到慰藉、得到释怀、得到真自在啊，怪不得王维感叹道——随意春芳歇，王孙自可留。

（3）小结：这就是王维，当他放下了哀伤，放下了名利，放下了俗世，他也就成了人们心中的"诗佛"。

[修改缘由：拓展诗歌的核心由"空"字转"留"字。"空"字关注的是诗人历经坎坷之后的放下、看淡，是从成人的角度来解读，过于堂奥。而对"留"字的探究，从《山居秋暝》情感喷涌的点上发力。从建构话题"为何留？"到诗意理解，再到同类诗歌的拓展，学生自然体悟"自可留"，前后观照，显得一脉相承，不枝不蔓。]

板块五：凸显名句，传承文化

1. 情感朗诵：配乐读（教师带读，学生读，点评：读出了那份怡然自得；读出了王维对这片山水的真欢喜）；齐背（点评：相信，这片美丽的山水已印在你的心里）。

2.《山居秋暝》中流传千古的名句又是哪一联呢？请看书法欣赏。

3. 这两句诗因其诗中有画、动静相生的意境，受到人们的青睐。让我们也将这两句千古名句书在笔端，记在心间。

（1）学生书写。

（2）评价反馈：加盖"山居秋暝"章。

［**修改缘由**：名句文化是古诗文化的重要组成部分，广为传诵的名诗中往往自带脍炙人口的千古名句。与其泛泛而谈，不如凸显名句文化，让名句入口、入眼、入心。此环节以名句书法欣赏、古色古香纸笺书写、"山居秋暝"章的运用，构筑浓浓的文化氛围，集书写、鉴赏、品评于一体，进一步提升学生的审美境界。］

4. 王维用他手中的这支笔画山水、写山水，将千年前的自然之美带给我们，身处纷扰尘世的我们总是倾慕他那份为人处世的淡然与洒脱。所以，累了、烦了就读王维的诗，唱王维的诗吧！（播放歌曲《山居秋暝》。）

教学再思

回顾整个教学历程，此处呈现的虽只是两稿的调整与修改，实则远不下五次。从最初的以诗人为主线串起主体诗歌教学与同类诗歌拓展，到最后的以诗歌的情感为主线构建起"留"的核心话题，不但真正体现了从教师本位向学生本位的理念转变，更是在诗意、诗情纵向维度的挖掘上体现足够的深度、感性度和饱满度。

之所以改变体例，呈现教学设计的修改和调整的过程，是想以实例进一步说明教学理念的变化、教学解读的侧重往往会直接影响和决定教学的整体架构和策略选择。但无论怎样，关注学生的学习起点、学习策略、学习状态，一定是古诗词教学乃至语文教学的出发点和落脚点。

第16例《长相思·山一程》：千帐灯下万千相思

长相思①

[清]纳兰性德

山一程,水一程,身向榆关那畔行,夜深千帐灯。风一更,雪一更,聒碎乡心梦不成,故园无此声。

【诗歌赏读】

赏读《长相思·山一程》

"纳兰容纳以自然之眼观物,以自然之舌言情。此由初入中原,未染汉人风气,故能真切如此。北宋以来,一人而已。"这个被近代著名学者王国维高度评价"北宋以来,一人而已"的人,正是纳兰性德。

纳兰性德,字容若,清代词人,著有词集《侧帽集》《饮水集》。他的词以"真"取胜,写情真挚浓烈,写景逼真传神,对我国文坛有着重要影响。

纳兰性德的词从不高高在上,端着士人学者的架子,而是抒发普通人的情爱愁恨。"人生若只如初见,何事秋风悲画扇。等闲变却故人心,却道故人心易变。"词句用直白的语言道出最难说清的情路波折,也成为男女之间"相爱相杀"的最好注释。"我是人间惆怅客,知君何事泪纵横,断肠声里忆平生。"这是不是把你我的人生感慨与无奈直抒胸臆,如言己之心声、己之喟叹?"一生一代一双人,争教两处销魂。相思相望不相亲,天为谁春。"其中的"一生一代一双人"更成为当下浮华世界中难得难求却依然令无数痴男怨女想要得到的爱情。诸如此类,纳兰性德的词缠绵凄清,让人常有不忍卒读之感。

不过,今天,我们要深入赏析的不是纳兰性德的爱情词,而是他的一首经典的边塞词——《长相思·山一程》。"山一程,水一程,身向榆关那畔行,夜深

---

① 选自统编小学语文教材五年级上册。

致润：古诗词教学的另一种模样

千帐灯。"从上阕看，"山""水""榆关""千帐灯"点明了出行的路程、方向、时间等要素。"山一程，水一程"，仅六个字，借助词语的反复，音韵的回旋，将行军路途的曲折、漫长描述得淋漓尽致。读着这样的文字，我们眼前仿佛已出现大军启程，将士们跋山涉水、风雪兼程的场面。那么，纳兰性德为什么要"山一程，水一程"地去边塞呢？这就要联系这首词的创作背景。康熙帝平定三藩之乱后到辽东一带巡察，祭告盛京（今沈阳）祖陵，纳兰性德随康熙出关，一同去告祭。这首《长相思》便写于纳兰性德随行出山海关至盛京的途中。虽然，根据史料来看，此次出巡非经穷山恶水之途，相反，从北京向榆关（山海关）的路可谓通衢大道，且每日行程已定，气候虽尚未转暖，并不恶劣至难以忍受之境。但窃以为，词本就为抒词人心中之情而作，此处是为后面的抒情而蓄必要之势，故解读时可了解但无须过于穷究创作时的实际情况，更适恰的方式还是从文学的角度切入赏析，否则将陷入左右为难的纠结处境。

"身向榆关那畔行"点明了此行的暂驻点和方向。前面已说到，榆关即山海关。山海关地处要隘，形势险峻，是万里长城东起第一关，故称"天下第一关"。清时的山海关，一如唐朝的玉门关，有着重要的军事战略地位。"山海关"三字一出，便教人联想到烽火连天的战场和厮杀不绝的战斗。纳兰性德此行的目的地为盛京，却不写"身向盛京那畔行"，直写"身向榆关那畔行"，一种冷冽肃杀的刀光剑影感便扑面而来。更为重要的是，"榆关"与下句的"夜深千帐灯"彼此呼应，形成意象组合，形成一种表达张力，使一种阔大、壮美的境界在文字之间交织而起，令人似乎也驰马驻足于雄关之前，不由得豪情翻涌、热血澎湃。王国维说："'明月照积雪'、'大江流日夜'、'中天悬明月'、'长河落日圆'。此等境界，可谓千古壮观。求之于词，唯纳兰容若塞上之作如《长相思》之'夜深千帐灯'、《如梦令》之'万帐穹庐人醉，星影摇摇欲坠'差近之。"（王国维《人间词话》）此处，王国维将纳兰性德的"夜深千帐灯"与唐人的千古绝唱相提并论，其艺术水准之高可见一斑。

如果说"山一程，水一程，身向榆关那畔行"点明了词题中的一个"长"字，那么"夜深千帐灯"呼应了"相思"一词。夜已深，人已静，为何那千万顶行军帐下的灯火尚未熄灭？要知道，行程漫漫，既劳且疲，理应尽早就枕入眠，可如今

第四章 "致润"理念下的古诗词赏读与教学实例

为何恰恰相反呢？让我们将目光聚焦这"夜深千帐灯"的"灯"上。这微微跳动的灯火一直就是古诗词中的经典意象。它往往与孤独、凄凉、愁苦、哀伤的情绪联系在一起，成为诗（词）人笔下的常客。你看——

孤灯不明思欲绝，卷帷望月空长叹。（李白《长相思·其一》）

旅馆寒灯独不眠，客心何事转凄然。（高适《除夜作》）

万里经年别，孤灯此夜情。（白居易《除夜寄弟妹》）

落叶他乡树，寒灯独夜人。（马戴《灞上秋居》）

看蓬门秋草，年年破巷，疏窗细雨，夜夜孤灯。（郑板桥《沁园春·恨》）

诗（词）人以微弱的灯光，诉说冰凉无尽的孤寂、落寞。而纳兰性德笔下的"夜深千帐灯"，从象上看，呈现的是一派壮美无比的景观；从意上观，抒发的正是征程中的漫漫相思。此句既是上阕的结句，也是下阕的启句。千帐灯下久久不能入睡的人儿经受的是怎样的煎熬呢？

"风一更，雪一更，聒碎乡心梦不成，故园无此声。"原来，塞外"风一更，雪一更"，狂暴的风雪呼啸着、怒号着，更更不停，更更不断，帐内的人儿怎能入睡，如何安眠？当然，这还不是那千万盏灯不熄不灭的真正原因。真正的原因在后两句"聒碎乡心梦不成，故园无此声"。"聒"的意思是声音嘈杂，凸显了风雪声的纷乱，而"碎"字则充分揭示了灯不熄灭的缘由——梦不成。这是一个关于什么的梦啊？是思乡之梦、念亲之梦，是一个回归故园的梦。将士们的辗转反侧、不休不眠，全是因为心心念念着故乡及故乡的亲友啊！

渐行渐远的故乡哪里会有这些风雪的聒噪之声！那里会有怎样的声音呢？会有暖暖春风中的婉转莺歌吧，会有炎炎夏日里的阵阵蝉鸣吧，会有秋天田野间的丰收歌谣吧，还会有雪地玩耍嬉戏的欢声笑语吧……人间一切的暖语和言，都只在故乡才会有吧！

收敛心神，环顾四周。身边只有什么？只有单薄的帐篷、呼啸的北风、冰冷的睡铺……这是多么令人心碎、难过，令人不忍再读却又不禁吟道——风一更，雪一更，聒碎乡心梦不成，故园无此声。

此词意境深远，情感真挚，当得起"纳兰小令，丰神炯绝"的激赏。但抚卷轻叹，我们似乎尚有不明之处。该词牌为乐府旧题，双调三十六字，由三、七、五句式组成,每句用韵,常用来抒写离人之间的相思之情。如,"思悠悠,恨悠悠,恨到归时方始休。月明人倚楼",白居易笔下的思念在高高的明月楼上。"一重山,两重山。山远天高烟水寒,相思枫叶丹",李煜笔下的思念在层层叠叠的枫叶林中。那么,纳兰性德的相思在哪里?很明显,在征程中,在帐篷下,在风雪交加的夜里。

一提到边塞诗词,作者着墨最多的往往是边塞的典型风物,如关城、冷月、将士征人、金戈铁马,表达的是一份保家卫国、建功立业的豪壮情怀。如,在盛唐边塞诗人王昌龄的眼中,边塞是"撩乱边愁听不尽,高高秋月照长城",是"秦时明月汉时关,万里长征人未还",是"黄沙百战穿金甲,不破楼兰终不还"。范仲淹的边塞词作《渔家傲》中这样写道:"塞下秋来风景异,衡阳雁去无留意。四面边声连角起,千嶂里,长烟落日孤城闭。浊酒一杯家万里,燕然未勒归无计。羌管悠悠霜满地,人不寐,将军白发征夫泪。""衡阳""边声""孤城""燕然""羌管""将军""征夫"等词无不表现异于关内的战地景象,勾勒并渲染肃杀荒凉的边地氛围。"浊酒一杯家万里"诉说无尽的思乡之情,但这样的思乡之情仅是轻轻一点,整首词的重心还是在表现将士们的英雄气概和家国担当。这样的作品,似乎才是我们心中的边塞诗词应有的模样。

两相比照,纳兰性德的这首边塞词则显得长情有余,雄壮略逊,这样的情深意长似乎不是一个御前一等侍卫该有的。究其原因,还是与纳兰性德的生平息息相关。纳兰性德自幼聪敏,出身高贵,为康熙朝重臣纳兰明珠之子,后以优异的成绩进入最高学府国子监,学习治国济世之学。正当纳兰性德以为自己可以在政治上大展宏图、建功立业的时候,康熙皇帝赏识他的才华,授予其一等侍卫头衔。纳兰性德成为皇帝身边的武装侍从官员,在京时伴随皇上左右,随时听候差遣;出巡时护驾随行,饮食起居无不兼顾;狩猎时亦要持弓执矢,保护皇帝的安全。从此,纳兰性德爱不释手的诗书只能束之高阁,所学的治国之道再无用武之地。他不满自己的人生状态,却又无可奈何,只能将对故园的热爱、对亲人的牵挂深深地藏在心里,写入词中。本性不得释放,才华不能施展,纳兰性德只有将自己的愁情哀感化作笔下之词。可以说,纳兰性德用自己的真情真意成就了自己的作品。与《长相思》写于同一时期的还有一首

《如梦令》,与《长相思》有着异曲同工之妙,值得细细品读。

有人说,《长相思》中表现的是词人身在征途、心系故园的身心分离的相思之苦。窃以为,词人此身即此心,此心即此身,都是"真我"。世人皆谓,纳兰性德的词以"真"取胜,写情真挚浓烈,写景逼真传神,不就全因在意了一个"我",凸显了一个"我"吗?

【诗歌教学】

《长相思·山一程》教学设计

(共1课时)

教学目标

1. 读准多音字"更"、后鼻音"程""行""灯"等,读好词的节奏、韵律。

2. 通过想象画面、补充资料、拓展诗句等方式,读懂征程的漫长、艰辛,感受征程场面之壮美、征人思念之凄美。

3. 通过比较、知人论世等方式,了解词人的生平,体会其内心,初步感知《长相思》的审美风格。

教学重点

读懂征程的漫长、艰难以及词人内心的孤独,并通过想象、描写等方式补白词人梦中的故园生活,进一步感受词人对家乡的思念和牵挂。

教学难点

感悟词人心声,体悟《长相思》的独特风格。

教学过程

板块一:初识作者,诵读全词

1. 同学们,我们已经跟着王维去到那秋日的空山感受了山林的静谧、迷人,读——明月松间照,清泉石上流;也伴随张继在姑苏城河的客船上听那千年的钟声,读——姑苏城外寒山寺,夜半钟声到客船。今天,让我们跟着纳兰性德的步伐去领略东北塞外的别样景象。(出示课题,引导读题,延长"长"的发音。)

(指名读题,随机指导)这位同学读的时候将这个"长"字读得悠长一些,则更有味道,也符合题目的意思。(学生齐读。)

2. 揭示体裁：与《山居秋暝》《枫桥夜泊》不同，《长相思》是一首词。还记得我们学过的第一首词是什么？（《清平乐·村居》）谁来说说词的特点？

预设：词有词牌名；词可分为上、下阕；词又称长短句……

根据预设相机点拨：《长相思》就是词牌名；上阕是从"山一程"到"夜深千帐灯"，下阕是从"风一更"到"故园无此声"；等等。

3. 这首词的作者是纳兰性德，纳兰是他的姓，性德是他的名。谁能简单介绍一下他。（指名说。）

出示简介：纳兰性德，字容若，清代词人，著有词集《侧帽集》《饮水集》。他的词以"真"取胜，写情真挚浓烈，写景逼真传神。

[设计意图：《长相思》与《山居秋暝》《枫桥夜泊》为同一人文主题"四季之美"下的古诗词选文，亦承担着相同的语文要素落实任务——初步体会课文中的动态描写和静态描写，故无论是创作主题还是表达特色均有相通之处。因此由旧学引入新诗，再同中求异，既营造相应的学习氛围，又凸显词的特点。在此基础上，简介作者，引导学生初步了解其代表作及创作风格等，逐步走近词人。]

4. 通读全词，读出层次。

（1）读准确，要求字字响亮、句句清楚。

指名读并正音："更"在这里读"gēng"，为第一声，表示时间。

出示字义：夜间计时的单位，一夜分为五更，每更约两小时。

（2）读出节奏。

词和诗一样，也要注意停顿，读出节奏，谁来试试？（根据学生的诵读节奏出示停顿间隔，引导学生齐读。）

山/一程，水/一程，身向/榆关/那畔行，夜深/千帐灯。

风/一更，雪/一更，聒碎/乡心/梦不成，故园/无此声。

（3）读好韵字。

《长相思》词由三、七、五句式组成，每句用韵，自己读一读，说说你发现了什么。（都押"eng"韵）是的，"eng"韵传递出一种低沉的、郁结的情绪。（师生配合读。）

5. 小结：一程又一程，一更又一更，这样读才有了诵读的味道，让我们开始走入这首词,感受词人复杂的心绪。

[设计意图:第三学段的诗词诵读重点在于读好韵律。故本词的正音以多音字"更"为突破口,节奏指导以学生的已知为基准,教师仅做相机点拨。读好"eng"韵是此词诵读的难点。因此在读好韵字的过程中,教师要揭示此韵的发音要领及其与词人情绪之间的隐含关系。]

板块二:想象画面,感受征程艰辛

◇ 山一程,水一程,身向榆关那畔行,夜深千帐灯。

1. 出示上阕,提出学习要求:请先自己读一读上阕,借助注释理解这部分的意思,再想想你仿佛看到怎样的画面?(指名说。)

(1) 预设:翻过一座座山,渡过一条条河,向山海关及关外前进,夜里千万个帐篷里亮起了灯。

(2) 小结:很显然,这位同学的描述分为两幅画面,一幅是动态的,一幅是静态的。

2. 我们先来看这幅动态的画面。(出示:山一程,水一程,身向榆关那畔行。)

(1) 自由读,你有什么感受?是从哪里体会到的?

预设:路程很长,走也走不到;很辛苦,要翻山越岭、跋山涉水……

(2) 了解背景。

山一程,水一程,将士们去的终点是哪里?(榆关,即山海关。)

出示资料一:康熙二十一年冬(即公元1682年2月),康熙皇帝因云南平定,出关东巡,祭告盛京(今沈阳)祖陵。作为一等侍卫的纳兰性德随驾出关。

过渡:纳兰随康熙东巡,目的地是盛京,山海关是这近千公里路程中的一处行军休整点。我们也来了解这一军事重镇和战略要地。

出示资料二:山海关,地处要隘,形势险峻,是万里长城东起第一关,故称"天下第一关"。山海关是通向关外的必经之地,常常狂风怒号,黄沙漫天。

交流:读了资料,你有什么感受?(路程很长,环境恶劣。)

(3) 谁能读出这种山长水远的感觉?(指名读上阕,随机点评:山一程,山山岭岭,一程又一程;水一程,大河小河,迢迢又漫漫。连续的、密集的地点转换告诉我们将士们离出发点已越来越远,他们的身体也越来越疲惫。)

[设计意图:在学生初步感知上阕的动态、静态描写基础上,教师引导学生深入动态画面,通过相关感受的交流、资料的阅读,充分感受征程的艰辛、漫长,为后续体会绵长相思埋下伏笔。]

3. 白天的行军让我们感受到出行的艰难不易,那么夜晚宿营的场景又给你怎样的感受?(出示"夜深千帐灯",指名读。)

(1) 读着读着,你仿佛看到怎样的场景?(成百上千的帐篷支起来了,成百上千的灯点起来了,仿佛天上的星河,这是多么壮丽的景象)齐读。

(2) 让我们想象着画面,带着自己的感受,一起读上阕。

(3) 读到此处,你一定产生了一个疑问——理应好好休息、好好调整啊,这千帐之下的灯却久久不熄,这是为何?

(4) 是啊,夜深人静正是相思情起的时候,自古如此。请你静静地读这些诗(词)句,体会这点点灯火的无声诉说。(出示下列诗词。)

孤灯不明思欲绝,卷帷望月空长叹。——李白《长相思·其一》

旅馆寒灯独不眠,客心何事转凄然。——高适《除夜作》

万里经年别,孤灯此夜情。——白居易《除夜寄弟妹》

落叶他乡树,寒灯独夜人。——马戴《灞上秋居》

看蓬门秋草,年年破巷,疏窗细雨,夜夜孤灯。——郑板桥《沁园春·恨》

纳兰性德笔下的灯有千盏、万盏,这千万盏灯下有着千万个思乡的人儿呀!(板书:千帐灯。)

4. 白天行军风尘仆仆,万分艰辛;夜深人静,点点灯下,思乡情切。你能读好这两幅画面间的转换吗?自己先试一试。

5. 小结:其实,这份相思岂止在千帐灯下,分明还在山间、在水畔,在行军路上。(学生齐读上阕。)

[设计意图:这一盏微亮的灯是古典诗词中的经典意象,它往往与孤独、凄凉、愁苦、哀伤的情绪联系在一起,成为诗词人笔下的常客。此处,纳兰性德笔下的"夜深千帐灯"从象上看,呈现的是一派壮美无比的静态景象,从意上观,抒发的是征程中的漫漫相思。壮美的景象可以通过想象、描述画面来具化,而

绵长的相思则通过相关诗(词)句的拓展加以体悟。由此,形成强烈对比的外在景观与内在情感彼此融合,成为一体。]

板块三:对比场景,体会相思情苦

◇ 风一更,雪一更,聒碎乡心梦不成,故园无此声。

1. 静静的思念是多么美好,可将士们的思念心绪却没有得到片刻安宁,你们体会到了吗?请按照提示(见图4-34),自主学习下阕。

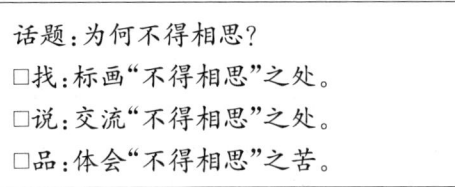

图 4-34

2. 交流反馈。

◇ 风一更,雪一更。

狂风刮了一更又一更,大雪下了一更又一更,这样的反复告诉我们——风雪交加,一直没有停歇。(播放音频。)

◇ 聒碎乡心梦不成。

非常迫切地想要做个与故乡有关的梦,可一直不能入睡、不能成梦,说明对家乡万般思念。

随机理解"聒"字:意为声音嘈杂,在这里,聒噪的是风雪声。这呼啸的风雪声太嘈杂、太聒噪了,以致将士们没有睡着,做不成梦。(板书:梦不成。)

情境对话:将士们,躺在冰冷的帐篷里,听着嘈杂的风雪声,你想说什么?你在想什么?

预设:我多么想做个回到家乡的梦啊,可是这风雪声扰得我不能入梦啊!

◇ 故园无此声。

这里风雨交加,但故乡是没有这样嘈杂的声音的,这里环境越恶劣,就会越想念家乡。

故乡有的是什么样的声音?(有鸟儿的婉转鸣叫,有小孩子的琅琅书声,有丰收时的欢声笑语……)

3. 情感引读:是啊,就是这样不得片刻安宁,不得静静地相思。

寒风裹挟着飞雪,嘶吼着、呼啸着,一更又一更,读——风一更,雪一更,聒碎乡心梦不成,故园无此声。

帐外狂风大作,帐内词人辗转反侧,难以入梦,读——风一更,雪一更,聒碎乡心梦不成,故园无此声。

寒夜漫漫,风雪更更,千般思万般念却汇不成一个圆满的梦境啊,读——风一更,雪一更,聒碎乡心梦不成,故园无此声。

4. 若能成梦,词人会做怎样的梦?(出示要求:展开想象,用文字为词人圆一回梦:可以选择下列场景,想象画面进行描写,也可以自主想象描写。)

春日融融的芳草地上

夏蝉声声的杨柳树下

秋月朗朗的小院落里

冬雪飘飘的红泥炉旁

5. 想象有多温馨,现实就有多残酷,这样甜蜜、美好的家园生活远在故乡,遥不可及,词人的身边只有什么?(单薄的帐篷、呼啸的北风、冰冷的睡铺……)这多么令人心碎、令人难过,一起读——风一更,雪一更,聒碎乡心梦不成,故园无此声。

[设计意图:上阕的教学重点是让学生感受词人在何处何地相思,下阕的教学重点是探究词人"为何不得相思""如何才解相思"。通过"风一更,雪一更"这一反复手法的理解,关键字"聒"字含义的揭示,学生充分感受风雪交加且未有停歇的恶劣天气,以及长夜漫漫未能成梦的煎熬和痛苦,再以排比式的情感朗读将这份体会加以宣泄,深度体验情景交融的意境。而后,用文字为词人圆梦便满足了学生的内心渴求,词人的相思也在鲜活的场景描述中得以消解。]

板块四:深情诵读,评价拓展

1. 当时的纳兰性德风华正茂、身份高贵,随驾出征,远赴塞外。征程漫长,环境恶劣,引发他对京城故园的强烈思念,这才有了这首名作《长相思》。(配乐,学生齐读。)

2. 你们喜欢这首词吗?为什么喜欢?

3. 纳兰性德的词风貌、神韵超凡脱俗,全在一个"真"字,他用真情真意成就了自己的作品。人们喜爱纳兰性德的真性真情,喜爱他的代表作《长相思》。纳兰的故事被拍成电视剧,词被谱成歌曲,我们一起来观赏、聆听。(播放视频。)

4. 与《长相思》写于同一时期还有这首《如梦令》,它与《长相思》有着异曲同工之妙,值得品读。

如梦令

[清]纳兰性德

万帐穹庐人醉,星影摇摇欲坠。

归梦隔狼河,又被河声搅碎。

还睡、还睡。

解道醒来无味。

[**设计意图**:"纳兰小令,丰神迥绝",需要通过多种方式的诵读、吟唱使之更好地积累和传承。在读好一首的基础上再带一首同一时期、同一背景下的作品,让学生进一步体会作品的风格和蕴含的情感,这也是培养高段学生自主、深入品读诗词能力,形成审美经验的有效路径。]

板书示意图

图 4-35

第17例《闻官军收河南河北》：
从一首最快乐的诗，读懂你夙愿难成的一生

闻官军收河南河北①

[唐] 杜 甫

剑外忽传收蓟北，
初闻涕泪满衣裳。
却看妻子愁何在，
漫卷诗书喜欲狂。
白日放歌须纵酒，
青春作伴好还乡。
即从巴峡穿巫峡，
便下襄阳向洛阳。

【诗歌赏读】

赏读杜甫的《闻官军收河南河北》

《闻官军收河南河北》是杜甫的名作，被誉为杜甫生平第一快诗。该诗原来被编排在六年级下册的"古诗词背诵"部分，要求学生了解大意，背诵积累即可。统编小学语文教材将该诗移至五年级下册，成为精读课文。其编排意图显而易见。

统编小学语文教材的显著特点之一就是"注重中华优秀传统文化的弘扬与传承"。《闻官军收河南河北》就体裁而言是一首七言律诗，同时它所传达的思乡心切、爱国深情完全符合这一单元的人文主题——家国情怀。该诗与王昌龄的《从军行》、陆游的《秋夜将晓出篱门迎凉有感》一起构筑起本单元的情

---

① 选自统编小学语文教材五年级下册。

感基调——对家国深沉、浓烈的热爱。

明确了该诗的编排意图和教学价值,就要了解该诗的创作背景。该诗创作于唐代宗广德元年(763年)的春天。当时,杜甫正因"安史之乱"而漂泊于四川的梓州。要真正地读懂这首诗,真正地理解杜甫的心,必须对杜甫的生平经历以及改变其个人乃至国家命运的"安史之乱"进行简要的回溯。

公元712年,杜甫出生于河南府巩县(今河南巩义)。受"奉儒守官"的家族传统熏陶,杜甫很早就怀有"致君尧舜上,再使风俗淳"的远大政治抱负。但仕途蹭蹬的他,在长安求官近十载,受尽冷眼,十分困顿,对社会状况有较深的认识。755年的11月,安禄山在范阳(今北京)起兵,"安史之乱"爆发,唐朝进入了烽烟四起、民不聊生的战乱时期。杜甫一家作为历史这架大车巨轮之下的一粒尘埃,与千千万万的百姓一样,开始了妻离子散、九死一生的逃难生活。

以时间为线索,杜甫一家的流亡经历梳理如下:

755年,"安史之乱"爆发。杜甫带着全家老小开始四处流亡,从奉先到白水,从白水到彭衙。杜甫将家人安置在鄜州城北的羌村后,只身前往灵武拜谒新帝,却被叛军所擒,押送长安。当他历经千辛万苦来到新帝身边后又因直言进谏被皇帝冷落、疏远。

756年,杜甫一路历经艰险,回到羌村与家人团聚。

758年,杜甫因受牵连被贬为华州司功参军,从此再未回长安。

759年,杜甫辞去微不足道的八品官职,举家前往贫瘠、荒凉的甘肃天水。10月,杜甫离开天水,前往同谷。在同谷,杜甫的生活陷入极其困窘的境地,衣不蔽体、食不果腹,苦苦挣扎。

759年12月,迫于生计,杜甫携家小起程入蜀。从同谷出发,经兴州、利州、剑州、绵州、汉州等地,跋涉千里,终于抵达成都。在成都时,杜甫得到了亲友的帮助,终于在浣花溪畔建起一座草堂,有了栖身之地,也过上了一生中最为安逸的一段岁月。也正是相对悠闲、安宁的生活,让杜甫能创作大量田园诗、闲适诗,其中特别著名的有《江畔独步寻花》《春夜喜雨》等。从诗中我们可以感受到不受温饱之苦时,杜甫平和、细腻的心态下所呈现出来的闲情逸致。

公元762年的冬季,唐军收洛阳,叛军北逃等地。第二年,史思明的儿子史朝义兵败自缢,部将相继投降。至此,"安史之乱"宣告结束。

　　763年春,当"安史之乱"结束的消息传来时,杜甫感慨万分,写下《闻官军收河南河北》。

　　那么,为什么会是"忽传"官军收河南河北的消息?因为这个胜利是情节翻转般突然而至的。叛军内部发生了叛变,才使得"安史之乱"得以提前结束。也正是这样的意料之外,才会有诗人极度的"喜欲狂",才会有这样一首畅快淋漓的七律。

　　现在,来细致地读一读这首诗。

　　诗的首联"剑外忽传收蓟北,初闻涕泪满衣裳"交代了情感迸发的起点和听到喜讯时的第一反应。为什么听到好消息后会"涕泪满衣裳",而不是放声大笑?因为这八年来,诗人一家颠沛流离,饱经艰难,可谓苦不堪言。而现在敌军溃败,生活又有了转机、有了希望,怎么不叫人悲喜交加、热泪盈眶?这里的"涕泪"有悲伤,但更多的是苦尽甘来的欢喜啊!

　　颔联"却看妻子愁何在,漫卷诗书喜欲狂"极为生动地刻画了情感生发递进的第二阶段——"愁"尽"喜"至。刚才还涕泪横流的诗人转过头发现妻儿们也一扫平日里的愁苦之容,笑意满面。曾经的"手脚冻皴皮肉死",曾经的"短衣数挽不掩胫"……这些都已过去,国泰民安,百业待兴的日子即将来临!怎么表达内心的喜悦呢?家徒四壁,唯有书籍。于是,诗人从桌上拿起最为珍爱的书籍随意地卷起来,来回走动,简直快乐得似要发疯。为什么一个"漫卷"就是"喜欲狂"的表现?要知道,诗人当时已是50多岁的老人,必不会像孩童一般高兴得一蹦三尺高,这一"漫卷"的动作已是诗人最大限度地彰显其激动、兴奋的情绪了。

　　颈联"白日放歌须纵酒,青春作伴好还乡"是"喜欲狂"的进一步注解,是狂喜之后的畅想。何以为庆?唯有纵酒!何以为乐?唯有还乡!怎样纵酒?要在阳光灿烂的日子里一边唱歌一边纵酒。怎样还乡?要让明媚的春光做伴,在桃红柳绿中、莺歌燕舞中与妻儿一同回家去。这还是那个年老多病、悲苦沉郁的杜甫吗?这简直是当年那个"会当凌绝顶,一览众山小"的意气风发、豪情满怀的年轻杜甫啊!

第四章 "致润"理念下的古诗词赏读与教学实例

尾联"即从巴峡穿巫峡,便下襄阳向洛阳"既是句内对偶又是两句对仗,以天高地阔的浪漫想象为全诗的情感做了一个圆满的总结。诗人身在梓州,心飞洛阳,已在头脑中为自己的回乡勾画好了行经路线:巴峡—巫峡—襄阳—洛阳。四个地名从四川到湖北,从湖北到河南,彼此之间有着漫长的距离,诗人却创造性地运用了"从""穿""下""向"四个非常灵动、贴切的动词,一下子把它们串联起来。于是,再遥远、再艰险的路途也变得轻而易举了,就好比大江放舟、平原走马,真叫一个气势浩荡、铿锵有力!

读到这里,我们不由得发现整首诗无论是人物形象的写实,还是想象漫思的虚构,无论是动作的刻画,还是地名的串联,无不围绕诗的情感核心——喜。因此,我们可以"喜"为基点,建构话题,展开教学。

在与杜甫一同开怀欢喜之后,有一个问题还挥之不去。那就是杜甫最终是否如愿以偿,达成回乡心愿了呢?其实,就在杜甫准备启程返京的时候,好友严武任剑南节度使。杜甫认为自己可有一番作为,而入了严武幕府。但不久,严武暴病而亡,杜甫失去依靠。765年,杜甫买船南下,后抵云安,因旧疾发作,滞留养病。次年,继续东行,抵夔州,停驻近两年。768年,贫病交困的杜甫依然无所依傍。身心疲惫的他登上洞庭湖畔的岳阳楼,远眺洞庭壮景,想到国家不安、百姓苦难、自己功业未立,禁不住涕泪涟涟,写下光耀千年的《登岳阳楼》:

> 昔闻洞庭水,今上岳阳楼。
> 吴楚东南坼,乾坤日夜浮。
> 亲朋无一字,老病有孤舟。
> 戎马关山北,凭轩涕泗流。

其中的"亲朋无一字,老病有孤舟"一联点明当时的杜甫孤单漂泊、病痛缠身的困苦境地,尾联"戎马关山北,凭轩涕泗流"则将自己对国家饱受兵戈袭扰而不得安定的悲痛、无望进行了深切表达,读之凄然。此时,为己、为民、为家、为国而"涕泗流"的杜甫是否还能记起当时听闻"安史之乱"平定时的"喜欲狂"呢?

杜甫的这颗心,就是在这样一次次为家国忧、为家国愁、为家国乐、为家国喜的泪水中凝结出来的吧!对杜甫发自肺腑的敬重和钦佩,是这首古诗教学的重要前提和基础,还有什么比读懂杜甫的这份上忧国家、下忧黎民的家国情怀更重要的呢?

最后,我们还要来把握学生的学习起点。有关律诗的体裁,学生在五年级上学期已有接触,因此对律诗的基本特点已不陌生。关于诗人,学生在二年级下册《绝句》(两个黄鹂鸣翠柳)、三年级下册《绝句》(迟日江山丽)的学习中也有过一定的了解。学生学习存在的最大困难,一是创作的背景及诗人情感的起伏,二是诗歌中提到的地名,三是古今异义的字词。教师在确立教学目标和设计教学环节时要给予充分关注。

【诗歌教学】

《闻官军收河南河北》教学设计

(共1课时)

教学目标

1. 以旧带新,明确本诗的体裁,回顾律诗的特点,并通过对停顿、韵脚的关注,读出诗歌的节奏和韵味。积累并背诵诗歌。

2. 通过借助注释、介绍背景等方式读懂诗歌,感受诗人对国家的关心、对家乡的热爱之情。

3. 借助资料了解杜甫生平,拓展相关诗句,理解诗人"喜"从何来、在何处、往何方的情感路程。

4. 通过书法欣赏、古诗吟唱等形式凸显诗中名句,进一步得到审美的熏陶,传承诗歌文化。

教学重点

读懂诗歌,感受诗人对国家的关心、对家乡的热爱之情。

教学难点

理解诗人"喜"从何来、在何处、往何方的情感路程,对"诗圣"的生平、历史地位有所体认。

教学过程

板块一：再识诗人，掠影生平

1. （出示诗人图片）这是诗人杜甫，谁能简要地介绍一下他。

2. （出示唐朝历史发展轨迹图与杜甫生平示意图，见图4-36）杜甫的一生与国家的命运密切相连，他生于盛世，青壮年时代充分领略了大唐王朝的鼎盛繁华，立下报国之志。然而，"安史之乱"爆发，国家陷入浩劫，杜甫带着家小四处流亡，困顿不堪。在此期间，他创作了众多优秀诗篇以记录社会动荡，揭示百姓疾苦，这些作品千百年来在历史的天空熠熠生辉。

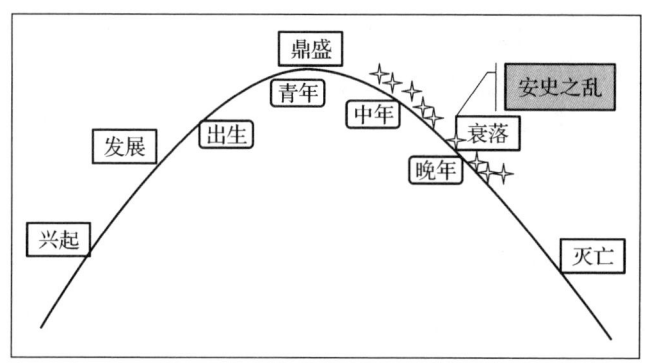

图 4-36

板块二：凸显特点，读好古诗

1. 今天我们要学的这首诗写于"安史之乱"结束之际。请再好好地读一读整首古诗，读正确、读流利。

2. 指名读，随机指导。

关注字音：读准确多音字"裳"，并结合图片理解古时衣服，上曰"衣"，下曰"裳"。

关注古今异义词：像这样古代与现代同形不同义的词在诗中有多个，比如"涕泪"专指眼泪，"妻子"指妻子和孩子，"青春"指美好的春天，而非年少的时光。

关注音律：这首诗共八句，每句七字，是七言律诗，律诗在音韵上有着严格的要求。（显红放大每一联最后一个字）读一读，发现了什么？（最后一个字的音都押"ang"韵）每一联押"ang"韵，读起来显得通畅、昂扬。

合作读:学生读单句,教师读双句;教师读单句,学生读双句。

小结:"裳""狂""乡""阳",这样的声韵已将诗人按捺不住的情绪隐隐宣泄出来了。

板块三:聚焦情感,构建话题

(一)把握大意,凸显情感

1. 通过预习,我们已经大致了解这首律诗主要讲了一件什么事,现在谁愿意指着地图来说一说?

这些信息可以从诗的哪些地方找到?(诗题、首句。)

第一句点题,强调了消息来得非常"突然"。(板书:忽传。)

2. 远在千里之外,忽然间听说了叛军溃败的好消息,作者的心情是开心、喜悦、高兴、激动的。这样的喜悦之情是藏也藏不住的啊!(出示学生预习单上的答案,板画心潮图。)

(二)举一反三,学以致用

1. 共学首联。

(1) 诗人的心潮随着喜讯的传来翻滚着。(出示首联:"剑外忽传收蓟北,初闻涕泪满衣裳。")

(2) 你从哪个细节感受到了诗人的喜悦?(指名读,板书:涕泪满衣裳。)

(3) 展开想象,用自己的话说一说当时的情景。

(4) 为什么听到"安史之乱"结束的消息,诗人会激动得涕泪满衣裳?(出示视频,引导学生了解"安史之乱"和诗人当时的生活。)

(5) 请用一个词概括"安史之乱"中杜甫的生活。(颠沛流离、饱经风霜、艰难困苦、穷困潦倒……)

(6) 怎么读才能读出诗人当时的心情?(学生朗读,教师随机点评:一个"忽"字,强调了意外之喜;一个"满"字,道出了多少苦楚啊!)

(7) 刚才我们是怎样学诗的?(小结学法,如图 4-37 所示。)

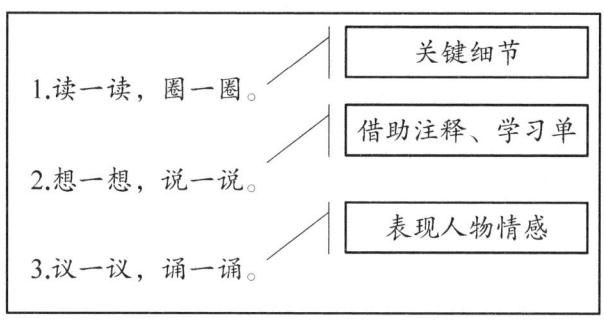

图 4-37

2. 小组合作,定联学习。

3. 汇报交流,随机点拨。

◇ 颔联:却看妻子愁何在,漫卷诗书喜欲狂。

(1) 品味细节。

学生的反馈预设与教师的随机跟进如图 4-38 所示。

学生反馈预设	教师随机跟进
从"愁何在"体会家人的喜与苦尽甘来	以前为什么而愁?发愁的时候,人的神情是怎样的?
从"漫卷"体会到诗人的喜	书是诗人最珍爱的物品,现在却是毫不在意地卷起来,这就是一种忘乎所以的喜
从"狂"字体会到诗人高兴到了极点	高兴得快要发疯了,这就是欣喜若狂

图 4-38

(2) 想象画面。

出示资源单,按时间线回顾杜甫流亡经历。

出示学习资源①:"安史之乱"中杜甫一家的流亡经历示意图(前文已出现过,此处省略)。

从学习资源单中我们能充分体会到杜甫一家在战乱中吃尽苦头、受尽磨难。(呈现语境,想象说话)如今喜讯传来,杜甫一家喜上眉梢。只见——

引导学生抓住人物的动作、神态、语言等细致描述,如,杜甫胡乱地卷起书本,激动得走到东、走到西,口中重复着:"太好了!太好了!天佑大唐,天佑百姓啊!"

(3) 情感诵读。

你觉得怎么读才能表现诗人的"喜欲狂"?(学生自由读。)

指名朗读,交流点评。

这喜悦的一幕被诗人看在眼里、写进诗里,齐读"却看妻子愁何在,漫卷诗书喜欲狂"。

◇ 颈联:白日放歌须纵酒,青春作伴好还乡。

(1) 找出细节。

预设:

从"放歌""纵酒"等事件中体会到诗人的喜悦。

从"白日""青春"看出诗人的喜悦,阳光灿烂,春光明媚,心情就更加愉快了。

从"好还乡"体会到诗人的喜悦,诗人年纪大了,早就盼望着回到家乡去,这次终于可以实现了。

随机点评:美好的情景衬托美好的心情,这不就是借景抒情嘛;好天气,好心情,正好还故乡啊!

(2) 想象画面。

在阳光明媚的日子里,杜甫一边唱歌一边饮酒回故乡去。

山花烂漫的春光里,杜甫带着一家人回故乡。他笑眯眯地喝着酒,喝了一杯又一杯,还时不时地高声歌唱。

(3) 情感诵读。

酒是古典诗词中经常出现的意象,往往寄托着诗人浓郁的情感。小组合作时,我们已体会了其他诗人的酒中情。(引读诗句,相关诗句见图 4-39)杜甫的酒又是怎样的酒?(开心、快乐、喜悦、美妙……)

> 1. 开心之酒：欢言得所憩，美酒聊共挥。
> ——李白《下终南山过斛(qì)斯山人宿置酒》
> 2. 畅快之酒：呼儿将出换美酒，与尔同销万古愁。
> ——李白《将进酒》
> 3. 豪爽之酒：新丰美酒斗(dǒu)十千，咸阳游侠多少年。
> ——王维《少年行四首》
> 4. 温馨之酒：绿蚁新醅(pēi)酒，红泥小火炉。
> ——白居易《问刘十九》
> 5. 热情之酒：莫笑农家腊酒浑，丰年留客足鸡豚。
> ——陆游《游山西村》

图 4-39

在美好的时光里，一边唱歌一边喝酒，真是酣畅淋漓，齐读。

◇尾联：即从巴峡穿巫峡，便下襄阳向洛阳。

（1）找出细节。

从"即""便"等词语体会到诗人的喜，诗人要随时出发回故乡。

从"从""穿""下""向"等词语体会到诗人的痛快，好像一下子就可以从四川回到洛阳。

（2）想象画面。

我们仿佛看到诗人坐着小船，唱着歌，喝着酒，没过多久就回到了洛阳。

这些地点是否很近？路途是否平坦、好走？结合学习资源②交流。（通过交流，感受归途之远、之难，体会诗人迫不及待要还乡的心情。）

学习资源②：相关地图（略）及简介文字（如图 4-40 所示）。

> 巴峡：距梓州近千里，行程需 10 天左右。
> 巫峡：全长近百里，峡长谷深，江流曲折，巴峡至巫峡行舟需 5 天左右。
> 襄阳：距巫峡近千里，行程需 10 天左右。
> 洛阳：距襄阳近千里，行程需 10 天左右。

图 4-40

这不禁让我们想到了李白的诗句——朝辞白帝彩云间,千里江陵一日还。两岸猿声啼不住,轻舟已过万重山。

(3) 情感诵读。

(三) 整体诵读,体会内心

1. (出示整首古诗)刚才我们从诗的字里行间找到了诗人心潮喷涌、澎湃的具体表现。那你能读好这样的心潮澎湃吗?(指名读。)

2. 点点滴滴的细节汇聚成波涛汹涌的情感的江流,诗人紧紧扣住内心的喜悦,将听到收复河南河北时的举止、神态、心理凸显出来,满满的人情味和浓浓的思乡情,加上高超的艺术手法,成就了这篇不朽的杰作。

3. 齐读古诗。

板块四:悲喜对比,理解诗人

1. 这首诗被誉为杜甫生平第一快诗,这个快,就是快乐、快意,这是为什么呢?我们一起来看看"安史之乱"爆发后诗人创作的其他诗篇。

(出示杜甫的《春望》《月夜忆舍弟》这两首诗)自由读,可能有些字不认识,可能有些诗句不太明白,但相信细心的你依然能读出诗中蕴含的情感。想一想,可以从哪些词句中体会到?

春 望

国破山河在,城春草木深。

感时花溅泪,恨别鸟惊心。

烽火连三月,家书抵万金。

白头搔更短,浑欲不胜簪。

月夜忆舍弟

戍鼓断人行,边秋一雁声。

露从今夜白,月是故乡明。

有弟皆分散,无家问死生。

寄书长不达,况乃未休兵。

诗人"恨"的是什么？（国家沦陷、亲人离散、身体衰老。）

诗人"思"的是什么？（家乡、亲人。）

2.结合书法形式，再读今天学习的这首诗，借助狂草的形态进一步形象体会这非同一般的"喜"：就是如此狂放不羁、无拘无束。

3.最后杜甫是不是真的回归故里了，是不是从此国泰民安、万事顺遂呢？我们来看杜甫在"安史之乱"结束几年后写的一首律诗《登岳阳楼》，请关注诗的后半部分。

> 昔闻洞庭水，今上岳阳楼。
> 吴楚东南坼，乾坤日夜浮。
> 亲朋无一字，老病有孤舟。
> 戎马关山北，凭轩涕泗流。

4.此时，再回过头来看当初的"喜"，你又有什么新的感受？（喜中带着悲伤，喜又透着无奈，喜中含着惆怅……）

从这样的"悲""喜"之中，你体会到了诗人是个怎样的人？

5.诗意评价：

从开元盛世出发，他漂泊着，悲伤着，叹息着，一路坎坷，遇见兵荒马乱，遇见生离死别。

他总是噙着眼泪感伤时世，想为黎民百姓尽心，想为大唐社稷出力，却总是徒劳无功。

他有诗人情怀，更有慈悲心肠，他用手中的笔记录史实，书写情意，他惆怅又悲凉，温暖又深情。

他就是诗圣，杜甫。

6.杜甫的《闻官军收河南河北》以其深沉的爱国情怀、真切的人物刻画，成为流传千古的名篇佳作，时时叩响人们的心灵，听——（播放歌曲《闻官军收河南河北》。）

7.诗歌中的颈联也因其流畅、爽利、奔放洒脱的艺术特色成为人们歌颂美好时光、作为临别赠言的上佳选择。请你也认真地抄一抄。

板书示意图

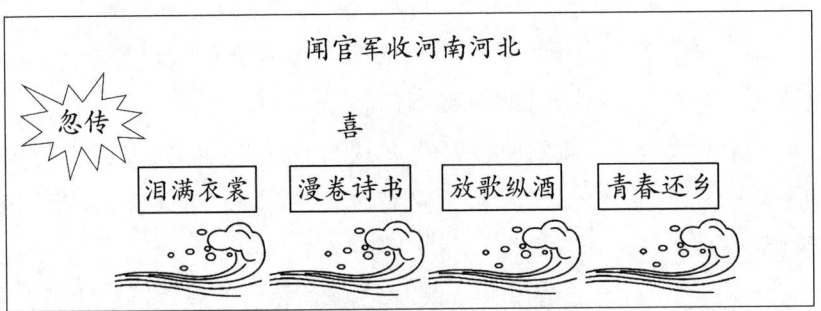

图 4-41

第18例 《浪淘沙(其一)》《江南春》：于"风"中见风格

浪淘沙(其一)①
[唐]刘禹锡

九曲黄河万里沙，
浪淘风簸自天涯。
如今直上银河去，
同到牵牛织女家。

江南春②
[唐]杜 牧

千里莺啼绿映红，
水村山郭酒旗风。
南朝四百八十寺，
多少楼台烟雨中。

【诗歌赏读】

赏读刘禹锡的《浪淘沙(其一)》和杜牧的《江南春》

统编小学语文教材六年级上册第六单元的人文主题为"保护环境"，语文要素为"抓住关键句，把握文章的主要观点"。第18课《古诗三首》为该单元的开篇课文，由《浪淘沙(其一)》《江南春》《书湖阴先生壁》这三首古诗组成。三首古诗用黄河的壮美、江南的柔美、田园的静美来展现不同的地域、不同的风光，给人以不同的审美体验。

尤其是《浪淘沙(其一)》和《江南春》，一硬朗一柔和，一壮阔一雅致，风格

---
①② 选自统编小学语文教材六年级上册。

迥异，对比鲜明。所以这次我们不单独地赏读一首诗歌，而是把这两首诗比较着来读一读、品一品。

《浪淘沙(其一)》是中唐诗人刘禹锡的代表作。刘禹锡，字梦得，河南洛阳人，所作诗文俱为上品，素有"诗豪"之称，与白居易并称"刘白"，与柳宗元并称"刘柳"。其代表作《陋室铭》《竹枝词》《乌衣巷》《望洞庭》《秋词》等皆为世人耳熟能详。

刘禹锡的仕途生涯并不顺遂。刘禹锡初为淮南节度使杜佑幕僚，入任监察御史。贞元末，参与王叔文、王伾改革。但改革触犯了藩镇、宦官和保守官僚的利益，遭到反扑，被贬为朗州司马。后被召还京，以赋《戏赠看花诸君子》诗，触犯权贵，再贬播州。因裴度说情，改授连州，历迁夔州、和州、苏州、同州刺史。前后贬谪时间长达二十多年之久，正如刘禹锡《酬乐天扬州初逢席上见赠》诗所云："巴山楚水凄凉地，二十三年弃置身。"但值得称道的是，与一般被贬之人总是郁郁寡欢、潦倒落魄不同，刘禹锡对待贬谪态度当得起他"诗豪"称号中的这个"豪"字。

而这份豪迈，这份豪壮，这份豪气，从《淘浪沙(其一)》便能强烈感受到。

先看第一句："九曲黄河万里沙。"开篇一个"九曲"，一个"万里"，就将黄河蜿蜒曲折的姿态和裹挟大量泥沙奔涌前行的动态展现得淋漓尽致，一幅苍茫辽阔、大气雄浑的北方地域特有的图景一下子被打开了，给人以极其强烈的视觉冲击。它与《浪淘沙(其七)》的首句"八月涛声吼地来"的先声夺人，有着异曲同工之妙。

如果说第一句是全景俯拍，那么第二句则是近景特写了。"浪淘风簸自天涯。"看哪，这是怎样的黄河浪啊？波翻浪涌、汹涌澎湃！那一场横贯北方大地的"风"，更是加大、加剧了黄河奔腾的力度和强度，是惊涛骇浪，是滔天巨浪！而这样的"惊"，这样的"骇"，这样的"巨"，这样的"怒"，全部浓缩在一个"簸"字里了。"簸"，本义是用簸箕扬去谷米中的糠秕、尘土等杂物，后由簸米时的动作特点引申出上下颠动、摇荡的意义。在这里，风搅动起更大的浪涛，以更猛烈的冲击力向我们奔来、撞来、扑来，转瞬间又奔涌而去……

这样的诗句，这样的画面，让我们不由想起了王之涣的"黄河远上白云间，

第四章 "致润"理念下的古诗词赏读与教学实例

一片孤城万仞山",想起了李白的"君不见黄河之水天上来,奔流到海不复回",还想起当代作家宗璞《黄河魂》中的片段:"放眼北望,只见铺天盖地滚滚而来的,分明是千万条张牙舞爪的黄鳞巨龙。它们翻滚着,缠绕着,拥挤着,厮咬着,昂首甩尾,一路挟雷裹电,咆哮而来。倏而,腾空而起;猛然,俯冲而下……"刘禹锡笔下的黄河奔涌在历史的时空中,最终,又以同样昂扬不羁、所向披靡的态势进入我们现代人的视野。就是这样奔流不息的黄河,是中华民族的魂灵精魄所在。

当我们把被黄河的浪淘风簸激荡得澎湃起伏的心收一收,不经意间就会发现,我们的心已进入一派宁静、祥和的境界——如今直上银河去,同到牵牛织女家。此二句为诗人的想象,意思是说如今我们可以沿着黄河径直来到银河,一起去寻访牛郎织女的家。后两句的急转直下,让我们不得不发问:刚才还在写黄河,怎么突然间就出现银河了? 其实,第二句中的"自天涯"已暗埋伏笔。诗人望着滚滚而来的黄河,极目远眺,不禁联想到了它的源头:黄河的源头是不是在天的那一端?顺着黄河而上,是不是可以来到银河边?那里是不是就是牛郎织女的家园?牛郎织女是不是在那里过着幸福、美满的生活……这样读,我们就读出了诗人的心声,即对宁静、和美的田园生活的向往和憧憬。这样的憧憬和向往会影响诗作的豪迈之气吗? 当然不会。憧憬和向往的常常是想要实现却未能实现的美好境界。正是因为内心怀有这样一份美好,并拥有为这份美好而不妥协屈服、不同流合污的气概,才会在面对人生的大风大浪时安之若素、初心不改。这才是"诗豪"之所以为"诗豪"的可敬之处。

相较于刘禹锡跌宕起伏、饱经沧桑的人生经历,生活于晚唐的杜牧,似乎幸运多了。杜牧出身名门望族,他的祖父杜佑官至宰相,所著《通典》更是开创了典志体史书的先河。在这样的家庭熏陶下,杜牧兼具风雅才情和政治头脑。这从他的《清明》《七夕》《泊秦淮》等诗作,《阿房宫赋》《战论》等文章中,可见一斑。

这首《江南春》具体的创作时间不详,应是杜牧到江苏江阴时所作。

先看诗题。诗题直言所写对象乃江南的春景,或者说,写的是春天的江南。即使不去读诗的内容,仅就"江南春"三字,是不是已让你的眼前呈现出一派春光明媚、和风拂面、桃红柳绿、莺歌燕舞的景象？这就是"江南春"三个字传达给我们的无限遐思。我们借助文字,激活了保存在头脑中的江南图景,从而有了这样的想象。而杜牧则不然,他当时身处江南,眼里、心里全是江南之风物,是以当下的景致激活更多的江南景致,从而挥笔写就这首流传千古的七绝名篇《江南春》。

第一句"千里莺啼绿映红"一出,我们的眼睛就被"绿"与"红"这两种颜色抓住了。真的只是两种颜色吗？朱熹说春天是"等闲识得东风面,万紫千红总是春",杜甫说"桃花一簇开无主,可爱深红爱浅红",韩愈说"草树知春不久归,百般红紫斗芳菲"……春天的色彩是一年中最丰富、最亮丽的,红的、紫的、绿的、黄的、白的……仅"红"和"绿"就可以再分出深红的、浅红的、粉红的、紫红的、玫红的、白里透红的,淡绿的、墨绿的、水绿的、嫩绿的、黄中带绿的、绿得发亮的……真是五彩斑斓,让人目不暇接。红花绿树旖旎多姿,尚来不及品赏,耳边又传来清脆悦耳的黄莺啼唱。这样"莺啼绿映红"的景致当然美,但尚未入高格,仅是一处小景小致,可怡小情小性。而杜牧的高明之处就在于诗的一开头就冠以一个表示大景大观的词——千里。这"千里"一缀,整首诗的境界豁然开朗。江南春景绵亘千里,春风所拂之处,春日所照之处,哪里没有绿的树儿、青的草儿、红的花儿、黄的莺儿……哪里不透露着勃勃的生机、盎然的春意？

关于"千里"一词的运用,历史上还有一段争论。明代杨慎在《升庵诗话》里说:"千里莺啼,谁人听得？千里绿映红,谁人见得？若作十里,则莺啼绿红之景,村郭、楼台、僧寺、酒旗,皆在其中矣。"貌似有理,实则不然。清代的何文焕就在《历代诗话考索》中驳斥曰:"余谓即作十里,亦未必尽听得着,看得见。题云《江南春》,江南方广千里,千里之中,莺啼而绿映焉。水村山郭,无处无酒旗,四百八十寺,楼台多在烟雨中也。此诗之意既广,不得专指一处,故总而命曰《江南春》……"何文焕的理解无疑是正确的。杜牧是将眼前景与一路行来的见过之景、想象之景进行了对接,灵动又活泼地展现了江南春景的广袤阔大。

所以第二句"水村山郭酒旗风"也应置于这"千里"的幅员之下。江南何处无路人歇脚的酒馆,何处无招展的酒旗？村村寨寨、街头巷陌、水边山脚,都会

第四章 "致润"理念下的古诗词赏读与教学实例

响起热情似火的一句:客官,进店歇上一歇,喝碗小酒提提神啊!一阵阵酒香随着帘子的撩动,随着窗子的打开,随着那温和的春风,四下漫溢开来。

前两句写的是明媚之春景,后两句则是写烟雨笼罩之下的春景。层峦叠嶂间,寺庙座座,楼宇重重,或是唐人所造,或是前朝所建。蒙蒙细雨中的佛寺仿佛披上轻薄的白纱,更显得神秘而深邃。面对鳞次栉比的楼台庙宇,诗人不禁联想到自南北朝以来各地弘扬佛教,兴建了多少的寺院啊。于是"南朝四百八十寺,多少楼台烟雨中"便自然流泻。

对于这两句诗,文学史上有不同的看法。一种认为是诗人借南朝佞佛之事讽刺当朝重佛误国的现实问题,一种认为此二句仅是触景而发,略有感慨,更多的还是在描写所见之景。以小学生的认知水平和教材的教学定位,笔者亦认同第二种解读角度。从写景诗的角度来理解这首《江南春》,更纯粹,也更有情致。

深入赏析后,我们不禁思考,是否可以运用互文比较的方式来学习这两首古诗呢?就来一番实践尝试吧!以不同古诗中的某一共同意象为触发点,引发一系列的比较、感悟、理解,突破形式窠臼,促进古诗的深度学习,不失为组诗教学的另一条蹊径。一言以蔽之,即:管中窥豹,可见一斑;"风"中比"格",更有深度。

两首古诗教起来内容多、难度大,对学情的把握尤为重要。课前需要布置预习作业,让学生发现两首古诗的相同之处。大部分学生都能找到创作年代、诗歌体裁、类别、写作手法上的相同点。这就是学生的已知,是教学的起点。比如,两首古诗都运用了表数字的词,将作者眼前的景和想象的景无缝衔接。教师便要通过对两首古诗中"数字"的关注,明确"九曲""万里""千里""四百八十"为虚指,强调的是数量大、范围广,不着痕迹地引导学生从"大气象"的角度领略黄河的蜿蜒绵长与江南的风光。

而学生的未知,才更凸显教学的意义。那么教学的生发点在何处?通过深入解读文本,我们将教学的生发点落在"同中求异,异中求同"上。两首古诗均为写景诗,入诗的景物各不相同,但非常有意思的是,诗中有一处景物奇迹般重合,那就是——风。

说到风,我们便会想到李峤的"解落三秋叶,能开二月花",风就是这般的不见身影,却有踪迹。看,风在黄河之滨,呼啸而过掀起惊涛骇浪;风在江南水乡,玉手轻拂织就柳绿桃红。同样是风,却有着不一样的性格脾气,也成就了两诗的不同风格。教学就从这里出发。

【诗歌教学】

《浪淘沙(其一)》《江南春》组诗教学设计

(共1课时)

教学目标

1. 通过借助注释、想象画面等方式,正确理解两首古诗的大致意思。

2. 通过前置学习,在比较中发现两首古诗的相同之处和不同之处,在反复诵读、想象中感受黄河的壮美和江南春天的秀美。

3. 借助资料了解诗歌的创作背景,体会作者要表达的情感。

教学重点

在反复诵读、想象中感受黄河的壮美和江南春天的秀美。

教学难点

借助资料,了解诗人的创作背景,体会作者表达的情感。

教学过程

板块一:聚焦一个"风"字,初识两诗风格

1. 预习反馈:课前调查中有35位同学发现了这两首古诗都是写景的。(呈现统计图。)

2. 这两首诗中分别提到了哪些景物呢?请默读古诗,快速圈画。

3. 学生汇报圈出的景物,发现两诗中共同的景物:风。

4. 出示两诗前两句(见图4-42),读一读。

> 九曲黄河万里沙,
> 浪淘风簸自天涯。

> 千里莺啼绿映红,
> 水村山郭酒旗风。

图4-42

5. 说说读后的总体感受:这两处的风给你的感觉一样吗?

6. 带着不一样的感受对比读诗句:指名读,同桌互读,师生对读。

[设计意图:认知水平决定了认知深度。学生在整体感知、发现这两首诗都是写景的共同点后,不太会再进一步关注到具体的景物是什么,是否有同样的景物出现。教师可由此为基点展开教学,以短、平、快的方式引导学生拨开"花叶",直指两"风",从面到点,精准聚焦。同时,通过对比诵读,学生得以初步感受"风"的不同及诗风的不同。]

板块二:走近黄河之"风",感受豪壮之风格

1. 《浪淘沙(其一)》中的风,是什么风?(狂风、大风、猛烈的风……)你从诗句中的哪个字可以看出风很大?(簸。)

2. 在这样的风中,你来到黄河岸边,会看到怎样的景象? 会听到怎样的声音?

3. 是啊,一个"风"字将我们带入这样雄壮的画面之中。(播放视频。)

4. 说感受:这样的黄河给你的感觉是——

气势磅礴(把这种气势带到前两句中读出来)。

惊心动魄(把这种令人心惊胆战的感觉读出来)。

汹涌澎湃(把黄河的巨浪滔天读出来)。

5. 大风卷起千重浪,黄河远自天上来,让我们带着此时的感受一起读:九曲黄河万里沙,浪淘风簸自天涯。(引导学生齐读。)

6. 这样一条波涛汹涌、滚滚东流的黄河自古以来就寄托着诗人的情与思,比如——

王之涣在《登鹳雀楼》中写"白日依山尽,黄河入海流"。

《凉州词》中也有黄河的身影,"黄河远上白云间,一片孤城万仞山"。

李白诗中的黄河更是气势昂扬,"君不见黄河之水天上来,奔流到海不复回"。

7. 是啊,这都是黄河,这就是黄河! 它蜿蜒曲折却从不回头,它万里奔流、一往无前。让我们想象着黄河豪迈的雄姿,再来读这两句诗!

[设计意图:俗语有云"无风不起浪"。黄河的气势,黄河的壮观,有了风更

显磅礴,更见雄浑。找到两首诗中的"风"之后,教师先引领学生感受黄河豪壮之美。以"风"为原点,以"黄河岸边的风是什么风"切入,采取想象画面、播放视频、拓展诗句等教学策略,将学生对于黄河的认识从粗浅处引向深刻处,再通过充满诗意的语言渲染,将黄河的形象层层建构、重重凸显,使之越来越清晰地呈现在学生的眼前。学生在交流感受、反复诵读中,对于《浪淘沙(其一)》一诗的豪壮风格有了较为深入的感悟。]

板块三:沉浸江南之"风",体悟秀美之风格

1. 那么《江南春》中的风又是怎样的呢?(柔和、舒服、温暖的。)

2. 是啊,带着这样的感觉,一起来读读这两句:千里莺啼绿映红,水村山郭酒旗风。(引导学生齐读。)

3. 读着读着,你想起了哪些与春风有关的诗句?

预设:

生:不知细叶谁裁出,二月春风似剪刀。

师:这是有着一双巧手的春风。

生:等闲识得东风面,万紫千红总是春。

师:这是催开百花的春风。

4. 这温暖的春风是如此美好,诗人怎么不描绘它、不赞美它? 一起读——

(1) 不知细叶谁裁出,二月春风似剪刀。

(2) 等闲识得东风面,万紫千红总是春。

(3) 春风又绿江南岸,明月何时照我还。

(4) 人面不知何处去,桃花依旧笑春风。

5. 江南的春风是如此柔和、如此温暖,如果你就是诗人,在这样的春风中登高远眺,会看到什么、听到什么、闻到什么呢? 请展开想象,写一写。

6. 学生汇报。

预设1:我登高远眺,只见一座座青山连绵起伏,鲜艳的映山红这里一簇、那里一丛,点缀得山林生机勃勃。

预设2:我登高远眺,温暖的春风拂面而来,耳畔传来清脆的鸟鸣,叽叽喳,叽叽喳,好像在说春天多美,春天多美。

预设3:我登高远眺,蒙蒙的细雨中,酒家的酒招子随风飘动,淡淡的花香中似乎还带着淡淡的酒香。

7. 小结:是啊,入目的是绿树红花、亭台楼阁,入耳的是黄莺歌唱、微风低吟。烟雨蒙蒙中,江南的春景美得令人沉醉。

〔设计意图:江南的春景总是这般繁盛,有绿树,有红花,有黄莺,有碧水,有青山,有蒙蒙的烟雨,有招展的酒旗,而这一切,都催生于春风中、润泽于春风中。学生对于江南的春风、春景是有一定的积累的。而且从一年级到六年级,学生对于描写春景的文章或读或写不下十数,如果只是说说春景未免简单和潦草。因此,在拓展描写春风的诗句之后,在对春风的温和、柔美有了一定的经验唤醒之后,教师创设情境"在江南温柔的春风中,我眺望远方……",让学生进入其中,想象所见所闻,以文字的形式从多种角度来描绘江南春光的美好,既理解诗意,又丰满景物形象,自然而然地引发学生对江南美景的赞美之情。此时的学生即诗人。〕

板块四:触摸风之力度,觉察表达情感

1. 这两首风格迥异的诗表达了诗人怎样的情感呢?请按照下面的提示,自主学习两首诗的后两句。

(1) 读:结合老师提供的资料,再细读古诗。

(2) 找:圈出你认为最能体现诗人情感的字词。

2. 组内交流观点,把诗中的关键词写在词卡上。

3. 代表汇报。

预设1:我们小组认为《江南春》这首诗中最能体现诗人情感的关键词是"多少",这个"多少"其实与前面的"千里"是对应的,因为地域广阔,所以才会有不知"多少"的感慨,表现了作者对无限春光的赞叹之情。

预设2:我们小组认为《浪淘沙(其一)》这首诗中最能体现诗人情感的关键词是"直上"。结合资料,我们知道刘禹锡是个豪迈的人,虽然仕途不顺,但他一直非常乐观。而"直上"这个词语就说明作者面对人生的大风大浪,没有灰心,没有放弃,有着迎难而上、百折不挠的精神。

4. 结课:不同的景观,有着不同情感。通过比较学习,我们不仅感受到了黄河奔流不息的豪壮之美、江南晴雨变幻的秀丽之美,更通过抓取关键词理解了诗人要表达的不同的情感。这是非常有效的古诗学习的方法,可以常用多用。

[**设计意图**:同一个"风"字,却有着不一样的力度——前者是豪壮有力的,后者是温润绵柔的。于是,创生两道不一样的风景,创生两种不一样的诗风,带给人完全不一样的审美体验。这正与单元语文要素的要求相吻合,当然,需要略作改动,调整为"抓住关键词,把握古诗表达的情感"。如何落实这一要求呢?在充分感受两诗的不同风格之后,教师开放学习空间,凭借小组合作的学习方式,让学生在讨论交流中完成"抓住关键词,把握古诗表达的情感"的学习任务。通过对关键词"直上""多少"的深度解读,学生逐渐触摸到不同风力在诗人心中掀起的不同波澜,于诗句细微处觉察到诗人所要表达的情绪,从而更进一步地理解古诗。至此,在"风"的催动下,诗意的理解、诗情的感悟、诗风的把握水到渠成。]

板书示意图

	风	
景	豪壮	秀丽
情	直上	多少

图 4-43

第四章 "致润"理念下的古诗词赏读与教学实例

第19例《迢迢牵牛星》:一水盈盈,照见彼此的脉脉含情

迢迢牵牛星[①]

迢迢牵牛星,
皎皎河汉女。
纤纤擢素手,
札札弄机杼。
终日不成章,
泣涕零如雨。
河汉清且浅,
相去复几许。
盈盈一水间,
脉脉不得语。

【诗歌赏读】

赏读《古诗十九首》中的《迢迢牵牛星》一诗

阅读统编小学语文教材中的《迢迢牵牛星》一诗时,会发现这首诗的诗题下面没有注明朝代与作者。注释中的第一条不是对字词意思的解释,而是明确了诗歌的出处。确实,《迢迢牵牛星》选自《古诗十九首》。这是教材中第一次出现《古诗十九首》这个名称。那么,我们就先来讲一讲有关《古诗十九首》的一些基本情况吧。

《古诗十九首》中的诗的作者不详,一般认为这些诗多出自东汉末年时的中下层文人之手,其主题是展现动荡时代下游子、思妇的复杂心态。南朝萧统将这一类传世的无名氏古诗进行选编,并冠名《古诗十九首》,每首诗均以第一句为标题。《古诗十九首》语言浅近自然、质朴无华,又真实生动、耐人寻味,

---

[①] 选自统编小学语文教材六年级下册。

如:有表现游子生命感慨的"盛衰各有时,立身苦不早。人生非金石,岂能长寿考",有表达游子思乡离愁的"涉江采芙蓉,兰泽多芳草。采之欲遗谁。所思在远道。还顾望旧乡,长路漫浩浩。同心而离居,忧伤以终老",有展现思妇无奈伤情的"相去日已远,衣带日已缓。浮云蔽白日,游子不顾反。思君令人老,岁月忽已晚。弃捐勿复道,努力加餐饭"。

《古诗十九首》是中国文学史上早期文人五言诗的典范,标志着民歌叙事向文人抒情写志的转变,刘勰在《文心雕龙》中这样称赞它:"观其结体散文,直而不野,婉转附物,怊怅切情,实五言之冠冕也。"这也意味着《古诗十九首》成为文人五言诗成熟的重要标志。由此可见,教材选编《迢迢牵牛星》一诗意义深远。一方面,它填补了原人教版教材在汉末五言诗学习方面的空白,另一方面,也呼应了单元人文主题,可谓用心良苦。

接下来,我们就进入对《迢迢牵牛星》这首古诗的赏读。

首先要明确的是,《迢迢牵牛星》是一首爱情诗。原因很简单,它所写的内容就是牛郎织女的爱情故事。牛郎织女的这份坚贞不屈、至死不渝的爱情感动了一代又一代中国人,尤其是浪漫多情的年轻女子,最终还衍生出了一个专门纪念这份感情的节日——七夕节。

其实,"牛郎织女"完成从自然星座到神话传说的变化也有一个漫长的过程。

《诗经·小雅·大东》中说:"维天有汉,监亦有光。跂彼织女,终日七襄。虽则七襄,不成报章。睆彼牵牛,不以服箱。"意思是说,那天上的银河河水闪烁着粼粼波光,天上的织女一天七次匆忙行路,虽然一天七次行路忙,却总也织不成美丽的花样,而那明亮的牵牛也不能来回驾车辆。在这里,古人遥望璀璨星空,将银河边上一颗特别明亮的星辰边上的几颗星星构成的形状想象成织布用的菱形梭子,又根据星辰的移动,想象出一个不停地忙于织布的"织布女"形象,而另一颗明亮的星星与边上的两颗星星构成的形状则被想象成"牵牛郎"的形象。这样的想象,反映了当时社会男耕女织的真实生活形态,是对人间生产生活的一种观照。但这个时候,"牵牛""织女"仅仅表示自然界的两颗星辰,尚未成为爱情故事中的男女主人公。

第四章 "致润"理念下的古诗词赏读与教学实例

直到这首《迢迢牵牛星》的出现，标志着"牛郎织女"爱情故事的正式成形，奠定了该民间传说的主流形态，建构起故事的基本元素、发展脉络及内涵主旨。诗歌以书面文字的形式明确了"织女星"与"牵牛星"的恋人关系，两人分隔于银河两岸，相距不远却无法用言语表达思念之情，只能隔着银河流泪。当然，在后续的历史变迁中，牛郎织女的故事有着多种版本的出现，但其作为忠贞爱情观的代言却始终不变。统编小学语文教材五年级上册的《牛郎织女（一）》和《牛郎织女（二）》是叶圣陶先生整理后的版本，其情节的起伏变化、人物的矛盾冲突、表现的时代价值观都更加丰富和饱满，因而也更吸引人们去读、去讲。

先看诗的前两句"迢迢牵牛星，皎皎河汉女"。"迢迢"即遥远，"皎皎"即明亮，这里用了互文的手法，"迢迢"既可形容牵牛星，也可形容织女星，"皎皎"的用法亦相同。连起来的意思就是，那遥远又明亮的牵牛星和织女星，到底有多远、有多亮呢？从资料看，织女星距地球约25光年，呈青白色，是天琴星座中最亮的星。牛郎星也是一颗亮星，两侧各有一颗较暗的星，合称"河鼓三星"。河鼓三星像一根长长的扁担，它们确实够远、够亮。

这两句既然是互文，那是否可以把"迢迢""皎皎"交换位置呢？改成"皎皎牵牛星，迢迢河汉女"，意思基本不变，意蕴却差了不少。"皎皎"除明亮之外，还有洁白之义。用表示明亮、洁白的"皎皎"来形容织女星被赋予的美丽的女性形象是很贴切的。而用"迢迢"来形容牵牛星的男性形象也是符合人物设定的，类似诗句"浮云终日行，游子久不至""浮云蔽白日，游子不顾反"中远在天边、遥不可及的往往是男性。所以，这两个用作定语的形容词不能更换位置。这正是作者的高明之处。而作者的另一高明处表现在将与"牵牛星"对应的"织女星"以"河汉女"来代替，这样就将自然界中的星辰转化为了神话故事中的人物，自然而然，不着痕迹，也为下面诗句的展开做好视角转换上的铺垫。

"河汉女"一出，接下来的四句便全部围绕她展开具体描述："纤纤擢素手，札札弄机杼。终日不成章，泣涕零如雨。"这是一个怎样的河汉女啊？美丽、勤劳，却又忧伤、悲苦。你看她，伸出一双纤纤玉手摆弄着织布机，可是她一边忙碌一边泪如雨下，从早织到晚都没能织出一匹完整的布。这一切都是因为她心中有所思、有所念，她念着牛郎思着儿女，未能相见，肝肠寸断。作者以两个

致润：古诗词教学的另一种模样

动词"擢""弄"表现织女的忙碌不辍，又用"不成章""零如雨"表现她内心的痛苦。而正因为如此痛不欲生，织女看似忙碌，实则心不在焉，一个"弄"字早就传达了她的魂不守舍、心神不定。在这里，作者没有写织女的容貌、发饰、衣裙，仅一双素手纤纤、一阵机杼札札、一串泪珠莹莹，陷入无限相思的织女形象就出现在了我们的眼前。这就是以小见大，以局部现整体啊！

这样痛彻心扉的相思如何才能化解，怎样才能化解？唯盼一年一度的七夕相会。只是好不容易等到这一天、这一刻，千言万语却不知从何说起，唯一能做的是彼此脉脉相望，用饱含情意的眼神来诉说、来倾吐、来抚慰。"河汉清且浅，相去复几许。盈盈一水间，脉脉不得语。"这四句诗中，有一个理解的难点。既然银河又清又浅，两岸相距得也不远，为何牛郎与织女只是隔着这盈盈一水而脉脉相望呢？其实，这"相去复几许"只是从作者的视角而言。作者从地面遥望星空，会觉得银河一道并不宽阔。但如果从天文角度来说，织女星距地球约 25 光年，牛郎星距地球约 16 光年，两星之间的距离约有 16 光年。当然，古人并不具备这样的天文学知识。所以，我们在理解时，还是要从"相思"这个解读的原点出发，让学生思考可以从哪里体会人物的思念之情。一读之下，"脉脉"一词便直击人心。课文注释中说"脉脉"表示"相视无言的样子"，如果仅是这样理解，那此"脉脉"与彼"默默"又有何不同呢？是的，我们常说"含情脉脉""脉脉含情"，可见，"脉脉"是"含着情意的、相视无言的样子"。仅仅两个字，我们再次深切体会到织女与牛郎之间的情深似海、情比金坚。当我们对"脉脉"一词有了这样的体悟之后，再结合牵牛星、织女星之间的实际距离，便能清清楚楚地明白作者是借牛郎织女的爱情故事来抒写人间的相思与爱恋啊！这正是本首诗最大的艺术特色，即"天上悲情、人间写照"。

因为这首诗，牵牛织女也成为古典诗词中经典的形象，在不少佳作名篇中出现。比如，林杰《乞巧》中的"七夕今宵看碧霄，牵牛织女渡河桥"，杜牧《秋夕》中的"天阶夜色凉如水，坐看牵牛织女星"，秦观《鹊桥仙》中的"柔情似水，佳期如梦，忍顾鹊桥归路"等。但若论织女这一形象塑造得最为丰满感人的，非《迢迢牵牛星》莫属。

当然，《迢迢牵牛星》中"迢迢""皎皎""纤纤""札札""盈盈""脉脉"等叠词的自如使用,既让诗歌的诵读显得音韵有致,又让诗歌的情感表达更具意蕴,可谓妙不可言,唯多读方能体悟尔。

【诗歌教学】

《迢迢牵牛星》教学设计

(共1课时)

教学目标

1. 通过多种形式的诵读,感受诗歌的韵律之美。积累古诗。

2. 围绕"相思"建构话题,通过抓取关键字词、展开想象,感知织女形象,感受其深切的思念。

3. 通过虚实对照、勾连生活,进一步体会、交流诗歌表达的情感。

4. 通过评价、吟诵、书写等方式品鉴古诗,并在拓展比较中进一步了解七夕节的文化内涵。

教学重点

展开想象,感知织女形象,感受其深切的思念。

教学难点

进一步体会、交流诗歌借天上事传人间情的思想感情。

教学设计

板块一:了解关系,由书入诗

1. 引入:在中国古典诗歌的发展历程中,有一组诗上承《诗经》关注百姓生活的创作传统,下启五言诗艺术风格的定型与发展,南朝的刘勰在《文心雕龙》中称它为"五言之冠冕",钟嵘在《诗品》里赞颂它"天衣无缝,一字千金"。它就是《古诗十九首》。

2. 学生简单介绍对《古诗十九首》的了解。

3. 微课介绍:《古诗十九首》是汉代文人五言诗的重要代表作,由南朝萧统从传世的无名氏古诗中选录风格相近的十九首编入《文选》而成。古诗作者不详,写作时代约在东汉末年。十九首诗惯例上以句首为诗题。

今天,我们要学的《迢迢牵牛星》就选自《古诗十九首》。

[**设计意图**:这是《古诗十九首》在小学阶段第一次提及。它在中国古典诗歌尤其是五言诗的兴起、发展中有着举足轻重的作用。学生对其有所了解是应当且必要的。因此,此处的教学以《古诗十九首》为引,从这一组诗的历史地位到这一首诗,显得自然流畅。]

板块二:朗声诵读,感知诗韵

1. 出示古诗,引导学生自由读,要求读准确、读通顺。

提示学生注意难读字"皎""纤""擢""杼"和多音字"间(jiān)""脉(mò)"的读音。

2. 读出诗歌的音韵美。

(1) 关注节奏。

在对句诵读中充分感受五言诗的节奏:师生配合读,同桌互读,指名展示读。

(2) 关注叠词。

在预习中,不少同学关注到了这首诗中一个非常突出的语言特色,那就是叠词。(显红诗歌前四句和后两句,引导学生感受叠词连用的音韵、节奏及表达效果)把叠词读得清脆、响亮,更有诵读的味道。

> 迢迢牵牛星,皎皎河汉女。
>
> 纤纤擢素手,札札弄机杼。
>
> 盈盈一水间,脉脉不得语。

3. 发现异同:与学过的绝句、律诗相比,这首诗有什么特点?(有十句)它属于古体诗,古体诗格律自由,篇幅长短不限。

4. 小结:《迢迢牵牛星》节奏分明、质朴无华,是《古诗十九首》中的代表作,我们再一起来读读。

[**设计意图**:读"好"是学习古诗的基础。这里的读"好"有两个层次,一是读准确,二是读出韵律。此处先以难读字音入手,根据学生的朗读适时跟进指导,再引导学生关注叠词,进一步读好这首五言古诗的节奏。]

板块三:探究形象,感悟思情

1. 读着读着,我们发现这首诗写的内容正是我们学过的课文《牛郎织女》

这则民间故事的结局部分。(出示课文最后部分)诗中的"河汉女",就是故事中的织女。(板贴织女图。)

2. 这是一个怎样的织女?请你细细品读古诗前六句,借助注释理解诗句,并在诗句旁进行批注。

3. 预设。

◇ 迢迢牵牛星,皎皎河汉女。

(1)迢迢:迢迢是遥远的意思,说明两人相距甚远,因远离而思念(思念就是分离后的牵挂)。

(2)皎皎:皎皎是白而明亮的意思,给人高洁、明朗之感,也表现了织女的美丽。美丽的织女思念着遥远的牛郎啊!

(3)两地分离,不能相见,谁能读出这份遥远之相思?

◇ 纤纤擢素手,札札弄机杼。终日不成章,泣涕零如雨。

(1)这四句诗描述的是一个怎样的场景?(指名说:织女织布的场景。)

(2)这里的"章"是指什么?织女终日劳作,为何织不出成形的布料?是因为她心有所念。

(3)她在念什么、思什么?(学生想象并交流。)

预设1:牛郎,干活累不累?身体好吗?(随机点评:这是对丈夫的思念。)

预设2:孩子们听爹爹的话吗?有没有想娘?是不是长高了?(随机点评:这是对孩子的牵挂。)

织女身在织布却心念亲人,相念相思却不能见,不禁——泣涕零如雨。这样的哭,用一个词概括就是——泪如雨下。

(4)此时,我们再来看上面两句,这个"弄"字仅仅是说织女很忙碌吗?弄,表示摆弄、把玩,写出了织女的心不在焉、心神不宁。

(5)读着这几句诗,你仿佛看到了什么、听到了什么?(纤细、白皙的手,札札札的织布声……)

(6)小结:没有写织女的发饰、穿着,仅一双素手纤纤、一阵机杼札札,思念不辍的织女形象就出现在了我们的眼前。这就是以小见大,以局部现整体啊!(女生读。)

4.感情诵读前六句:读着、品着,字字句句化作一个美丽的女子。一双纤弱的手,一串晶莹的泪,把她陷入思念的哀伤、苦楚表现得淋漓尽致,我们一起读!

〔设计意图:整首古诗虽以牛郎织女的故事为写作背景,但诗中主要的描写对象只有织女。牵牛尚以星名出现,而织女却已化作"河汉女"的身份。中间的四句更以织女的生活场景为陈述铺展的基础,通过一系列的细节刻画人物形象。因此,以从诗中的哪些字词、细节中可以感受这份思念为话题,引导学生通过自学,于字里行间感受、交流、建构起织女的生动形象,能起到提领而顿、百毛皆顺的效果。〕

板块四:叩问矛盾,理解诗情

1.这份刻骨的相思一年只有一次得以化解,那就是——一年一度的鹊桥相会。

2.365天只能见一次,剩下的364个日日夜夜,不得相见,不得欢语。(出示后四句)你读懂了什么?有什么想问的?(学生自主学习,小组讨论。)

预设:为什么不得语?如此思念,为什么见了又"脉脉不得语"?

3.话题探讨,随机点拨。

为何不得语?(银河阻拦,权威反对,身份差距……)

"脉脉"可否换成"默默"?("脉脉"更富情意。)

若可语,会语什么?(以口语交际的形式展开对话。)

4.对照现实,感受诗情。

出示资料:经天文测量,织女星距地球约25光年,牛郎星距地球约16光年,两星之间的距离约有16光年。

对照现实,诗人的感叹是否多余?诗人只在写天上事吗?(引导学生体悟诗人借天上事传人间情,希望世间男女幸福美满。)

5.指名读,学生齐读。

〔设计意图:最后四句为诗人之感叹,这份感叹来自"银河清浅却不得相语"的无奈。要让六年级的学生理解这份感慨和无奈,理解织女的相思之苦是有难度的。抓住关键点"不得语",通过探究"为何不得语",丰满"如何语",让学生转换角度,与人物感同身受。再以虚与实的对照,体悟诗人以天上事抒人间情的创作缘起,步步深入,感悟言浅情深的写作特色。]

板块五:整体回顾,品鉴积累

1. 这首诗被认为是《古诗十九首》中最具浪漫色彩的诗作,其言浅情深的艺术特色深受人们喜爱,与此同时,牵牛织女也成为古典诗词中经典的形象,在不少佳作名篇中出现。比如,林杰的《乞巧》、杜牧的《秋夕》、秦观的《鹊桥仙》等(详见拓展单"古诗词里话'七夕'")。

2. 但若论织女形象的塑造,还属这首《迢迢牵牛星》为佳,这样的经典之作,当然应该熟读成诵。

(1) 根据提示尝试背诵。

(2) 多种形式背诵古诗。

3. 人们喜爱这个动人的故事,喜爱这首动人的古诗,把它谱成了动听的歌曲,一起来听一听、唱一唱吧。(播放视频。)

4. 古诗的最后四句以情真意切成为诉说思念的千古名句,让我们书写这份美好又无奈的情感。注意行款整齐,布局合理。

[**设计意图**:古诗是培养学生审美能力的绝佳载体。让学生尝试品评古诗,学生对于古诗的理解和体会将更加深入。此外,歌曲、书写、吟诵也从更多元的角度加强学生对古诗的体验程度,进一步提升审美品质。]

板块六:同题拓展,风格比较

1. 牛郎织女的爱情故事为我国的传统节日七夕平添一份浪漫气质,七夕的习俗随着时代的变迁而发展、丰富,比如有我们熟悉的"对月穿针"等。

2. 诗词中有故事,诗词中有文化,值得着我们细细品、慢慢赏。(出示拓展单。)

[**设计意图**:七夕始于上古,普及于西汉,鼎盛于唐宋,内蕴丰富,历史悠久,寄托着中国人对自然星象的崇拜,对美好爱情的憧憬。在历史长河中,七夕衍生出了丰富的节日文化。此处通过相关诗词的适当补充,开阔学生的眼界,提出更具挑战性的学习任务,持续发展学力。交流节日习俗的过程也进一步凸显了单元人文主题,引发学生对传统节日文化的关注和探究。]

板书示意图

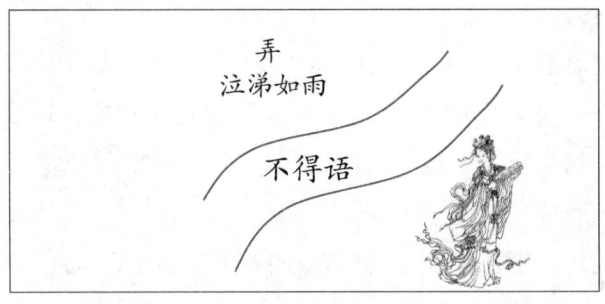

图 4-44

附拓展单：

古诗词里话"七夕"

乞 巧

〔唐〕林 杰

七夕今宵看碧霄，牵牛织女渡河桥。
家家乞巧望秋月，穿尽红丝几万条。

秋 夕

〔唐〕杜 牧

银烛秋光冷画屏，轻罗小扇扑流萤。
天阶夜色凉如水，坐看牵牛织女星。

注释：
轻罗小扇：轻巧的丝质团扇。
流萤：飞动的萤火虫。

鹊桥仙

〔宋〕秦 观

纤云弄巧，飞星传恨，银汉迢迢暗度。金风玉露一相逢，便胜却人间无数。
柔情似水，佳期如梦，忍顾鹊桥归路！两情若是久长时，又岂在朝朝暮暮。

注释：
纤云弄巧：纤细的云编织出各种巧妙的图案样式，比喻织女制作云锦的手艺高超。
金风玉露：秋风白露，这句是说牛郎织女七夕相会。
忍顾：怎么忍心回顾。

图 4-45

第20例《宿建德江》：清逸出尘与苦求入仕的冲突与和解

宿建德江[①]

[唐] 孟浩然

移舟泊烟渚，
日暮客愁新。
野旷天低树，
江清月近人。

【诗歌赏读】

赏读孟浩然的《宿建德江》

对于大部分中国人来说，知道孟浩然这位诗人，往往是因为这一首诗，它的流传程度几乎与李白的《静夜思》、骆宾王的《咏鹅》旗鼓相当，这首诗就是《春晓》。"春眠不觉晓，处处闻啼鸟。夜来风雨声，花落知多少。"在一个暖意融融的春夜，诗人酣睡沉沉。不知不觉间，曙光已现，园子里、树林间，传来啾啾鸟鸣。就在这样的春意烂漫中，诗人悠悠睡醒，却仍舍不得睁开眼睛，似在回味这梦中美好。只是耳畔那清脆婉转的鸟儿娇啼一阵接着一阵，终于催得诗人睁开双眼。睡眼惺忪间，诗人不禁想到，虽然现在是晴光耀目、鸟鸣悦耳，昨天夜里可是亦风亦雨，也不知道那园子里的花儿落了多少啊……多么浪漫，多么唯美，多么富有情致的一首五言绝句，以天然不加雕琢的纯真，表达对春天的喜爱与珍惜。可以说，这首《春晓》正是孟浩然田园诗的经典代表作。

而《宿建德江》一诗，写景状物依旧体现了淡然清远的风格，却又明显带着诗人一份挥之不散的愁绪。这份愁绪来自何处？可得消解吗？这就需要我们先深入地了解一下孟浩然的生平经历和人生理想。

---

① 选自统编小学语文教材六年级上册。

致润:古诗词教学的另一种模样

孟浩然,字浩然,号孟山人,唐代著名的山水田园派诗人,与王维齐名。因籍贯为湖北襄阳,世人又称之为"孟襄阳"。在人们的眼中,孟浩然是高贵、优雅、超脱、淡泊的隐逸诗人。大诗人李白在《赠孟浩然》中就写道"吾爱孟夫子,风流天下闻。红颜弃轩冕,白首卧松云。醉月频中圣,迷花不事君。高山安可仰,徒此揖清芬"。在李白的眼中,孟浩然不羡慕高官厚禄,不乐意事君奉上,只喜欢赏花饮酒,醉卧松林,过着自在逍遥的田园生活。不是"轩冕"弃了孟浩然,而是孟浩然主动弃了"轩冕",这就是李白盛赞的"风流"。唐人王士源也夸赞孟浩然"浩然清发"。杜甫也曾作诗云"复忆襄阳孟浩然,清诗句句尽堪传"。可以说,"清逸出尘"代表了大部分读者对孟浩然诗风的认知。

接下来,我们一起来读几首孟浩然的山水田园诗:

北山白云里,隐者自怡悦。
相望试登高,心随雁飞灭。
愁因薄暮起,兴是清秋发。
时见归村人,沙行渡头歇。
天边树若荠,江畔洲如月。
何当载酒来,共醉重阳节。

——《秋登兰山寄张五》

山光忽西落,池月渐东上。
散发乘夕凉,开轩卧闲敞。
荷风送香气,竹露滴清响。
欲取鸣琴弹,恨无知音赏。
感此怀故人,中宵劳梦想。

——《夏日南亭怀辛大》

夕阳度西岭,群壑倏已暝。
松月生夜凉,风泉满清听。
樵人归欲尽,烟鸟栖初定。
之子期宿来,孤琴候萝径。

——《宿业师山房待丁大不至》

第四章 "致润"理念下的古诗词赏读与教学实例

这样的诗作只是孟浩然作品中的一小部分,一读之下,清新雅趣便扑面而来。你看,登高白云里、醉酒重阳节、乘凉荷香中、抚琴候故人……何等优游,何等闲散,何等率性!

因此,隐逸的田园诗人,超凡的风流做派,清淡的创作风格,成了孟浩然在文学史上的标签。但这样的孟浩然并非真实的孟浩然。

孟浩然出身书香门第,自小便受儒家文化的熏陶,入仕为官是他孜孜以求的理想。孟浩然的入仕求官之路可以分为三个阶段:第一阶段为 25 岁到 35 岁,他漫游长江流域,广交朋友,干谒名流公卿,以求机会;第二阶段,从 38 岁到 39 岁,他赴长安参加科举考试而不第;第三阶段,从 45 岁到 48 岁,二上长安求仕未果,后被招至张九龄的幕府。从这样的经历来看,孟浩然虽有隐居田园、漫游山水之举,但求取功名还是他人生中的重要部分,他也为此付出相当心力。

28 岁的孟浩然曾游洞庭、登岳阳楼,作《望洞庭湖赠张丞相》一诗,诗的后四句"欲济无舟楫,端居耻圣明。坐观垂钓者,徒有羡鱼情"含蓄又充分地表达了一个年轻诗人希望得到张丞相(张九龄)的引荐,做出一番事业的愿望。

45 岁的孟浩然二次赴京求仕无成,在《南归阻雪》中写道"少年弄文墨,属意在章句。十上耻还家,裴回守归路"。一个"耻"字表达了诗人多次赴考求仕失败而积累的耻辱感以及自尊心遭受伤害后的愤懑,这是孟浩然一生最大的精神痛苦和心理折磨。

《宿建德江》作于 730 年,当时的孟浩然正经受第一次科考失败的痛苦,他离开长安,辗转于襄阳、洛阳,漫游吴越,借以排遣仕途失意的悲伤和苦恼。这一天,诗人乘坐小船正沿新安江进入建德。

先看第一句"移舟泊烟渚"。舟子轻轻摇一下船橹,小船便缓缓驶向江边的一片雾气迷蒙的小洲。哪里看出舟子只轻摇船橹便可轻易将小船稳稳靠岸停泊?一个"移"字。试想,风急浪大,小舟如何能"移"向岸边。只有风平浪静之时,竹篙一点,船橹一摇,小舟即可毫不费力地靠岸。此时的小洲,云雾渐拢,这也暗示了泊舟时已是黄昏时分。

第二句"日暮客愁新"中的"暮"更是直接点明了确切的时间,与诗题中的

"宿"字遥相呼应。正因为已是傍晚,所以才移舟靠岸,为的是准备在此夜宿。而这里的"客"显而易见就是孟浩然本人。那沉沉下落的太阳已收拢全部的光芒,躲入苍苍远山之后,天地开始陷入半明半暗的初夜。就在这样一片迷离隐晦的光景中,诗人原本惆怅失落的心又蒙上一层淡淡的愁绪。

"遑遑三十载,书剑两无成。山水寻吴越,风尘厌洛京。"(《自洛之越》)诗人怀揣着憧憬走进长安,换来的却是满心的失望。他是否还为慌乱情急之下,在圣上面前吟诵《岁暮归南山》而耿耿于怀?"北阙休上书,南山归敝庐。不才明主弃,多病故人疏。白发催年老,青阳逼岁除。永怀愁不寐,松月夜窗虚。""不才明主弃,多病故人疏",正是这两句自怨自艾的牢骚话语惹得圣上龙颜骤变,一句"卿不求仕,而朕未弃卿,奈何诬我?"使他如置冰窟,凉透心肺。

如今的他,孑然一身,南下吴越之地,内心的忧愤无人可诉、无处可说。落第之悲、离乡之愁、羁旅之思、人生之憾……万般滋味涌上心头,真是旧忧未去又添新愁。

诗的第三句"野旷天低树"没有进一步承接愁绪,而是宕开一笔,将视线投向广袤的旷野。只见旷野无边无际,一派苍茫。在那天地相接的地方,一棵树遗世独立,一如背井离乡、形单影只的诗人。

随后,诗人再次将视线转向近处:皓月皎皎,升上夜空,把清冷的光辉洒向人间。清清的江面静得如明镜一般,映照出天上的那轮明月。于是,那轮明月不再高高在上、远远冷照,她落入人间,靠近诗人,似为诗人带来几分抚慰、几分依靠。第四句"江清月近人"便自然流泻。

整首诗以写景为主,直接表达诗人情感的只有第二句中的一个"愁"字。但细细读来,愁何止一处,分明在这首诗的角角落落里、字字句句间。为什么这样说呢?因为诗人选择入诗的意象都包含着丝丝缕缕的愁情愁绪。那雾气迷蒙的烟渚,那暗淡下沉的落日,那寂静无边的旷野,那棵孤独无依的老树,当然还有那轮清清冷冷的皓月,无不在传递诗人内心的愁、诉说诗人内心的忧啊!刘勰《文心雕龙》中言"人禀七情,应物斯感,感物吟志,莫非自然",孟浩然的这首五言绝句正是妙在情与景生、意与境谐,可谓不着痕迹且浑然天成。

从艺术创作角度而言,《宿建德江》一诗符合孟浩然清奇雅致的山水田园诗派的创作风格。寥寥四句，二十字，便勾勒描绘出一派静谧、清冷却又浩大、柔和的境界。其中的"野旷天低树，江清月近人"更是成为人们耳熟能详的千古名句。透过这首诗，我们又能在孟浩然的"清逸出尘"之外，更多地感受他"苦求入仕"而不得的悲怆。于是，我们便真正地理解了孟浩然的隐逸与陶渊明的隐逸是不相同的。陶渊明的隐逸是一种主动的隐逸，是不为五斗米折腰后的回归。因为真放下，所以真快乐。而孟浩然的隐逸多多少少是带着些许的被动和不甘的。

孟浩然非常钦慕陶渊明，这一点在他的诗作中多有直接体现："我爱陶家趣，园林无俗情"（《李氏园卧疾》），"尝读高士传，最嘉陶征君"（《仲夏归汉南园寄京邑耆旧》）。早年，他在襄阳隐居读书时曾作《过故人庄》，诗云："故人具鸡黍，邀我至田家。绿树村边合，青山郭外斜。开轩面场圃，把酒话桑麻。待到重阳日，还来就菊花。"这首诗也被收录在统编小学语文教材六年级上册第一单元语文园地的"日积月累"中。"故人具鸡黍，邀我至田家"化用陶诗《归园田居·其五》中的"漉我新熟酒，只鸡招近局"，"把酒话桑麻"是化用陶诗《归园田居·其二》中的"相见无杂言，但道桑麻长"。结句"待到重阳日，还来就菊花"也是化用了陶诗《九日闲居》的并序"余闲居，爱重九之名，秋菊盈园，而持醪靡由，空服九华，寄怀于言"。可见，孟浩然在精神上是以陶渊明为理想楷模的。但对于当时的孟浩然来说，他之所以能安于甚至是享受这样的田园隐逸生活，是基于他内心对于日后将要出仕为官的笃定。因此，才会有一方面抒写讴歌田园生活的诗篇，另一方面又会对谋求为官的艰难表露出怀才不遇的不满。"谁能为扬雄，一荐甘泉赋。"（《田园作》）诗人通过诗歌表达对能够得到当权者有力推荐的强烈期盼。"执鞭慕夫子，捧檄怀毛公。感激遂弹冠，安能守固穷。"（《书怀贻京邑同好》）其通过孔子执鞭驾车奔求于富贵，以及东汉毛义接到任命捧檄而喜的两则典故，让我们更清晰地体会诗人不愿固守穷困、渴望入仕的迫切。如果忽略了孟浩然一生苦求入仕的心理，就会对其安于田园的"清逸出尘"做片面的浅化理解。理解了孟浩然求取功名的痛苦和纠结，对其山水田园诗的理解才可说得上更进了一分。

但无论怎样，都不影响孟浩然在文学史上的地位，也不动摇其在人们心中风流倜傥、率性不羁的隐士高人形象。至今,我们依然津津乐道的是,孟浩然虽一生布衣,却拥有盛唐顶级的诗人朋友圈——张九龄、李白、王维、王昌龄,都是他的至交好友,他们之间作诗唱和被传为佳话:秘书省续诗联句会上,孟浩然一联"微云淡河汉,疏雨滴梧桐"令在座文人雅士纷纷搁笔,无人敢续;为了招待被贬岭南的王昌龄,疽病渐愈的孟浩然全然忘记需要忌口的医嘱,与友人品江鲜、饮美酒、高谈阔论,好不潇洒、快意,终致疽毒发作而终……

这样的人生还不够有滋有味吗?也许,正是因为孟浩然既具备出尘的"清逸",又经历入仕的"苦求",才让我们觉得他不高冷、不疏离。让我们愿意接近他的,可能就是这份与普通人无异的纠结,与不如意下依然能敏锐、细腻地接受并表达自然之美吧!

【诗歌教学】

《宿建德江》教学设计

(共1课时)

教学目标

1. 运用已学方法正确、流利地朗诵古诗,读准节奏,读出韵味,并熟读成诵。

2. 通过反复诵读、想象画面、代入体验、体察悟情等方法明晓诗意,感受诗人的"愁思"情怀。

3. 能结合诗中意象,在反复吟咏中深刻感悟诗人思乡、漂泊、失意及孤独的复杂愁绪。

教学重点

理解诗歌大意,感受诗人的"愁"情。

教学难点

通过相关意象,更深入地体悟诗歌表达的"愁"情。

教学过程

板块一:检索识人,多式读诗

1. 谈话引入,词卡识人。

唐代的诗人数不胜数,今天我们要走近哪位诗人呢？请根据老师给出的资料信息,来猜一猜他是谁？（逐条出示资料。）

资料一：盛唐时期,一位诗人到长安参加文人诗会。他即席赋诗,写下"微云淡河汉,疏雨滴梧桐"的诗句。微云、河汉、疏雨、梧桐,都是平常景物,而诗人却用"淡""滴"两个字将这些景物组成一幅清幽静谧的画面,才华之高令人叹服。大家纷纷搁下手中之笔,不敢再续。

资料二：他的一生与官场"有缘无分",当了一辈子的平民百姓,却拥有李白这个"小迷弟",又是王维的知己,同时与张九龄肝胆相照,和王昌龄有过命的交情。

资料三：他是唐朝山水田园诗派的代表,与王维合称"王孟",一首《春晓》更是妇孺皆知。

这位诗人就是孟浩然。我们一起来背背一年级时学过的《春晓》吧！（学生齐背《春晓》。）

2. 揭示诗题。

今天我们要学习的是孟浩然的另一篇写景名作《宿建德江》。（板书诗题。）

边板书边解释：宿,就是住宿；建德江,是指浙江省新安江流经建德的一段江水。（请学生完整地说一说诗题的意思。）

3. 初读感知。

孟浩然擅长作五言绝句。五言绝句因为字比较少,读的时候更要做到字正腔圆,有板有眼。

（1）读准确,读通顺。

同桌互读,相互正音。提示学生注意生字"渚"的读音。

指名读诗,关注"舟""愁"的翘舌音和"清""近"的前后鼻音。

（2）读出诗歌的节奏感、韵律感。

诗歌是极具节奏美的,谁能读出这首五言绝句的节奏？

预设：

第一种读法：移舟/泊烟渚,日暮/客愁新,野旷/天低树,江清/月近人。

第二种读法：移舟/泊/烟渚，日暮/客/愁新，野旷/天/低树，江清/月/近人。

① 学生练读，试着读出节奏。

② 在读好节奏的基础上读出韵味：可以用上适当的语调，还可以配上一定的手势。最后一句如能加点余韵则更好，读起来更有滋味。

师生按句对读，同桌对读，指名对读，集体评议。

［设计意图：此环节的教学，借助非连续性文本，以"猜"代讲，调动并联结了学生对诗人孟浩然的生平所知，激发学诗兴趣。再以学生所熟悉的《春晓》引出《宿建德江》，水到渠成。通过有要求、有层次的读，适时正音，引导学生反复练习，将古诗读得字正腔圆、有板有眼、有滋有味，品味诗的节奏感、韵律感。此环节教学有趣味，又富有诗意。］

板块二：整体感知，想象画面

1.《宿建德江》是一首山水田园诗，那么这首诗描绘了哪些景物呢？请你默读古诗，找到诗中的景，一边圈画一边想象：这些景物构成了一幅怎样的画面？

2. 学生说景物，教师在黑板上板画相关景物：舟、渚、野旷、天、树、江、月。相机指导学生理解"渚""野旷"的意思。

3. 谁能用自己的话来描绘一下这首古诗呈现的画面？

学生交流，教师相机引导：小船停靠在烟雾迷蒙的小洲边上，太阳已经落山，诗人的心头又增添了一丝忧愁。旷野无边无际，远远地望去，天空比旷野上的树还低沉一些。此时，月亮已经升上天空，清清的江水倒映着明月，显得与人相亲相近。

4. 这样的画面又给你留下怎样的印象和感觉？（孤独、冷清、静谧的）让我们带着这样的感觉再来读这首诗。齐读。

［设计意图："一切景语皆情语"，抓住山水田园诗《宿建德江》之景语，让学生默读勾画、调动想象、自读自悟，自主描绘古诗所呈现的画面，整体把握诗意。学生由景及情，体会意境，从孤舟独泊、日暮添愁、天低树高、江月近人之景，初感古诗所营造的孤独、冷清之境，明了古诗忧愁的基调，读出诗人内心的

感受。]

板块三:建构话题,读懂"客愁"

(一)抓住诗眼,直面"客愁"

1. 诗中哪一句直接表明了这首诗要表达的情感?(日暮客愁新。)

2. 出示诗句并指导解读。

(1)这里的"客"就是诗人孟浩然。古代把长期漂泊在外的人称作"客",有时也称"游子"。

(2)文人墨客往往会通过诗作来表达自己背井离乡的忧愁伤感。《宿建德江》就是孟浩然表达他旅途"愁"情的诗。

板书"愁",引导学生从"愁"的字形上理解含义:在人心头上架上柴禾,点上火,去烧去烤,这就不由得你不心痛、不心焦啊!

引导学生理解"客愁":长期漂泊在外的人,都会有一份浓浓的悲伤和愁思。

3. 诗人在诗句中直接点明自己此时此刻的心情,因此,这个"愁"字也就成为我们读懂诗人、读懂这首诗的钥匙。

(二)触发话题,体悟"愁"情

1. 引出话题:诗人的"愁"旧的未去,新的又来,这份"愁"到底有多浓、多重呢? 让我们到诗的字里行间好好探究一番吧!

2. 根据学习提示自主学习,探究话题。

学习提示:

(1)默读古诗,重点关注1—2处景物,思考:诗人看到眼前的景,会想起什么? 做简要批注。

(2)讨论交流:我关注到的景物是_____,我觉得,孟浩然看到_____,会想起_____。

3. 全班交流,适时引导。

◇ 舟。

(1) 预设：我关注到的景物是"舟"，我觉得看到小舟，诗人会想自己就像这小船一样居无定所、四处漂泊，今天停靠这里，明天又不知漂到哪里去了。

(2) 引导："舟"就是小船，作为水上交通工具，行驶在茫茫江湖之上，它"没有依靠，随遇而安"的特点，很容易引发游子的孤独、漂泊之感。古代诗人常在诗中用"舟"表达一种漂泊的孤独感。如大诗人杜甫，他生前最后三年大部分时间是在"舟"上度过，曾写下关于"舟"的诗句"亲朋无一字，老病有孤舟"。

(3) 你还读过哪些关于"舟"或"船"的诗句？

举例：

春潮带雨晚来急，野渡无人舟自横。（韦应物《滁州西涧》）

孤舟蓑笠翁，独钓寒江雪。（柳宗元《江雪》）

姑苏城外寒山寺，夜半钟声到客船。（张继《枫桥夜泊》）

(4) 小结：看来，这一叶小"舟"正是诗人百般无奈的"漂泊之叹"。

◇ 烟渚。

(1) 预设：我关注到的景物是"烟渚"，我觉得看到烟渚，诗人会想起自己现在的处境就像人在这雾气笼罩的小洲，看不清小洲的全貌，不知道登岸的路在哪里。

(2) 引导：读诗需知人论世，了解诗人的写作背景，明白当时当地诗人的境遇。请同学们默读这首诗的创作背景，也许你再回看这时隐时现的"烟渚"，就会有新的理解和发现。

出示资料：

孟浩然出生于书香世家，早在少年时期，就立下报效朝廷的远大志向。开元十六年（728年），39岁的孟浩然到长安参加科举考试，但临场发挥失利，未能及第。可是他不甘心，继续留在长安苦苦寻找入仕为官的机会。希望落空后，他只能怀着满腔的失落离开长安，漫游吴越（今江苏、浙江一带）。

(3) 追问：《宿建德江》正是孟浩然科考失败后，漫游吴越时所写。水雾迷蒙之下，孟浩然看不清的只是这新安江上的一个小洲吗？（他看不清的是虚无缥缈的仕途，他看不到的是人生努力的方向啊！）

(4) 小结：仕途没有希望，人生没有方向，怀才不遇的诗人郁郁寡欢，是多么惆怅、消沉！这份愁情里有仕途失意的痛苦。

◇ 日暮。

(1) 预设：我关注到的景物是"日暮"，我觉得看到下沉的落日，诗人会想起曾经在家乡时，每当傍晚时分，家人们从外面归来一起聊天、一起吃饭的情景。

(2) 出示古代日暮时分人们的生活场景图，追问：日暮时分，古代的人们都会做什么？

(3) 出示诗中插图，进行对比追问：而同样的日暮时分，诗人所处的又是怎样的场景呢？

(4) 小结：同样的日暮，不一样的处境，不一样的心境。望着那落山的夕阳，诗人的"愁"情里更有一份沉甸甸的无望之痛啊！

◇ 野旷。

(1) 预设：我关注的是"野旷"，我觉得诗人日暮时分漂泊他乡，本已是愁绪满怀，又看到空旷的荒野、低低的天空、高高的树，这样荒凉的景象很容易让他感到更加孤单寂寞。

(2) 小结：仿佛这广阔的天地里就只有诗人自己！此时此刻，面对此情此景，诗人难免触景生情、孤独伤怀啊！

◇ 月。

(1) 预设：我关注的景物是"月"，我觉得诗人看到月亮就会想起家乡的亲人、远方的朋友。

(2) 出示"月"的诗句，让学生吟诵。

举头望明月，低头思故乡。（李白《静夜思》）

露从今夜白，月是故乡明。（杜甫《月夜忆舍弟》）

春风又绿江南岸，明月何时照我还。（王安石《泊船瓜洲》）

(3) 小结：自古以来，这天上的明月就是人间的思念啊！真是举头望月空长叹，低头江月却近人。

4. 诗人静静地凝望着、想着，凝望着、愁着，仿佛只有这倒映在水中的月亮才懂得自己的心。真是人在舟中,心随月去。

[**设计意图**:此环节的教学,抓住诗眼"愁"字,结合诗中意象,建构"诗人的'愁'有多浓多重?"这一话题,引导学生在推敲不同意象所表达的愁绪时,运用多种学诗方法,如:联系生活实际,对比想象"日暮图",感悟日暮时分孟浩然的沉重心情;结合背景资料知人论世,明白当时当地孟浩然的境遇,读懂其舟泊暮宿、触景生情的满腹愁绪;拓展"舟"与"月"的相关诗句,触类旁通,以诗人共通的漂泊、思念之情,来深入体察孟浩然的心绪。学生推敲诗中景,体悟诗人情,在这一首含蓄蕴藉、清幽淡雅的诗中,品"孤身夜宿建德江,此心已随明月去"的意境,在反复吟咏中深刻感悟诗人"思乡、漂泊、失意及孤独"的复杂愁绪。]

板块四:读出理解,丰富积累

1. 让我们跨越时空,来到建德江边,与诗人月下同吟,读出对诗人的理解。(指名读,相机评价。)

2. 出示《宿建德江》书法作品,配乐齐诵。

3. 抄写全诗:这首诗虽只有一个"愁"字明写情,却情景相生,处处都能读出浓浓的"愁",最后两句更是千古名句。请同学们认认真真地把这首诗抄写一遍,注意书写美观、行款工整。

[**设计意图**:渲染一种诗意的氛围,镌刻一段文化的基因。本环节的教学让学生在书法作品的熏陶下,在古典乐声的浸润中,穿越古今、用心体悟,吟诵出诗人孟浩然羁旅夜泊、愁肠百转的孤独与寂寞。在朗朗诵读声中,学生激发情感共鸣,加深对诗的理解。有了卓越的书法作品引路,学生将情感融于笔触,则诗文誊写更趋工整美观。]

板块五:对比拓展,感悟诗风

这首《宿桐庐江寄广陵旧游》也是孟浩然应举不第,离开长安后夜宿桐庐江上时所作,与《宿建德江》创作时间接近,诗人境遇相似。请借助已学知识理解诗歌意思,想一想两首诗有什么相同之处,又有什么不同之处。

宿桐庐江寄广陵旧游

［唐］孟浩然

山暝听猿愁，沧江急夜流。

风鸣两岸叶，月照一孤舟。

建德非吾土，维扬忆旧游。

还将两行泪，遥寄海西头。

[**设计意图**：本环节精心挑选同一诗人的作品，让学生在对比阅读中，灵活运用课内学诗方法，发现两首诗在情感表达、写作手法等方面的异同。由于两首诗创作时间接近，诗人境遇相似，学生在自主探究时更得心应手。同时，两诗彼此呼应，更加深学生对古诗内涵、诗人心境的理解。在课外诗篇的拓展中，学生进一步实践读诗方法，培养阅读兴趣，感悟古诗词的魅力。]

板书示意图

图 4-46

第21例《马诗》:千里马的踌躇满志终消匿在命运的沉浮中

马 诗[①]

[唐] 李 贺

大漠沙如雪,
燕山月似钩。
何当金络脑,
快走踏清秋。

【诗歌赏读】

赏读李贺的《马诗》

《马诗》被选入统编小学语文教材六年级下册第四单元《古诗三首》,作者是中唐著名诗人李贺,世称"诗鬼"。整个小学阶段,李贺这位诗人的作品只出现了这一次。很多教师对李贺的了解并不深入,除了知道他被冠以"诗鬼"的称号,其他基本不清楚。

李贺非常注重创作素材的记录和积累。他有个习惯,每次外出都会骑一匹瘦弱的马,让书童背上书囊,见到好的景致风物,触发灵感,想出几句好诗,就马上记下来写成诗句,放入书童的书囊之中。回家后饭也顾不上吃,便立即重新整理、修改。知儿莫若母,李贺母亲见儿子为写诗如此苦心孤诣,总是又生气又心疼地说:"是儿要呕出心乃已耳!"意思是说,我的儿子已把全部的精力和心血放在写诗上了,真是要把心呕出来才罢休啊!确实如此,李贺在短暂的一生中,留下了240余首诗歌,其中不乏名篇名作,这是他用了全部的生命力量来书写的。唐代文学家韩愈曾在《归彭城》一诗中写过这样两句诗:"刳肝

[①] 选自统编小学语文教材六年级下册。

以为纸,沥血以书辞。"就是说,挖出心肝来当纸,滴出血来写文章。这两句诗用来形容李贺,也恰如其分。

若李贺的诗才只是凭着刻苦勤奋而就,虽然励志,却少了几分传奇色彩。偏偏李贺还真是一个极具话题性的诗坛传说。

《唐才子传》中说李贺"七岁能辞章,名动京邑"。瞧,这又是一个少年天才。而李贺的年少成名并非虚谈,《唐才子传》中还为李贺的"七岁能辞章,名动京邑"佐以这样一个有趣的故事。

当时,担任吏部员外郎的大文豪韩愈和吏部侍郎皇甫湜听说李贺年少有奇才后,有些半信半疑,觉得如果是古人也就罢了,如今居然有这样的奇人,那怎么能与他失之交臂呢。于是,这两位官居高位的文坛大咖决定要一起去探个究竟。当见到李贺还是孩子时,两位大人惊讶之余也不客套,当即出题让他写作,以便验证李贺到底有无真才实学。年仅七岁的李贺却毫不惊慌,向两位大人深施一礼后,便提笔写了一首在文学史上足以留名的诗作——《高轩过》,诗云:"华裾织翠青如葱,金环压辔摇玲珑。马蹄隐耳声隆隆,入门下马气如虹。云是东京才子,文章钜公。二十八宿罗心胸,九精照耀贯当中。殿前作赋声摩空,笔补造化天无功。庞眉书客感秋蓬,谁知死草生华风。我今垂翅附冥鸿,他日不羞蛇作龙!"

这样大气不凡、构思新奇的诗作由一个年仅七岁的孩子所作,带给韩愈和皇甫湜的震惊是无以言表的。两人见了李贺诗中所展现出来的那种气度,惊喜万分。在离开时,这两位文坛巨匠还热忱地邀请李贺到他们府上做客。从此以后,李贺诗名更盛,天下皆知。

照理说,天资聪颖加上后天努力,更有文坛前辈的提携,李贺的仕途发展将是顺风顺水、前程似锦,可偏偏造化弄人、天妒英才。

原来,一些读书人嫉妒李贺的才名,于是借口李贺父亲的名讳与进士考试相悖,向上级建议取消李贺的考试资格。李贺的父亲李晋肃的"晋"字与进士的"进"字同音,如果李贺中了进士,不就犯了君父之讳吗?犯忌讳,可是要遭天打五雷轰的大罪,古人可是很迷信的。为了李贺的生命安全,还是取消他的考试资格以全孝道为好。就这样,李贺被一个荒谬的理由挡在了科举的大门

致润：古诗词教学的另一种模样

之外。

后来，虽有韩愈推荐，李贺得了九品官职。但只做官三年，终因升迁无望，加之体弱多病，李贺选择了辞官返乡。与其他诗人的辞官隐居不同，李贺的离开更多的是带着一份无奈、一份被迫、一份不甘。官场的波谲云诡，身体的力不从心，都成为他建功立业之路上的一道道障碍。在那羸弱的身躯之下，李贺又有着一颗渴望出世、渴望功勋、渴望报国的豪壮之心。这样的矛盾冲突，更造成他内心的沉郁、苦闷、隐忍。这样的痛苦与折磨，在世俗中难以解决，只能转向文学的创作——将满腹的愁绪、失意寄托在景物之上，哪怕这些景物是想象的。比如，《马诗》中的马。

这首《马诗》是李贺的组诗《马诗二十三首》中的第五首。先看前两句"大漠沙如雪，燕山月似钩"。寥寥十个字，便勾勒出一幅苍茫辽阔又清冷无边的边塞图景。苍茫辽阔从何而知，一个"大"字。"大漠"一出，无边无际的沙漠便浮现在脑海了。这里的沙漠虽然广阔无边，却很柔和平静，起起伏伏的沙丘在天地间画出一道道弧线，与远处的山、更远处的天连接在一起。为什么是清冷的呢？因为这里的月光皎洁如银，洒下的万里清辉将原本黄色的大漠映照得像铺上了一层洁白的霜雪。这样的大漠完全不同于王维笔下"大漠孤烟直"中的"大漠"。王维《使至塞上》中所描绘的大漠是落日之下的大漠，它应该是暖色调的，偏橙、偏红。沙白如雪，一望无际，在这样广袤清冷的氛围里，我们似乎也隐隐地感受到了诗人内心的孤寂。此时，抬头仰望，啊，连绵巍峨的燕山之上，弯钩一般的月亮正高高悬挂，发出寒光。这正是"燕山月似钩"的笔意。此两句运用了比喻的手法，形象描绘边塞的景色，貌似普通，实则暗含峥嵘。峥嵘在哪里呢？在"燕山"，在"月似钩"的"钩"里。燕山，即燕然山，即今蒙古境内杭爱山，自古就是军事要塞，在许多著名的边塞诗词中均有燕然山的身影，如：李白的"燕山雪花大如席，片片吹落轩辕台"，王昌龄的"气高轻赴难，谁顾燕山铭"，王维的"萧关逢候骑，都护在燕然"，范仲淹的"浊酒一杯家万里，燕然未勒归无计"。这些诗词中的燕山（燕然山）显然是边塞的象征符号，也是无数将士建功立业之处。怎么才能征服敌人、守疆护土呢？肯定要带上强有力的兵器。用哪种兵器呢？钩。这钩，不是我们现在生活中看到的钩子，而是一

第四章 "致润"理念下的古诗词赏读与教学实例

种形似月牙的兵器,以青铜铸造,是冷兵器里的王者,亦称"吴钩",被历代文人写入诗词,成了驰骋沙场、报国安边的精神象征。李贺在自己的诗作《南园十三首》中就写到这件兵器:"男儿何不带吴钩,收取关山五十州。"面对烽烟四起,男子汉就应该带上兵器保家卫国,去收复黄河南北割据的关山五十州。这燕山表面看只是一处地名,这吴钩表面上只是诗(词)人用来作喻的事物,实则包含了诗(词)人渴望投笔从戎前往边塞,以实现护国安邦的志向。李贺真了不得!为什么这样说呢?要知道,李贺一生从未到过边塞。大漠、燕山、月,这些图景都是李贺的想象,却写得这样生动、这样细腻,真是令人心悦诚服。也正是这样超凡的想象力,成就了李贺诗作的鲜明特色,也成就了他"诗鬼"的名号。

如果说,前两句是对边塞景观的全景式扫描,接下来就是近景的特写了。"何当金络脑,快走踏清秋。"在这如雪的沙漠中,在这月光似水的秋夜里,一匹骏马奔驰着,它鬃毛飞扬,身姿健壮,正迈开有力的四肢向前飞奔……这样的骏马在李贺《马诗》组诗中都有直接的描写——"龙脊贴连钱,银蹄白踏烟。""此马非凡马,房星本是星。向前敲瘦骨,犹自带铜声。"这只是在写马吗?当然不是。李贺是在借马的驰骋奔腾来抒写自己想要发挥才能,立下一番功业的心声啊!这骏马骨骼清奇、脚力非凡,不就象征着诗人的才华横溢、雄壮心志吗?从"何当金络脑"一句可看出这骏马还未真正上沙场,未能建立战功,这不就是诗人期待着被朝廷重用却不知何时才能实现的无情现实吗?

只可惜,李贺虽然才情出众,却身体孱弱,虽胸怀梦想,却壮志难酬。长期的心情郁结、苦闷,也加剧了李贺身体的衰败。27岁的李贺心力枯竭,英年早逝。不过,令人慰藉的是,李贺除了为我们留下一批极富艺术价值的作品之外,还为我们留下一个美丽的传说。据李商隐《李长吉小传》中记录,李贺弥留之际,忽然看见一个红衣仙人骑着一条红色的龙来召唤他。李贺恳求他,说自己还有老母亲要照顾,不能离去。红衣仙人对他说,天帝刚刚建成一座白玉楼,因爱其才华,特派仙人迎他去写白玉楼记呢……我们也愿意相信,李贺在天上定能让自己的一身才华得以施展,以实现平生之志。

【诗歌教学】

《马诗》教学设计

(共1课时)

教学目标

1. 正确、有感情地朗读这首诗,读准多音字"燕"。背诵古诗。

2. 能借助注释,想象画面,理解诗句的意思,感受边塞壮美、苍凉的风光之美。

3. 能联系诗人的生平资料,体会诗人借"马"的形象抒发盼望报效国家的远大志向,学习托物言志的表现手法。

教学重、难点

能联系诗人的生平资料,体会诗人的远大志向,学习托物言志的表现手法。

教学过程

板块一:猜谜激趣,以马入诗

1. 出示谜语:鬃毛飘飘,尾巴长长,撒开四蹄,奔驰天下。(打一动物。谜底:马。)

指名猜,并让学生简要说说理由。

2. (出示马的各种图片)同学们,你们喜欢马吗?为什么?(跑得快;长得很健美;很多美好的事与马有关,如马到成功、龙马精神、千里马等。)

3. 同学们,在中国古代,马是衡量一个国家武力强弱的重要标志,对国家的军事装备有着重要意义。马的矫健雄姿、勇武气势也常常成为古代文人士大夫们讴歌赞美的对象,马亦是他们满腔豪情壮志的寄托。今天就让我们走进《古诗三首》,学习第一首诗歌《马诗》,来深入领略一番唐朝诗人李贺笔下的马的风采。(出示诗题,引导齐读。)

[设计意图:本环节由猜谜导入,从马的图片到马对中华民族历朝历代在武装力量方面的重要作用,以及马成为文学创作对象的重要地位,唤醒学生对马的矫健勇武形象的整体认知。这既直切古诗主题,又充分激发了学生对古

诗的学习兴趣。]

板块二：初读古诗，读准读通

1. 读正确。

同学们，这是一首五言绝句，整首诗除去诗题与作者，只有20个字，相信你一定能正确地朗读。（学生自由读。）

指名读，重点关注多音字"燕"：诗中有一个多音字，那就是"燕山"的"燕"，它在这里念第一声。借助注释，我们知道燕山指的是燕然山，这里指边塞。

2. 读出节奏。

要读好古诗，还要把握好停顿，读出节奏，谁愿意来读一读？（指名读，随机点评：这位同学读的节奏是这样的——大漠/沙如雪，听起来干脆利落。）

3. 初读全诗。

相信其他同学也能与这位同学读得一样出色。自己先读一读，再与同桌合作着读一读。（指名同桌读，男生、女生对读。）

[**设计意图**：古诗的味道是"读"出来的，对古诗的理解、感悟都扎根于古诗的朗读。整首诗只有20个字，但想要读好也并非易事。本环节从"燕"这一多音字切入，点明本诗所描绘的场景为边塞之地。读准字音、读好节奏的指导既是诵读的重点任务，更是为下一板块感受边塞旷远、宏大的场景奠定基础。]

板块三：想象场景，感受边塞

1. 同学们，刚才我们通过"燕山"已经知道这首诗与边塞有关，现在就让我们随着诗人的作品来到边塞。请你读一读前两句诗，边读边想：诗人描写了哪些景物？你的脑海中出现了一幅怎样的画面？（学生自学。）

2. 汇报交流，随机点拨。

◇ 景物。

在前两句诗中，诗人描写了"大漠""沙""燕山""月"这些景物。（课件上随机圈画相关词语。）

◇ 沙如雪。

预设：我从"沙如雪"这三个字中仿佛看到了无边无际的大漠黄沙，月光照得沙漠白白的,像铺上了一层雪。

引导:"沙如雪",诗人不仅从视觉上写出了雪白的颜色,还从触觉上点出了寒冷的感觉,让人似乎看到空旷荒凉的大漠在明亮皎洁的月光下,反射着寒光。

◇ 月如钩。

预设:我从"月如钩"中仿佛看到了燕山上空高高悬挂着一弯像吴钩一样的秋月,它放射着皎洁而又清冷的光辉。

引导:我们再来看看"月似钩"的"钩"究竟是什么样的,注释中告诉我们钩是"古代的一种兵器,形似月牙",这里形象地写出了月亮弯弯的形状。

(出示图片)其实,吴钩是春秋时期流行的一种弯刀,以青铜铸成,是冷兵器里的王者,充满了传奇色彩,经常被文人们写入诗词。在众多的文学作品中,吴钩已经超越了兵器,成了一种骁勇善战、刚毅顽强的精神符号。李贺的另一组诗《南园十三首》中也写到了它,"男儿何不带吴钩,收取关山五十州",表达了好男儿征战沙场的豪迈气魄。我们也一起读一读。

3. 研读比喻,情感朗读。

(1) 诗人在这两句诗中巧妙地运用了比喻的手法,使边塞的风光展现在我们面前,想不想亲眼看看这样的边塞风光?

(2) 出示图片,解说:大漠和燕山都处于边塞之地,这里曾发生过无数的战争,无数的将士为了保家卫国在这里抛头颅、洒热血。而此刻的边塞,是多么宁静、清冷。

(3) 同学们,现在你能用一个词来形容这月夜中的边塞风光吗?(美丽、悲凉、辽阔、壮观……)你能用朗读把感受表现出来吗?(指名读。)

(4) 深情引读。

师:一弯明月悄悄地从燕山背后慢慢升起,月光是多么明亮、多么皎洁。月光洒在无边无际的沙漠上,一眼望去就像给沙漠铺上了一层皑皑的霜雪。弯弯的月牙真像战场上士兵使用的弯刀啊——

生:大漠沙如雪,燕山月似钩。

(5) 小结:在这样辽阔壮美的天地间,如果有一匹骏马能纵横腾跃,那该

第四章 "致润"理念下的古诗词赏读与教学实例

是多么威武豪迈呀!

[设计意图:单看此诗前两句中的景物,似平平无奇,但"大漠""沙""燕山""月",都是边塞诗(词)中的典型意象。如何将这些边塞诗(词)中的代表性景物汇集到一幅画面中,进行想象描绘,对于学生来说是存在一定难度的。因此,在借助景物想象画面时,需要引入相关的文字介绍、图片资料、同类诗词等作为支架,帮助学生真正理解诗句,明白"如雪之沙""似钩之月"所具有的内涵。这样的学习过程消解了前两句诗在理解上的难点,明确了诗人笔下描绘的天高地阔的有为之地,也为后续深入理解诗人所要表达的情感埋下伏笔。]

板块四:知人论世,感悟诗情

1. 出示诗句:何当金络脑,快走踏清秋。

细细品读这两句诗,说说这是一匹怎样的骏马,你从哪些词语中感受到的?(小组合作学习。)

2. 交流反馈。

(1) 走、踏:"走"和"踏"都是动词,"走"在古时候是"跑"的意思,让我们仿佛看到了一匹健壮威武、奔跑有力的骏马。

(2) 金络脑:"金络脑"的意思是黄金装饰的马笼头,象征着马受到主人的重视,说明这是一匹值得重用的骏马。

但这匹马受到重视了吗?从哪里可以看出来?(何当。)

是啊,这匹骏马并没有得到重用,"何当"表示"什么时候才能",有一种遥遥无期的意味,既含有无限期待又寓意无可无奈。

(3) 再来读读这两句诗,读出骏马矫健的身姿和不受赏识的无奈吧。

3. 诗人为什么要写这样一匹威武神气却没有受到重用的马呢?这就要先来了解一下诗人的生平了。

出示:李贺,字长吉,有"诗鬼"之称,唐代著名诗人。李贺自幼聪颖,但他的一生颇不顺意。考进士时,他被人举报犯了他父亲的名讳,一些读书人建议取消李贺的考试资格。李贺父名"晋肃","晋"与进士的"进"同音,如果李贺中了进士,不就犯了君父之讳吗?这在古代是大不孝的表现。无可奈何之下,李贺不得不放弃应试。后来,李贺虽为小官,仕途一直不顺,空怀报国之志,却得不到重用。

读着读着，你觉得李贺仅仅是在写马吗？诗中这神骏无比的马其实就是——诗人自己。他是想通过这匹马来告诉朝廷什么呢？请写一写。

出示写话单，如图4-47所示。

```
  朝廷啊,朝廷啊……
  _____
  _____
  _____。
                        李贺敬上
```

图4-47

预设：我有一身的才华；我渴望为国家建功立业；我愿意报效国家，希望朝廷能重用我；我想成为国家的栋梁，希望朝廷给我机会……

4. 诗人内心渴望受到朝廷的重用，想到自己的才华不能得以施展，想到英雄无用武之地，怎能不发出这样的感叹？何当金络脑，快走踏清秋。

[设计意图：本环节引导学生通过关键词"走""踏"，充分感受这马的神勇威武，这是继前两句远观天地之后的视角的聚焦。但本诗的写作特色在于"托物言志"，诗人为什么要写这样一匹在冷月边关奔腾前进的骏马呢？这就需要知人论世，通过了解诗人的生平来解读他郁郁不得志的处境，从而读懂他的心声。这样的心声以写话的方式加以传递，其情更深、其意更浓，学生对于诗人遭遇的不满、才华的钦佩能表达得更到位。]

板块五：拓展古诗，感悟写法

1.《马诗》是一组诗，共由23首五言绝句组成，课本选取了其中的第五首诗。现在，我们一起来读一读其中的第四首，并结合注释说出这首诗的意思。

马诗(其四)

[唐]李　贺

此马非凡马,房星本是星。

向前敲瘦骨,犹自带铜声。

2. 理解大意:这好像不是人间的凡马,好像是天上的房星下凡,它看上去瘦骨嶙峋,可你如果上前敲一敲他的瘦骨,好像还能听见铮铮的铜声。

3. 引导小结:是啊,这匹马虽然瘦骨嶙峋,际遇不佳,但从他那铮铮的瘦骨中依然能看出这是一匹上好的千里马呀。

4. 揭示写法。

(1)再读课文中的这首诗,你发现《马诗》第四首诗、第五首诗的相同之处了吗？是的,这两首诗都通过表现马的铮铮铁骨、与众不同来表达诗人内心的雄心壮志和怀才不遇的悲愤之情。

(2)李贺才华横溢,却仕途蹉跎,他一共写下了23首《马诗》,表面上是在写马,实际上是在借马来比喻自己,他把自己希望被朝廷重用,一展抱负、保卫国家的雄心壮志全都寄托在了这一匹匹有着铮铮铁骨的马的身上,这样的写作手法我们称之为托物言志。(板书:托物言志。)

5. 回顾提升。

其实,托物言志的写作手法,我们并不陌生。许多仁人志士在表达自己人生抱负、抒发平生志向的时候都会用到。比如,王冕曾在《墨梅》中这样写道:"不要人夸好颜色,只留清气满乾坤。"他借墨梅来表达自己淡泊名利、坚贞不屈的高尚品格。再比如,虞世南在《蝉》中曾这样写道:"居高声自远,非是藉秋风。"他借蝉表达自己高洁清白、坚守本心的精神品质。而今天,李贺又借这一匹匹驰骋千里的骏马来表达自己渴望建功立业、渴望实现人生价值的心志。我们一起读——何当金络脑,快走踏清秋。

[设计意图:品读同主题下的不同作品,于比较思辨中发现其共同的写作手法,是非常有效的教学策略。本环节的教学,拓展阅读李贺的另一首《马诗》,于诗歌的比较品味中,让学生感受《马诗》托物言志的写作手法,进一步加深对诗人李贺的理解。此外,勾连已学知识,旁征博引其他诗人使用该写作手

法的诗句,新旧相交,引发学生进一步体悟这一写作手法在表达情志上的作用。]

板书示意图

```
        马    诗
                              托
     沙如雪  月似钩            物
                              言
     金络脑  踏清秋            志
```

图 4-48

后记:涵养一颗冰心,泽润万分诗意
——我的诗教之路

在这个纷纷扰扰、浮浮沉沉的喧嚣年代,读诗词、学诗词可还有什么用处?是为了传承中华文化?是为了铸就民族基因?还是为了闲暇消遣、聊以自娱?好像都是,又好像不尽然。直到那个夏日的午后,我才真正明白诗词对于我意味着什么。

六月的一个下午,我开车去城北的一所农村学校做一个关于古诗词教学的讲座。出发时,天开始零星落雨,我并未在意。始料不及的是,当我的车从隧道驶出时,竟暴雨如注,天地间的一切已全然看不清楚,整个世界似乎只剩下我一个。雨刮器疯了一般地摆动,也撕不开一线雨幕。慌乱间,我打起双跳灯,以蜗牛般的速度缓缓前行,仿佛一叶孤舟颠簸在惊涛骇浪之中……

怎么办?怎么办?害怕、忐忑、恐惧袭上心头。我一度陷入绝望,只觉得手脚发软,方向盘、刹车都不能完全把控……为了驱散内心的恐慌,我开始自我安慰:"红霞,不要怕,不要怕,慢点开、慢点开……这么大的雨,也是平生未遇,要不就背背有'雨'的诗词吧!"突然间,心起一念,有"雨"的诗词?哦,我想想……

"好雨知时节,当春乃发生。"唉,这夏天的雨果然不够友好。"清明时节雨纷纷,路上行人欲断魂。"此时此刻,我不也是一个断魂人吗?"黑云翻墨未遮山,白雨跳珠乱入船。"今天这雨不入船,专拦车。"水光潋滟晴方好,山色空蒙雨亦奇""春潮带雨晚来急,野渡无人舟自横""惊风乱飐芙蓉水,密雨斜侵薜荔墙"……就这样一路地开,一路地吟,我奇迹般地驶出了这场突如其来的狂风暴雨。当拐过一个路口,雨歇风止,阳光再现,我终于松懈下全身僵硬的肌肉,

致润:古诗词教学的另一种模样

脱口道:"莫听穿林打叶声,何妨吟啸且徐行。竹杖芒鞋轻胜马,谁怕?一蓑烟雨任平生。"

那天的讲座就从这雨中吟"雨诗(词)"讲起……

现在,你可能感受到诗词对于个体的影响? 是的,诗(词),就如水一般,柔和温软,却在点点滴滴的润泽间为你夯筑起坚实的精神堡垒。这就是诗(词)神奇的力量。当我们陷入困境无所依傍时,诗(词)带着诗(词)人丰厚的人生领悟跨越千年,给予我们源源不断的能量支持。

我从何时爱上古诗词,无从查寻。只是书柜里与古诗词有关的书籍倒是林林总总:《诗经》《乐府诗集》《古诗十九首》,严羽的《沧浪诗话》,朱光潜的《诗论》,王力的《诗词格律》,叶嘉莹的《人间词话七讲》,周汝昌的《千秋一寸心:周汝昌讲唐诗宋词》,郦波的《唐诗简史》《郦波品诗词与人生壹:人生自有境界》《郦波品诗词与人生贰:诗酒趁年华》,康震的《康震诗词经典》《康震讲诗仙李白》《康震讲诗圣杜甫》,蒙曼的"蒙曼品最美唐诗"系列丛书,夏葳的《释放自己,便生欢喜:王维传》……原来,当我未意识到我喜欢古诗词的时候,早已在不经意间钟情于它。一开始,是爱古诗词的雅致清新、朗朗上口,总觉得即使不太明白意思,读来却有口齿留香、身心舒泰之感。透过诗词,我认识了一位位有血有肉的诗人、词人,经历他们的经历,感怀他们的感怀,便读懂了一段段或喜悦或悲伤或忧愁或苦闷的人生。

慢慢地,我的生活与诗(词)中的岁月有了共鸣,有了灵犀。

彼时,年少轻狂,恣意张扬,常常按捺不住傲娇道:"仰天大笑出门去,我辈岂是蓬蒿人。"

受挫失意,灰心丧气时,安慰自己的是这样的诗:"行路难,行路难,多歧路,今安在? 长风破浪会有时,直挂云帆济沧海。"

当好友临门,喜不自胜时,我用这样的诗句表达真诚的欢迎:"花径不曾缘客扫,蓬门今始为君开。"

被人误会,遭受非议时,我心中默念的是:"洛阳亲友如相问,一片冰心在玉壶。"

辞了工作,初到异地,孤独面对陌生的一切,这番话语涌上心头:"试问岭南应不好?却道,此心安处是吾乡。"

诗词,融入了我的生活、我的生命。

作为一名语文老师,我不仅要自己爱古诗词、读古诗词,更要带着孩子们一起读古诗词、诵古诗词。

春天,我们读"春眠不觉晓,处处闻啼鸟。夜来风雨声,花落知多少"。

夏天,我们念"毕竟西湖六月中,风光不与四时同。接天莲叶无穷碧,映日荷花别样红"。

秋天,我们诵"萧萧梧叶送寒声,江上秋风动客情。知有儿童挑促织,夜深篱落一灯明"。

冬天,我们一起吟"一片两片三四片,五六七八九十片。千片万片无数片,飞入梅花都不见"。

晴天,我们读"胜日寻芳泗水滨,无边光景一时新";雨天,我们念"黄梅时节家家雨,青草池塘处处蛙"。

清早,我们诵"朝辞白帝彩云间,千里江陵一日还";傍晚,我们吟"斜阳照墟落,穷巷牛羊归"……

就这样,一天天、一日日,我和孩子们一起读古诗词、诵古诗词。在古诗历久弥新的人文感召下,我们的内心越发柔和丰盈,我们与他人的相处更和谐美好,我们的生活更富于诗意和美感。

记得我的第一节古诗词公开课上的是王昌龄的《芙蓉楼送辛渐》。要揭示《芙蓉楼送辛渐》一诗与其他送别诗同样具有写景抒情的特点并不难,关键在于如何引导学生发现"这一首"送别诗与其他送别诗之间最大的不同——诗人在诗的最后两句不再抒发友人间的依依惜别之情,而是借"玉壶冰心"巧妙地表达了自己屡遭打击依旧保持清白操守的坚定心志。课堂中,我让学生先借助注释自主理解后两句诗,然后根据小组学习的结论,辅以"玉壶冰"微视频的播放、对诗人生平的了解,不断引导学生的认识走向深处,从而真正理解诗人想要表达的深意。值得庆幸的是,这堂课被评为当年的教育部优课,并先后在多地各级展示,这颗象征高尚品格的"冰心"植入了更多的学生和老师的心间。

受这颗"冰心"的感召,我开始致力于古诗词教学研究。近年来,我执教

致润:古诗词教学的另一种模样

《饮湖上初晴后雨》《山居秋暝》《闻官军收河南河北》《迢迢牵牛星》《墨梅》《长相思·山一程》《马诗》等古诗词公开课,广受好评。相关的教学设计、案例反思、教学解读与构想等文章在《小学语文教师》《小学教学设计》《教学月刊》《小学教学研究》等刊物发表。与此同时,我指导年轻教师积极开展古诗词教学研究,《元日》《出塞》《浪淘沙(其一)》《江南春》《示儿》《石灰吟》《枫桥夜泊》等古诗词的10余节教学课在市、区级教研活动中展示。开发古诗词教学微课近50个,在工作室微信公众号中推出,更有多个微课在杭州市共享课堂播出。

2020年初,随着市重点课题"话题构建:指向深度学习的小学古诗文教学策略研究"的立项,我带领"致润"课堂研修工作室的老师们以"话题建构"为路径,展开了一系列古诗文教学探索:如在浓郁的知音文化中围绕"高山流水"建构话题,学习《伯牙鼓琴》;建构"中原"意象话题,以"悲"为情感主线体悟陆游的《示儿》;以"何须怨"建构话题,聚焦"孤城"意象领会边塞诗《凉州词》;等等。基于话题建构的古诗文教学,通过对古诗文的内容形式及意义的深度解析,创设话题情境,以"学"为中心,以"触发式""索引式""论证式""贯通式"为话题建构技术,开辟了深度学习的路径,使古诗文学习成为多元开放的探究性、思辨性、综合性学习,培养了学生的感受力、思维力、品鉴力。不负众望,此课题获2022年杭州市教学研究课题一等奖。

更值得一提的是,本着助力学生、助力教师、助力课堂的初心,我还带领10位骨干教师,一起研究并撰写了《古诗文解读与教学设计 六年级》一书。在编写时,我们以精益求精为原则,每一课教学目标的制订,都反复斟酌,多方考量;每一处背景知识的选用,均通过多方印证,确保无误;每个教学环节的设计,都精心设置,深入研究……我们的目标只有一个,那就是让我们的古诗文教学解读更为精准,教学设计更为合理。目标达成了吗?我想,我们是完完全全地达成了预期的目标。这一刻,我们又是无比幸福的!而这份幸福正是古诗文特有的魅力带给我们的。

2021年10月,历经紧张激烈的初赛、复赛,我获得由教育部、国家语委举办的第三届中华经典诵写讲之诗教中国大赛一等奖,在自己的诗教之路上记下浓墨重彩的一笔。时任大赛评委的北京市明德书院院长张顺平先生如此评价我的《墨梅》教学:"能把'淡墨痕'说清楚的,只有浙江的王老师。"2023年3月,我参加中国教科院实验区第八届高质量课堂展示活动,以古诗课《墨梅》亮相全国性的教学展示舞台。我建构了"这是一幅怎样的墨梅图""清气是什么"这两个话题,作为展开教与学过程的支点。在一连串的铺垫、酝酿、蓄势后,学生走进了诗人的内心,看到了王冕的"墨梅图",也悟到了"墨梅"背后充满乾坤的"清气"。中国教育科学研究院副研究员、教育学博士杨清老师这样评价《墨梅》一课:"王红霞老师就是墨梅,她的《墨梅》一课,集思维、审美、语用于一体,涵养文化自信,培育核心素养,令人叹为观止。"四川师范大学基础教育研究院执行院长靳彤教授对此课的评价是:"充分把握古诗的文体特征,通过知人论世带着学生走近诗人,最终理解诗人,体现阅读策略的优选优用。"最终,《墨梅》一课获本届赛课最高奖——"创新示范课"。

  带着一份对古典诗词的热爱,也怀着对诗词教学的责任,我开始着手整理这些年来开发的古诗词教学设计实践案例。整理与梳理这些课例的过程,使我再次沉浸于古典诗词的馨香之中,为这样纯粹的诗(词)情与高华的诗(词)境而感动、感佩。当然,除了整理现有的教学设计外,本书在选取诗词作品作为创作对象时还考虑到一个非常重要的因素,那就是作者的诗(词)坛地位及艺术造诣。几经斟酌、思量,我选定了21首诗词,在有限的篇幅内尽最大的可能展现诗(词)人的生平、秉性或作品的风格、特色。于我内心深处,真心希望能够通过一个作品,带着老师们、孩子们,去认识一个人、去触摸一段历史。就这样,一首、一首、一个、一个,慢慢地,慢慢地,将中华民族的基因融入老师与学生的血脉,随生命的律动而焕发迷人的自信光彩……

  读诗词,让我们自有高雅的气韵;教诗词,让我们更具敞亮的胸怀。诗教之路,是屈原的"路漫漫其修远兮,吾将上下而求索",是陶渊明的"此中有真意,欲辨已忘言",是李白的"相看两不厌,只有敬亭山",是柳永的"衣带渐宽终不悔,为伊消得人憔悴"……

  涵养一颗冰心,泽润万分诗意。让古诗词融入我们的日常,滋养我们的生命,铸就我们高华的品格和精神!

  最后,诚挚地感谢柯孔标老师拨冗作序,感谢他一直以来的关心与支持,

致润:古诗词教学的另一种模样

感动于他为人处事的细致、严谨;感谢柯孔标老师、滕春友老师、余琴老师、刘荣华老师在我古诗词(文)教学研究过程中的悉心指点,在提出改进建议的同时给予我极大的鼓励与肯定;感谢《小学语文教师》主编杨文华老师、《语文教学通讯》主编裴海安老师对我古诗词(文)教学研究的认可;感谢杭州师范大学叶黎明教授、任为新教授、王瑾教授,他们在我专业成长之路上的提点与推动,令我终身受益;感谢在我的诗教之路上予以关爱、帮助的师长、同事、工作室的小伙伴们,没有你们的爱护与理解,我可能难以完成对我而言这如山一般的书稿整理与创作任务;还要感谢南京师范大学出版社责编应璐燕,是她的信任与垂青,让我圆了将诗教研究成书出版的梦想。愿继续做一棵小草,努力用一点点的青绿点缀诗词教学的沃土。更希望以一棵生发另一棵,以一棵触动另一棵……诗词教学的大地终将生机勃发!

红霞作于凤巢

2024年8月12日晚三改